Nach dem Finanz-Ko

Walter K. Eichelburg

Nach dem Finanz-Kollaps

Was uns nach dem Crash politisch und gesellschaftlich erwartet
und was dafür vorbereitet wurde

Bibliografische Information der Deutschen Nationalbibliothek:
Die Deutsche Nationalbibliothek verzeichnet diese Publikation in der Deutschen Nationalbibliografie; detaillierte bibliografische Daten sind im Internet über http://dnb.dnb.de abrufbar.

© 2015 by Walter K. Eichelburg

Illustration & Cover: Michael Freiwald

Herstellung und Verlag:
juwelen - der verlag, Tönisvorst

ISBN: 978-3-945822-28-9

Inhalt

Vorwort des Autors 7
Vorwort vom „SUV-Fahrer" 10
1. Wo wir sind 14
   1.1. Der Kondratieff-Zyklus 14
   1.2. Der Systemcrash mit Enteignung der Sparer ist unvermeidlich .. 20
   1.3. Gold als Feind des derzeitigen Systems 24
   1.4. Beamtendiktatur und Staatswillkür zur Bekämpfung der Freiheit 33
   1.5. Der Steuerstaat ufert aus 41
2. Die Dekadenz in den westlichen Gesellschaften 53
   2.1. Das Falschgeldsystem schafft falsche Anreize 56
   2.2. Vergleich mit dem untergegangenen Kommunismus 62
   2.3. Political Correctness, Feminismus, Genderwahn sind kein Zufall 65
   2.4. Ein System von Sklaven wurde gewünscht und geliefert ... 92
   2.5. Der Stimmenkauf mit Staatsausgaben hat einmal sein Ende 113
3. Änderungen sind im Gang 124
   3.1. Währungsreformen werden vorbereitet 128
   3.2. Das heutige System wird diskreditiert: 135
   3.3. Die reale Umdrehung aller Werte wird kommen: 138
   3.4. Ein neuer Goldstandard muss kommen 139
   3.5. Die Staaten und die Bürokratie müssen drastisch schrumpfen .. 144

- 4. Nach dem Untergang von Euro und Ersparnissen 148
  - 4.1. Die Wut der Sparer und die vorbereiteten Sündenböcke 149
  - 4.2. Das Ende von Konsumwahn, Grossstrukturen und Kredit 152
  - 4.3. Statt Karriere die Arbeit am Kartoffelacker 156
  - 4.4. Massenarmut und das Ende der Anspruchsgesellschaft 161
  - 4.5. Die Vertreibung der unerwünschten Ausländer 168
  - 4.6. Laternenorden statt Politikerpension? 175
  - 4.7. Das Ende des Kommunismus 180
- 5. Eine Zeit des Chaos 188
  - 5.1. Der Zusammenbruch der Realwirtschaft 188
  - 5.2. Die alten Werte kommen zurück 192
  - 5.3. Eine Zeit der Unsicherheit und Kriminalität 195
  - 5.4. Ausbeutung statt Arbeitnehmerrechte 199
- 6. Neue Strukturen entstehen 201
  - 6.1. Echte Republiken, Monarchien oder Diktaturen 201
  - 6.2. Neue Staaten 208
  - 6.3. Neue Eliten und Strukturen 211

Vorwort des Autors

Dieses Buch ist nicht das übliche Gold- oder Krisenbuch. Es geht viel tiefer in die Ursachen – warum ein gewaltiger Crash kommen muss, und vielleicht schon gekommen ist, wenn Sie dieses Buch lesen – hinein. Nicht nur in die totale Überschuldung der Welt, auch in die enorme Verbürokratisierung der westlichen Welt, die räuberische Politiker-Kaste, die den Staatsbürger finanziell komplett aussaugt und mit unzähligen Diktaten überzieht. Dazu hat sich noch eine übergroße parasitäre Klasse mit ihren Dekadenzen aller Art aufgebaut.

Daher befasst sich dieses Buch nur zum kleineren Teil mit den finanziellen Ursachen dieses vermutlich gewaltigsten Crashs der letzten Jahrhunderte, sondern mehr mit den politischen und gesellschaftlichen Ursachen. Es wird auch ein Crash des politischen Systems der Wohlfahrtsstaaten und der linken, dekadenten Gesellschaft sein.

Dieser Crash, der lange hinausgeschoben wurde, kommt mit umfangreichsten politischen und gesellschaftlichen Umwälzungen. Man sollte nicht annehmen, dass das „einfach so" passiert. Es wurde schon über viele Jahre von den wirklich Mächtigen, den „verborgenen Eliten", wie sie sich selbst nennen, geplant. Diese sieht man meist nicht, stehen hinter den sichtbaren Funktionseliten. Auf diese wird gerade ein richtiger Hass aufgebaut. Die Pferde der wirklichen Eliten im Hintergrund werden derzeit gewechselt. Statt linker Pferde wie heute werden wir dann vermutlich rechte Pferde, wie etwa neue Kaiser oder Könige sehen. Zum Glück habe ich Kontakte zu diesen Eliten, deren Informationen fliessen in das Buch ein.

Ich beschreibe nicht nur, wie dieser „Pferdewechsel" aussehen wird und was dafür bereits vorbereitet wurde. Ich kann Ihnen sagen, es wurde unglaublich viel gemacht; die Umwälzungen der kommenden Jahre werden enorm sein. Kurz zusammengefasst: das „sozialistische Jahrhundert" von 1914 bis 2015 wird ausradiert, und das Rad um mindestens 100 Jahre zurückgedreht, zu einem viel kleineren Staat, Gold- und Silbergeld und ohne die heutigen Dekadenzen.

Was da wirklich kommt, wird noch viel brutaler sein als ich es in diesem Buch beschreibe. Aus neuesten Informationen von den „verborgenen Eliten":

- Es werden alle Mittel eingesetzt werden, um die heutige Politik restlos zu entfernten.

- Mit dem Crash sollen die Staaten Pleite gehen, alle Sozialleistungen und Subventionen sollen komplett gestrichen werden. Die Vermögensverluste wird man der politischen Klasse in die Schuhe schieben.

- Die politischen Strukturen und Parteien werden sich auflösen. In manchen Staaten sollen schon Verhaftungslisten über die Verantwortlichen erstellt werden.

- Sie können sich ständig über meine Finanz- und Gold-Website über die laufenden Entwicklungen informieren:

www.hartgeld.com

Nachfolgend ein weiteres Vorwort von einem Weggefährten in der Sache seit 2006, der auf Hartgeld.com unter dem Codenamen „SUV-Fahrer" firmiert. Er wird in diesem Buch mehrfach zitiert und ist, wie die meisten Unternehmer, von diesem System richtig angefressen.

Wien, im Juli 2015
Walter K. Eichelburg

Hinweis zur Political Correctness:

Dieses Buch ist absolut nicht politisch korrekt. Es zeigt auch, wozu man die PC wirklich aufgebaut hat: zur Diskreditierung und Entfernung der politischen Klasse. Mehr dazu in eigenen Kapiteln. Sollte sich jemand in Bezug auf den Inhalt dieses Buches aufregen und Strafanzeige erstatten, dann können solche Personen und Organisationen sicher sein, dass sie auf meiner eigenen Verhaftungsliste stehen werden. Diese wird dann beim Systemwechsel den neu entstehenden Volksgerichten übergeben. Laut meinen Quellen kommen solche Personen nach ihrer Aburteilung in Straflager und jeder Bürger wird dort ein Züchtigungsrecht an ihnen als Aufseher haben.

Sie glauben es nicht? Lesen Sie dieses Buch und warten Sie ab.

Vorwort vom „SUV-Fahrer"

Wir schreiben das Jahr 2006. Ein mutiger Mann namens Walter K. Eichelburg, kurz WE, nimmt den Kampf gegen die systemische Verbreitung globaler Einheitslügen auf und gründet: Hartgeld.com. Seitdem hinterfragt er hartnäckig die Legitimität einer sich demokratisch gebenden Politik samt multinationaler Finanzoligarchie zur Abschaffung der elementaren Grundrechte auf Eigentum durch Enteignung (Inflation) und Umverteilung (Steuern) sowie auf Freiheit (Verschuldung, Lohnsklaventum).

Und es war höchst an der Zeit. Der mittels sozialistischem Zentralbank-FIAT-debt-money errichtete Gefängnisplanet, welcher mit seinen unzähligen rechtsordnungszersetzenden Ansätzen vorsätzlich in die Souveränität und Aushöhlung von Staaten und deren Bevölkerungen bis dato höchst erfolgreich eingriff, steht kurz davor, die hauptsächlich in Papier und Betongold veranlagten Vermögen seiner Bürger zu vernichten. Gold und Silber sind angesichts der im Sekundentakt verschärften Kontroll-, Repressions- und Enteignungsinstrumentarien ein Gebot der Stunde für jeden nicht systemhörigen Vermögensbewahrer zur persönlichen Absicherung.

Das sich erfrischend abzeichnende blutige Ende der erfolgreichen Weltausraubung mit der Vernichtung von 2000 Jahren wirtschaftlichen, religiösen und kulturellen Wertschöpfungsaufbaus begann mit der französischen (sozialistischen) Revolution, der Begründung von Zentralbanken samt derer über Jahrhunderte immer weiter verfeinerten Betrugsgeldinstrumentarien und dem brandbeschleunigenden Auswirkungen des hierfür extra inszenierten 1. Weltkrieges. Einige wenige haben schon lange vor Lehman Brothers erkannt, dass die Periode an himmelschreienden Fehlentwicklungen in Gesellschaft, Wirtschaft und Finanzmärkten in einem nie dagewesenen, und aufgrund der globalisierten Vernetzung, weltweiten Armageddon enden muss.

Spätestens seit der Zerstörung von Bretton Woods 1971, als globaler Weg in die Weltgeldspekulation, zielte man ungeschminkt darauf ab, die Souveränität nationaler Marktwirtschaften zu zerstören, um eigenständige Volkswirtschaften nach Vorbild der Sowjetunion ins Zwangskorsett eines ökosozialistischen Umverteilungsstaates zu pressen. Damals lautete die grüne Begleitmusik u.a., freiwillig den „Gürtel enger zu schnallen". Aus der damaligen Aufforderung zur Freiwilligkeit ist heute Zwang geworden.

WE leistet trocken und allumfassend jene Aufklärungsarbeit, welche von den systemabhängigen Pressehuren aus Kadavergehorsam, strengsten dienstrechtlichen Verboten und blanker Existenzangst verweigert werden. Seine Aufgabe und jene von Hartgeld.com bestand seit jeher, eine möglichst naturalistische Bestandsaufnahme des satanischen Zerstörungswerkes ideologischer Psychopathen (lächerliche 68er Brigade-Politmarionetten postkommunistischen Zuschnitts) und deren verbrecherischen Geldsozialismus zu zeichnen. Der von ihm skizzierte Weg zur heutigen Knechtschaft wurde über Jahrzehnte von einer ökofaschistoiden Umverteilungskaste, Berufssozialisten, Antiunternehmer, Funktionärsmanager, machtversessenen Techno-/Expertokratie, Antichristen, Pädophilen, Feministinnen, Genderisten, sich selbstverwaltenden eigennützigen NGOs, Umwelt- und Klimaterroristen, bolschewistischen Zentralbüros und ähnlichem mehr zur Preismanipulation erzwungen.

„Sozialismus ist die Aufhebung der Rationalität in der Wirtschaft" schrieb Ludwig von Mises 1922. Demzufolge ist die Demokratie das Diktat einer auf den Kopf gestellten modernen Lebenswelt, Ignoranz der naturgegebenen ökonomischen Gesetzmäßigkeiten und der kollektivistischen Anbetung des hierfür implementierten, allgegenwärtigen, verbrecherischen Satanismus mit seinen mannigfaltigen Ausprägungen des Gottlosen, Hässlichen, Abartigen, Perversen, Multikulturellen und Unmoralischen.

Da verwundert es kaum, dass WE den systemischen Paradigmenwechsel vom diktatorischem Schulden- und Verschwendungsaustall Demokratie hin zu einem geordneten schlanken Kaiserreich heraufdämmern sieht. Seine Schlussfolgerungen werden eindeutig durch nachfolgende Zahlen von Prof. Eberhard Hamer belegt: 1914 genügte ein Beamter für mehr als 800 Bürger. Heute kommt ein Verwaltungs- bzw. Sozialfunktionär auf 12 Bürger. Mittlerweile werden etwa 48 % der Staatsausgaben vor allem für diesen Verwaltungsapparat (mit Sozialausgaben über 70 % des BIP) verbraucht.

Der selbstständige Mittelstand (etwa 4,1 Millionen Unternehmer mit 16 Millionen Arbeitnehmern) erwirtschaftet mit den Arbeitern und Angestellten nahezu 80 % des Steueraufkommens und zahlt mehr als 60 % in die Sozialsysteme ein. Dabei muss er selber zwei Drittel seines Einkommens zwangsweise an staatliche und soziale Institutionen abführen. Der angebliche Obrigkeitsstaat Deutsches Reich vor 1914 hatte so gut wie keine Staatsverschuldung und bürdete den Bürgern nur geringe Steuern auf – im Durchschnitt vier bis sechs Prozent Einkommensteuer. Diese betrug bis 1906 gar nur 1,5 % für Einkommen über 100.000 Mark, darunter 0 %! In der Monarchie bis 1918 gab es weder Erbschafts- und Schenkungssteuer (erst ab 1919!) noch Lohn- und/oder Umsatzsteuer.

Das Deutsche Reich finanzierte sich über das Post- und Eisenbahnmonopol, mäßige Verbrauchssteuern und Zölle. Der Staat lag nicht lastend auf der Wirtschaft. Die Menschen waren frei, konnten Geld verdienen und damit investieren.

Einwohner	Selbstständige	Beamte	Staatsquote	Arbeitslosenquote
Bis 1914: 65,0 Mio,	15,0 Mio,	0,42 Mio	4 - 6%	2 % *
Heute: 82,5 Mio offiziell)	4,1 Mio,	5,50 Mio	54 % (real 70%)	6,7%

* Die Arbeitslosigkeit betrug 2 % bei einem jährlichen Geburtenüberschuss von über 300.000.

Literarisch gesehen ist es WE mit Hartgeld.com gelungen, ein lebendiges und facettenreiches Spiegelbild der Zeit zu entwickeln – mit einem Ausblick auf eine monarchistische Neuordnung. Die geniale Einfachheit der Strukturierung von Hartgeld.com sowie die abwechslungsreiche Diktion, eine Mischung aus professionellen Analysen, Ernsthaftigkeit, verständlicher Radikalität, Witz, Ironie und Verachtung zog alsbald gleichgesinnte und hochbegabte Kommentatoren und Cartoonisten an. Für Hartgeld.com ist Gold ein ökonomisches Naturgesetz, höchst politisch und eine individuelle Verantwortung für einen selbst und die kommenden Generationen.

Besondere intellektuelle Highlights kamen diesbezüglich von einem gewissen GROSSSCHREIBER, eine unerschöpfliche Quelle an Wissen und Informationen, ein hochgebildeter, feinsinniger Freiheitskämpfer mit extrem spitzer Feder, der aus meiner Sicht maßgeblich am großen Anfangserfolg von Hartgeld.com beteiligt war.

Die Masse der Papiergeldvermögen wird vernichtet sein, Gold wird auch dieses Jahrtausendereignis überleben und stellt aus meiner Sicht die probateste Vermögensabsicherung dar. Gold bewahrt einen aber nicht automatisch vor schicksalshaften Ereignissen. Gold ist kein Garant für gesundheitliche und seelische Unverwundbarkeit und darf für den gesunden Menschen nie zum Mammon werden, andernfalls es ins Verderben führt.

„Am Ende einer Epoche standen immer Bürokratie, Verschuldung, Staatsbankrott. Am Anfang war immer GOLD die Grundlage eines neuen Finanzsystems. So war es immer und so wird es auch wieder sein!" –
Paul Christoph Martin

Die moderne Welt ist bereits dermaßen zersetzt, dass wir gewiss keine Angst mehr haben müssen, dass sie nicht zusammenbricht", schreibt der Weltversteher, Aphoristiker und Philosoph Nicolás Gómez Dávila. Ob es reichen wird, dass der derzeit einzig ernst zu nehmende Staatsmann unserer Tage, Vladimir Vladimirovich Putin, den längst überfälligen Befreiungsschlag setzen kann, oder ob es hierzu einer höheren, nämlich himmlischen Instanz bedarf, werden wir bald sehen.

Erst dann wird meine oftmals auf Hartgeld.com postulierte Uraltforderung: „Her mit dem Nachtwächterstaat, Flat-Tax und Goldstandard" in die Tat umgesetzt werden und eine neue Ära des Wohlstandes einleiten.

Lieber Walter, ich wünsche Dir für Dein hervorragend gelungenes Werk viel Erfolg und hoffe, dass Du Deine Leserschaft und alle Deine Freunde mit vielen weiteren Grundsatzwerken wie diesem erfreuen wirst.

In steter Verbundenheit

Dein SUV-Fahrer

1. Wo wir sind

Die folgenden Kapitel zeigen, warum die derzeitige Aufschuldung nicht weiter fortgesetzt werden kann und warum es einen grossen Schuldenabbau geben muss.

1.1. Der Kondratieff-Zyklus

In allen entwickelten Volkswirtschaften, in denen es Kredit gibt, gibt es einen langfristigen Kreditzyklus. Diesen Zyklus hat der russische Ökonom Nikolai Kondratieff bereits in den 1920er Jahren herausgefunden. Der heutige Spezialist dafür ist Ian Gordon aus Kanada mit seiner Investment-Firma Longwave-Group[1].

Jeder Zyklus läuft 50 bis 80 Jahre und beginnt mit minimalem Kredit und einem Währungssystem auf Goldbasis. Der Zyklus endet mit Überschuldung und Zusammenbruch des Bankensystems. Das Vermögen der Masse geht dabei unter, die Schulden werden auch abgebaut.

Gordon teilt jeden Zyklus in vier „Jahreszeiten" auf:

Vier ökonomische Langzeit-Wellen in den USA von Juni 1789 bis März 2010				
Zyklus	1	2	3	4
Frühling	1789-1803	1845-1859	1896-1907	1949-1966
Sommer	1803-1821	1859-1865	1908-1920	1966-1981
Herbst	1821-1836	1866-1873	1921-1929	1982-2000
Winter	1837-1845	1873-1896	1929-1949	2000-2020?

In dieser Tabelle werden vier Kondratieff-Zyklen mit ihren jeweiligen „Jahreszeiten" gezeigt:

---

[1] http://www.longwavegroup.com/

Frühling (Spring):
Von einem niedrigen Niveau aus steigt die Verschuldung langsam an, Kredite sind nur schwer zu bekommen, schon gar nicht für Konsum. Alle sind vorsichtig beim Geldverleihen und Verschulden. Die Sparer, weil sie ihr Vermögen verloren haben, die potentiellen Schuldner, weil sie sich mit Krediten die Finger verbrannt haben. Das gilt auch für die Staaten, die vorsichtig mit der Verschuldung sind.

Im aktuellen Zyklus dauerte diese Phase von 1949 bis 1966.

Sommer (Summer):
Die Verschuldung wird stärker, damit ist mehr Wirtschaftswachstum möglich. Dieses treibt die Inflation. Es herrscht Vollbeschäftigung. Trotz Inflation steigen die Arbeitnehmer-Einkommen real. So konnten sich im aktuellen Zyklus auch Arbeiter ein Auto leisten. Für die Investoren ist diese Zeit nicht so gut, denn die mit der Inflation steigenden Zinsen drücken die Papierwerte wie Aktien. Aber es ist eine gute Zeit für Gold. Der Goldpreis stieg im Kondratieff-Sommer des aktuellen Zyklus von $35 auf $850/oz.

Im aktuellen Zyklus dauerte diese Phase von 1966 bis 1981.

Herbst (Autumn):
Die Verschuldung steigt noch stärker, der Grossteil der Verschuldung entfällt jetzt auf die Konsumenten und den Staat. Es wird massive Werbung für Konsumkredite gemacht. Allen diesen Schulden steht keine reale Mehrproduktion entgegen, die diese Schulden abzahlen könnte. Daher werden sie in der nächsten Phase bei den Sparern abgeschrieben werden müssen. Den Schulden stehen Phantom-Vermögen gegenüber, die real nicht wirklich existieren. Für die Masse der Arbeitnehmer ist der Kondratieff-Herbst nicht so gut, denn es beginnt in dieser Phase eine Globalisierung: es gibt massive Importe aus Niedriglohnländern sowie eine massive Immigration, was beides die Löhne drückt. Es gibt daher fortlaufend Reallohnverluste. Für die Investoren ist diese Zeit sehr gut, denn es gibt massive Kursgewinne bei Aktien – es ist eine Papierzeit.

Im aktuellen Zyklus dauerte diese Phase von 1981 bis 2000.

Winter:
In dieser Phase des Kondtratieff-Zyklus werden die Überschuldung und die Phantomvermögen wieder abgebaut. Diese Phase begann aktuell im Jahr 2000 mit einem Höchststand der Aktienkurse gegenüber dem Goldpreis. Man hat seitdem alle Massnahmen ergriffen, damit die Verschuldung noch weiterlaufen kann. Selbst ein angelaufener Bankencrash im Jahr 2008 wurde mit einer gigantischen Gelddruckorgie abgefangen. Wenn Sie dieses Buch lesen, ist der wirkliche Kondratieff-Winter vermutlich schon im Gang und die Sparer wurden enteignet.

Ian Gordon schätzt die Dauer dieser Phase vom Jahr 2000 bis 2020. Vermutlich wird es wegen der Gegenmassnahmen etwas länger dauern.

Ian Gordon beschreibt den ganzen Zyklus in diesem Kreisdiagamm:

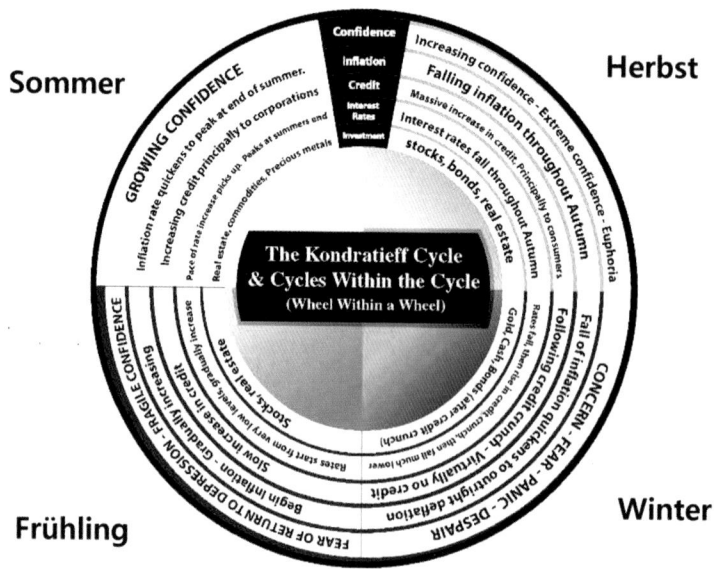

(vereinfacht dargestellt)

Der Schuldenabbau ist unvermeidlich:
Wenn es diesen Schuldenabbau von Zeit zu Zeit nicht geben würde, dann würde der Josephspfennig[2] gelten:

Dass es das nicht geben kann, ist klar. Aber das Zinseszinssystem führt zur exponentiellen Aufschuldung. Also muss es von Zeit zu Zeit einen Schuldenabbau geben – im Kondratieff-Winter. Dieser Schuldenabbau kann durch Crash, Hyperinflation oder Währungsreform erfolgen. Wir stehen jetzt kurz davor.

Gesellschaftliche Veränderungen während des Kondratieff-Zyklus:
Nachdem sich dieses Buch primär mit den gesellschaftlichen Veränderungen während des Schuldenabbaus befasst, hier eine kurze Übersicht über die Veränderungen während des Zyklus:

---

[2] http://de.wikipedia.org/wiki/Josephspfennig

Frühling:
Die Gesellschaft ist stockkonservativ, sparsam und Neuem gegenüber reserviert. Typisch dafür ist die Zeit der Adenauer-Regierung in Westdeutschland und die der Klaus-Regierung in Österreich von 1966 bis 1970. Die Erinnerung an Kriege und/oder die Depression mit ihren Entbehrungen ist immer noch wach. Aber es geht wirtschaftlich aufwärts, was sich auch in einem Baby-Boom manifestiert. Die berümten Babyboomer wurden in dieser Zeit geboren.

Sommer:
Das ist eine Zeit der gesellschaftlichen Umbrüche, wir haben es etwa an den dauernden Studentendemonstrationen gesehen. Deren Ruf war: „Weg mit dem Muff unter den Talaren aus 1000 Jahren". Damit waren die stockkonservativen und verzopften Professoren an den Universitäten gemeint, wie auch die stockkonservative Gesamtgesellschaft. Eine enorme Welle der Kreativität in Musik und Kunst folgte. Diese Umbrüche werden durch eine junge Generation aus den oberen Schichten (Studenten) getrieben, die in der guten Zeit des Kondratieff-Frühlings aufwuchs. Ebenfalls beginnt der Konsum zu steigen, die unteren Schichten neigen eher diesem zu als der Revolution.

Herbst:
Die Demonstrationen verschwanden, dafür setzte die Angst um den Arbeitsplatz und die Karriere ein. Während im Kondratieff-Sommer jeder Akademiker (um die geht es primär) einen Arbeitsplatz, besonders beim expandierenden Staat fand, war das jetzt anders. Von den Universitäten und aus den Medien kam jetzt die Political Correctness, ein System der Kontrolle gegen abweichende Meinungen. Dekadenzen aller Art von Genderwahn über Multikulti bis zur Homo-Ehe breiteten sich aus. Nachdem das Finanzsystem noch zusammengehalten werden konnte, haben sich diese Dekadenzen in der letzten Zeit noch verschärft. Die Bürokratie bei Staat und Wirtschaft nimmt massiv zu. Alles wird unglaublich kompliziert und globalisiert. Der Konsumwahn auf Kredit nimmt ungeahnte Ausmasse an, die Privatverschuldung ebenfalls. Diese erzeugt ein neues Drückebergertum – nur ja nicht den eigenen Job oder die Karriere gefährden. Von den revolutionären Zeiten des Kondratieff-Sommers ist kaum eine Spur geblieben. Jeder möchte studieren und dann in einem

Prestige-Konzern arbeiten. Vom Prestige-Titel über den Prestige-Job, das Prestige-Haus bis zum Prestige-Auto ist alles dabei. Die Amerikaner nennen es „keeping up with the jonesses". Keine Spur mehr von der Bescheidenheit vom Anfang des Zyklus. Dafür laufen sie dann im Hamsterrad.

Winter:
Mit dem Winter (dem echten, der bei uns noch nicht da ist, in Spanien und Griechenland aber schon) werden nicht nur die Papiervermögen abgebaut, sondern auch die Dekadenzen und der Konsumwahn. Man wird wieder bescheiden. Es ist eine Zeit der wirtschaftlichen Depression, die arm und bescheiden macht. Um die geht es in diesem Buch.

In dieser Phase kann es zu größeren Kriegen kommen; der 2. Weltkrieg ist ein Beispiel dafür.

> *„Am Ende einer Epoche stand immer BÜROKRATIE, VERSCHULDUNG, STAATSBANKROTT. Am Anfang war immer GOLD die Grundlage eines neuen Finanzsystems. So war es immer und so wird es auch wieder sein!" –*
> *Paul C. Martin*

Am Ende werden virtuelle Scheinwelten aufgebaut: „Finanzielle Ökonomie", Political Correctness, Bürokratiewahn. Die Produktion wird ausgelagert (Osteuropa, Asien), dafür beschäftigt man sich mit Konsum und Umverteilung/Stimmenkauf, Shopping Malls & Verwaltungstürmen statt Fabriken.

> *„Durch Kunstgriffe der Bank- und Währungspolitik kann man nur vorübergehende Scheinbesserung erzielen, die dann zu umso schwererer Katastrophe führen muss. Denn der Schaden, der durch Anwendung solcher Mittel dem Volkswohlstand zugefügt wird, ist umso größer, je länger es gelungen ist, die Scheinblüte durch Schaffung zusätzlicher Kredite vorzutäuschen." –*
> *Ludwig von Mises*

Da sind wir jetzt – ganz am Ende dieser Kunstgriffe.

1.2. Der Systemcrash mit Enteignung der Sparer ist unvermeidlich

Zitieren wir wieder Mises, den großen Ökonomen der „Österreichischen Schule der Nationalökonomie":

„Es gibt keinen Weg, den finalen Kollaps eines Booms durch Kreditexpansion zu vermeiden. Die Frage ist nur ob die Krise früher durch freiwillige Aufgabe der Kreditexpansion kommen soll, oder später zusammen mit einer finalen und totalen Katastrophe des Währungssystems kommen soll" –
Ludwig von Mises

Man beachte weiter oben die Tabelle mit den Datumsangaben zu den vergangenen Kondratieff-Zyklen ab 1789. Damals begann der erste, feststellbare Zyklus. Dieser gilt weltweit primär für die zurzeit jeweils vorherrschende Ökonomie, ist aber in weiten Teilen weltweit anwendbar.

Interessant ist der Beginn des 2. Kondratieff-Winters 1873 bis 1896. Hier ein Artikel auf Wikipedia über den „Gründerkrach" von 1873[3]:

Als Gründerkrach bezeichnet man den Börsenkrach des Jahres 1873, wobei im Speziellen der Einbruch der Finanzmärkte gemeint ist. Dieser Börsenkrach beendete die Gründerzeit im Sinne einer Phase nicht selten spekulativer Firmengründungen. Die nachfolgende Deflationsphase ist als Gründerkrise bekannt. Der Krise vorausgegangen war eine Überhitzung der Konjunktur, die von verschiedenen Faktoren begünstigt worden war – in Deutschland vor allem durch den gewonnenen Krieg gegen Frankreich 1870/71, die daraus erworbenen Reparationszahlungen Frankreichs und die Reichsgründung. Stärker betroffen war aber Österreich-Ungarn, und 1873 brachen weltweit die Finanzmärkte ein, wofür Wirtschaftstheoretiker der 1920er-Jahre den Begriff „Große Depression" prägten. Die Volkswirtschaften der sich industrialisierenden Staaten gingen in eine Phase des verlangsamten Wachstums und der Deflation über, die bis in die 1890er-Jahre anhielt.

---

[3] http://de.wikipedia.org/wiki/Gr%C3%BCnderkrach

Diese Krise war im ganzen Westen inklusive der USA spürbar, aber nicht so tiefgreifend wie die Depression der 1930er Jahre im nächsten Kondratieff-Winter, oder dem, was jetzt kommt. Auch damals gingen Banken unter, mit denen die Sparer ihr Vermögen verloren. Weiteres Zitat:

> *„In Österreich-Ungarn verschwand durch den Gründerkrach ein Großteil der Banken und etwa die Hälfte der in den Jahren zuvor gegründeten Aktiengesellschaften."*

Es war vor allem Spekulation auf Kredit und der Privatkonsum der Reichen auf Kredit (fürstliche Palais), der für diese Verluste bei den Sparern verantwortlich war. Die Staatsverschuldung war viel geringer als heute und der Grossteil der Bevölkerung bekam gar keine Kredite. Heute dagegen ist alles anders: die Staatsverschuldung ist genauso enorm wie die Grösse der Staatsapparate und der Sozialausgaben. Die Privatverschuldung jeder Art der Staatsbürger ist ebenfalls enorm und kann bis über 300 % des Bruttoinlandsprodukts (BIP) wie in Skandinavien gehen. So werden etwa in den Niederlanden meist nur die Zinsen auf Hypotheken bezahlt, keine Tilgungen gemacht. Das nimmt bereits ein böses Ende.

Spekulations- und Konsumkredite müssen abgeschrieben werden:
Und zwar bei den Sparern. Das Gleiche gilt für Staatsschulden, die auch Konsum über Gehälter für Beamte oder Sozialleistungen sind.

Hier eine Liste der Kredite, wo unsere Sparguthaben stecken könnten: Diese wurden versenkt (Auswahl):

- in US-Subprime-CDO-Mistpapieren
- in osteuropäischen Ratenkrediten
- in griechischen Staatsanleihen
- in spanischen Hypotheken
- in UK-Kreditkartenschulden
- in isländischen Pleite-Banken
- in eigenen Autoleasing-Krediten

Die US-CDOs (Collateralized Debt Obligations) sind schon untergegangen, fast keine dieser Subprime-Hypotheken konnte nach dem Platzen der US-Immobilienblase zurückgezahlt werden. Banken, Zentralbanken und die Staaten per Bankenrettung haben diese Ausfälle „gefressen". Die Verluste bei spanischen Hypotheken haben auch Staaten und Zentralbanken (mittels Gelddrucken) bis jetzt übernommen.

Bei den griechischen Staatsanleihen hatten wir seit 2012 schon zwei Schuldenschnitte, wo die Anleihehalter draufzahlten. Zusätzlich haben andere EU-Staaten enorme Geldmittel aus eigenen Steuergeldern oder eigener Verschuldung nach Griechenland gepumpt. Sonst wäre dieses Land schon längst pleite. Die Staatsverschuldung liegt trotzdem weit bei über 160 % des BIP.

Dazu muss gesagt werden, dass etwa 40 % aller Kredite in Griechenland abzuschreiben sind. Staaten und EZB gleichen das vorerst aus. Wenn das aber bei mehreren grossen Staaten passiert, ist es aus.

Man sieht an diesen Beispielen, dass Staatsverschuldung am Ende in einer Depression nicht zurückgezahlt werden kann, sie ist beim Sparer abzuschreiben. Diese Kredite sind „non-self-liquidating", liquidieren sich also durch neue Produktion, die den Kredit abzahlt, nicht selbst.

Spekulationskredite, etwa für Vermietimmobilien, fallen in eine ähnliche Kategorie, sind auch beim Sparer abzuschreiben, wenn in einer Depression die Mieten ausfallen.

Man kann annehmen, dass etwa ab 1995 etwa 80 % aller Kredite in diese Kategorien geflossen sind:

- Immobilien & Aktienspekulation
- Konsum für Privat-Häuser & Wohnungen (ja es ist Konsum)
- Kredite & Leasing für Autos, Möbel, Elektronik, Reisen, etc., etc.
- Betriebe, die diesen Konsum bedienen: Hotels, Shopping Malls, Einzelhandel, etc.
- Staatsverschuldung auf allen staatlichen Ebenen

Das Geld ist weg, es wurde verkonsumiert, man hat es den Sparern nur noch nicht mitgeteilt. Bis jetzt versucht die Politik, dieses Geständnis hinauszuschieben – es kommt mit der Währungsreform – als „Haircut" bei Sparern.

Das, was nach 1873 und auch nach 1929 kam, massive Vermögensverluste der Bevölkerung, kommt jetzt wieder. Es ist unvermeidlich. Nach 1873 kam es durch Bankenpleiten mit dem Verlust der Spareinlagen bei diesen Banken und dem Untergang von Anleihen von Pleitefirmen. Die damaligen Verluste am Aktienmarkt berücksichtigen wir einmal nicht, denn das ist „Risikokapital". Denn sonst würde der Josephspfennig gelten.

Die Enteignung der Sparer nach verlorenen Weltkriegen:
Nach dem 1. und 2. Weltkrieg mussten die Sparer in den Verliererstaaten Deutschland, Österreich und Ungarn die Zeche dafür bezahlen. Das Buch: *Das Ende des Geldes: Hyperinflation und ihre Folgen für die Menschen am Beispiel der Weimarer Republik* von Adam Fergusson[4] beschreibt es sehr schön.

Die enormen Staatschulden aus dem 1. Weltkrieg, der primär über Kriegsanleihen finanziert wurde, konnten nicht mehr zurückgezahlt werden. Die Eliten dieser Staaten fürchteten die Arbeitslosen unter den Millionen von Soldaten, die heimkehrten und begannen Geld zu drucken. Fast niemand bemerkte, was vor sich ging, besonders nicht das gebildete Bürgertum. Dieses stand am Ende ohne ihr, über Generationen aufgebautes Vermögen, da. Die Hyperinflation frass es auf. Es sollte allen klar gewesen sein, dass die Vermögen, die in den Staatsanleihen von zerteilten Verlierer- und Pleitestaaten steckten, einfach weg waren. Der Krieg hatte sie verkonsumiert, so wie heute die Gelder hinter den Staatsanleihen, die für Sozialausgaben ausgegeben wurden, einfach weg sind.

Nach dem 2. Weltkrieg gab es in Ungarn wieder eine Hyperinflation, vermutlich die Furchtbarste aller Zeiten. In den deutschen Westzonen wurde dagegen von den Siegermächten 1948 eine Währungsreform durchgeführt. Von grösseren Reichsmark-Beträgen konnten nur 6,5 % in die neue D-

---

[4] FinanzBuch Verlag, ISBN-10: 3898796272

Mark übergeführt werden. In Österreich wurden 1945 und 1947 Währungsreformen durchgeführt, die noch brutaler waren. In der Realität blieb von den Geldvermögen fast nichts übrig. Die Situation war dieselbe wie nach 1918: durch einen Weltkrieg verkonsumiertes Sparvermögen.

Heute haben wir Armeen von Beamten und Sozialleistungsempfängern, die das von den Staaten geborgte Geld verkonsumiert haben. Die Konsumenten haben mit ihrem Konsum auf Kredit auch kräftig mitgeholfen. Auch ein grosser Teil der Kredite an Firmen wurde real verkonsumiert. Das ist alles bei den Sparern abzuschreiben. Es ist unvermeidlich.

> *„Es gibt nur zwei Arten der Herrschaft: mit dem Schwert oder mit Brot und Spielen. Für beides bedarf es gewaltiger Geldmittel. Moderne Staaten bevorzugen Brot und Spiele." –*
> *Roland Baader*

1.3. Gold als Feind des derzeitigen Systems

Diese extreme Aufschuldung und Gelddruckerei, die wir heute sehen, ist nur möglich, weil man den Goldpreis drückt. Denn wenn zu viel Geld aus den Banken und aus dem Finanzsystem in das Gold geht, geht das Finanzsystem unter.

Hier ein Auszug aus einem Artikel des früheren Fed-Chefs Alan Greenspan: Gold und wirtschaftliche Freiheit[5]:

> *Eine geradezu hysterische Feindschaft gegen den Goldstandard verbindet Staatsinterventionisten aller Art. Sie spüren offenbar klarer und sensibler als viele Befürworter der freien Marktwirtschaft, daß Gold und wirtschaftliche Freiheit untrennbar sind, daß der Goldstandard ein Instrument freier Marktwirtschaft ist und sich beide wechselseitig bedingen. Um den Grund ihrer Feindschaft zu verstehen, muß man zunächst die Rolle des Goldes in einer freien Gesellschaft verstehen.*
>
> *Ohne Goldstandard gibt es keine Möglichkeit, Ersparnisse vor der Enteignung durch Inflation zu schützen. Es gibt dann kein sicheres Wertaufbewahrungsmittel*

---

[5] http://www.goldseiten.de/artikel/96--Gold-und-wirtschaftliche-Freiheit-Alan-Greenspan.html

> *mehr. Wenn es das gäbe, müßte die Regierung seinen Besitz für illegal erklären, wie es ja im Falle von Gold auch gemacht wurde (Goldbesitz war in Amerika bis 1974 für Privatleute verboten, Anm. d.Ü.). Wenn z.B. jedermann sich entscheiden würde, all seine Bankguthaben in Silber, Kupfer oder ein anderes Gut zu tauschen und sich danach weigern würde, Schecks als Zahlung für Güter zu akzeptieren, würden Bankguthaben ihre Kaufkraft verlieren und Regierungsschulden würden kein Anspruch auf Güter mehr darstellen. Die Finanzpolitik des Wohlfahrtsstaates macht es erforderlich, daß es für Vermögensbesitzer keine Möglichkeit gibt, sich zu schützen. Dies ist das schäbige Geheimnis, daß hinter der Verteufelung des Goldes durch die Vertreter des Wohlfahrtsstaates steht. Staatsverschuldung ist einfach ein Mechanismus für die „versteckte" Enteignung von Vermögen. Gold verhindert diesen heimtückischen Prozess. Es beschützt Eigentumsrechte. Wenn man das einmal verstanden hat, ist es nicht mehr schwer zu verstehen, warum die Befürworter des Wohlfahrtsstaates gegen den Goldstandard sind.*

Das hat er 1966 geschrieben, lange bevor er selbst Fed-Chef wurde. Als Fed-Chef musste er dafür sorgen, dass der Goldpreis gedrückt wurde, damit keine wilde Flucht aus dem Staatsgeld in das Gold entsteht. Das wäre 1979-80 fast passiert. 1933 hat man in den USA den Goldbesitz verboten, heute geschieht dieses „Goldverbot" über negative Propaganda über Gold und die Drückung des Goldpreises. Dieses ganze Buch handelt davon, welche gesellschaftlichen und wirtschaftlichen Verwerfungen durch diese Unterdrückung des Goldes als Geld entstanden sind und was sich alles ändern wird, wenn Gold wieder Geld wird.

Neuerdings empfiehlt Alan Greenspan öffentlich, in Gold zu gehen, da die Regierungen darauf keinen Zugriff haben[6].

Es wurde bereits früher erwähnt, dass Überschuldung am Ende eines Kreditzyklus steht, aber ein neuer Zyklus mit Gold als Geld startet – jeder, der Geld akzeptiert, möchte, dass ein Wert drinnen ist, nicht nur ein real wertloses Zahlungsversprechen bankrotter Banken und Staaten. Wer mehr dazu wissen möchte, kann alle auf meiner Finanz-Website Hartgeld.com[7] nachsehen. Besonders die Themenseiten über Gold sind hier interessant.

---

[6] http://deutsche-wirtschafts-nachrichten.de/2014/10/30/greenspan-empfiehlt-gold-weil-regierungen-keinen-zugriff-haben/
[7] http://www.hartgeld.com/

Bereits in den 1960er Jahren versuchten die Zentralbanken mit ihrem *London Gold Pool* über Goldverkäufe den Goldpreis auf $35/oz zu halten. Als zu viel Gold abfloss, mussten diese Verkäufe aufgegeben werden und der Goldpreis stieg bis 1980 auf $850/oz. Das konnte damals nur mit hohen Zinsen bekämpft werden, war aber wegen der geringeren Verschuldung zu heute noch möglich. So stiegen etwa die kurzfristigen US-Zinsen auf 20 %, die langfristigen auf etwa 15 %. In Deutschland und sonstwo stiegen die Zinsen auch auf 15 % oder so.

Die 1980er Jahre waren ein Schlaraffenland für Bond-Investoren. Die Zinssätze waren generell über 10 %, man konnte etwa Anfang der 1980er 30-jährige Pfandbriefe mit 18 % Verzinsung kaufen. In wenigen Jahren hatte man das eingesetzte Kapital über die Zinsen wieder herinnen. Leider wurden diese Hochzinspapiere dann einige Jahre später von den Emittenten gekündigt – als die Zinsen sanken.

Das alles, weil vorher der Goldpreis so stark angestiegen war; dieser sank dann von 1980 bis 2001 von $850 auf ca. $250/oz. Es war eine Papier-Zeit, in der man mit Wertpapieren viel Geld machen konnte.

1980 waren etwa 14 % des Weltvermögens in Gold, heute ist es etwa 1 %. Inzwischen ist der Goldpreis auf $1.910 in 2011 gestiegen, wurde aber dann durch Propaganda und Preisdrückung mittels Gold-Derivaten auf aktuell $1.200/oz gedrückt (April 2015). Denn Gold ist der Feind des Papiergeld-Systems.

Das Buch *Geheime Goldpolitik* von Dimitri Speck[8] gibt einen guten Überblick über diese Machinationen.

Auf meiner Gold- und Investment-Website **www.hartgeld.com** gibt es eine Seite Goldpreisdrückung[9], auf der täglich über die Aktivitäten des „Goldkartells" aus Zentralbanken und Grossbanken berichtet wird.

---

[8] Finanzbuch-Verlag, ISBN Print 978-3-89879-837-2
[9] http://www.hartgeld.com/goldpreis-drueckung.html

Hier der Goldpreis in USD/oz seit 1999 (Quelle: Finanzen.net, April 2015):

Von 1999 bis 2001 war der Goldpreis auf einem sehr niedrigen Niveu von ca. $250 und begann dann zu steigen. Ganz links sieht man eine Zacke nach oben. Das war der eigentliche Start des Gold-Bullenmarkts ab 2000. Offenbar ging das Grosskapital plötzlich in Gold, so dass der Preis um $50 stieg. Das brachte Grossbanken in London, die massiv bei Gold short waren, in Probleme. Spätere Berichte sprachen sogar von deren Untergang, falls ihnen nicht sofort geholfen würde.

Der damalige UK-Finanzminister ließ daraufhin ca. 400 Tonnen britisches Gold von 1999 bis 2002 zum Niedrigstpreis verkaufen. Es wurden alle Massnahmen getroffen, damit der Verkaufspreis möglichst niedrig ausfällt, wie einer von vielen Artikeln, hier im *Telegraph*[10], beschreibt.

---

[10] http://blogs.telegraph.co.uk/finance/thomaspascoe/100018367/revealed-why-gordon-brown-sold-britains-gold-at-a-knock-down-price/

Gordon Brown wurde dafür immer wieder kritisiert, konnte aber trotzdem Premierminister werden – offenbar als Dank der Finanzwelt für diesen Verkauf von britischem Volkseigentum. Auf diese Art wurde von den westlichen Zentralbanken fast alles Gold verkauft. Die meiste Goldpreisdrückung erfolgt mit Derivaten, wie Gold-Futures an der US-Warenterminbörse COMEX. Aber es muss auch genügend physisches Gold auf den Markt kommen, wie das UK-Beispiel zeigt. Inzwischen dürften die westlichen Zentralbanken fast kein Gold mehr haben, aber auch das Gold von Privatpersonen, die es bei westlichen Banken lagern, dürfte schon grossteils verkauft worden sein, wie verschiedene Berichte zeigen – um den Goldpreis zu drücken und damit die westlichen Währungen noch etwas länger am Leben zu erhalten.

So ab 2003 begann dann der Goldpreis trotz weiterer Drückungsversuche weiter zu steigen und erreichte im Sommer 2011 sein bisheriges Hoch von $1.920. Danach wurde er wieder verstärkt gedrückt, besonders ab April 2013. Silber wird genauso „behandelt", weil es auch ein Geldmetall ist.

Der folgende 5-Jahres-Chart zeigt die Goldpreis-Entwicklung seit 2010 in USD/oz:

Der bisherige Goldpreis-Höhepunkt war im Sommer 2011, danach geht es wieder abwärts, besonders stark ab April 2013.

Wenn man den früheren Goldpreis-Höhepunkt von $850 im Januar 1980 mit der realen US-Inflation nach John Williams hochrechnet, dann kommt man auf einen Goldpreis von ca. $9.000/oz. Ein solcher Goldpreis, der einmal kommen wird, führt zur totalen Flucht aus allem Papier in das Gold und zum Crash des derzeitigen Finanzsystems. Das ist der wahre Hintergrund der Goldpreisdrückung. Dieser Crash ist aber nicht ewig so hinauszögerbar. Sobald kein Gold mehr zur Preisdrückung vorhanden ist, ist es aus.

Hier ist eine Grafik über den aktuellen und den fairen Goldpreis von James Turk aus einer Präsentation[11]:

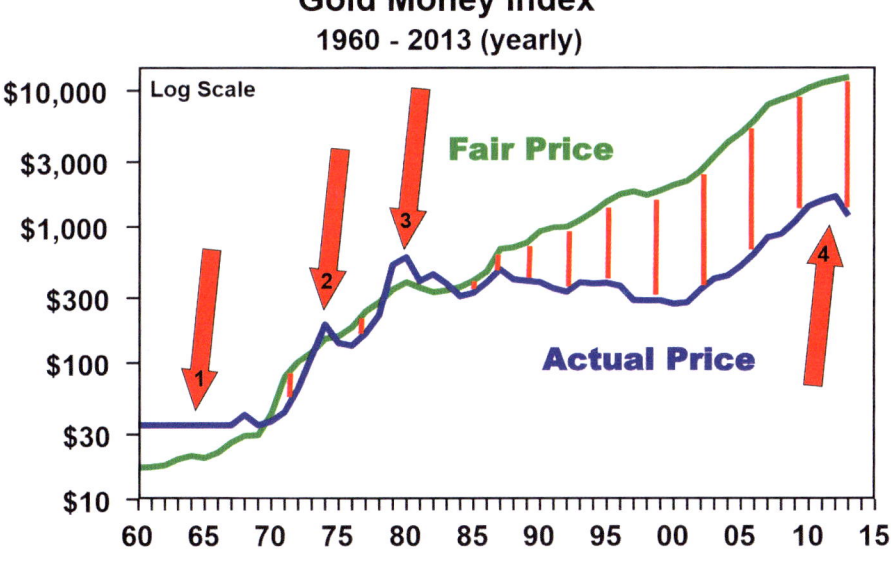

[11] http://www.europeangoldforum.org/assets/downloads/egf14/keynote5.pdf

Nach seiner Berechnung müsste der Goldpreis derzeit bei $12.000/oz liegen, ein Wert, der den sofortigen Systemkollaps auslösen würde. Das letzte Mal war der aktuelle Preis um 1980 über dem fairen Preis (aus Geldmenge und einigen anderen Daten errechnet) – Pfeil 3; seitdem wird er künstlich gedrückt.

In letzter Zeit tauchen verschiedene Artikel auf, die für die Zeit nach dem Crash einen Goldpreis von über $65.000/oz prognostizieren. Das ist realistisch.

Das Gold-Einsammeln:
Der Hauptgrund für die Goldpreisdrückung ist natürlich, damit die Masse nicht in Gold geht, denn dann müssten die Zinsen massiv, so wie 1979 steigen und das Finanzsystem würde in einem Derivaten-Crash untergehen. Aus verschiedenen Insider-Berichten und auch von Berichten auf Gold-Websites ist zu entnehmen, dass die Eliten (nicht die, die wir im Fernsehen sehen), alles Gold für sich haben wollen, und dass nach dem unvermeidlichen Crash alle ausser ihnen arm und abhängig sind. Dieser Crash wurde in der Finanzkrise 2008 mit Mühe und Not verhindert, weil man noch nicht bereit war. Ab 2010 hat es mehrere Versuche gegeben, das Finanzsystem fallen zu lassen, zuletzt im Oktober 2013. Das wurde immer wieder von anderen Fraktionen unter den Eliten verhindert – den Funktionseliten, deren hohe Positionen von unserem ungedeckten Papiergeldsystem abhängen.

Zeitgleich mit dem Anstieg des Goldpreises bis 2011 öffneten überall Ankaufsstellen für Altgold, etwa aus Goldzähnen oder Schmuck. Es wurde massiv dafür Werbung gemacht. In manchen Staaten mit extremer Arbeitslosigkeit wie Spanien, mussten die Leute einfach ihre Wertgegenstände verkaufen. Bei uns ging es einfach darum, mehr Papiergeld für den Konsum zu haben. Das wurde ganz sicher so gesteuert, damit das Volk kein Gold hat, wenn man das Finanzsystem crashen lässt.

In manchen Zeitungsberichten über solche Goldaufkäufer steht, dass das Altgold zu Gold-Raffinerien geht, dort eingeschmolzen und gereinigt wird. Dann geht es zu „Investoren", die es mit Papiergeld oder elektronischem Geld kaufen. Wer sind denn diese „Investoren"? Es sind diejenigen, ob gross oder klein, die wissen, dass das derzeitige Finanzsystem untergehen wird, zusammen mit allen Papiervermögen. Nur der Besitz von Gold und Silber erhält dabei das Vermögen und vermehrt es massiv. Man könnte zur Ansicht kommen, dass man den Goldpreis bewusst bis 2011 hat steigen lassen, so dass der kleine Maxi sein Gold verkauft: „so viel Geld bekommt man dafür". Der Maxi denkt nur an Konsum – was kann ich mir dafür kaufen – kennt aber nicht die Hintergründe. Danach drückte man den Goldpreis bis runter auf $1.600, damit der Maxi weiter sein Altgold verkauft, aber noch nicht selbst in Gold investiert. Soetwas, falls er überhaupt Geld dafür hat, macht er erst bei sehr hohen Preisen, wenn es alle machen.

Panik bei den Vermögensverwaltern:
Ab April 2013 kam die nächste Preisdrückungswelle, diesesmal ging es mit dem Goldpreis runter bis $1.200, danach liess man ihn um $1.300. Dieses Mal war aber nicht der „kleine Maxi" das Ziel, sondern die Vermögensverwalter, die das Geld der Mittelreichen bis sehr Reichen verwalten. Diese Vermögensverwalter sind meist Angestellte und stets unter Druck, eine positive Rendite zu erwirtschaften. Etwas wie Gold, das massiv im Preis sinkt, können sie gar nicht gebrauchen. Bereits im Sommer 2013 kamen Berichte, dass die meisten Vermögensverwalter bereits das Gold im Portfolio ihrer Kunden verkauft hatten.

Der US-Gold-Guru Jim Sinclair hat es gleich nach Beginn dieser Monsterdrückung beschrieben, offenbar hat er Kontakte bis „ganz rauf": King World News: Sinclair – The Elites Frightening Plan To Control The Masses[12]:

> *"People have to understand that going forward large deposits by "non-insiders" are no longer going to be permitted. The goal of this pre-arranged wealth destruction is to equalize the "new rich" and the "upper middle-class". Those not on the inside, with the right families and the right companies, are not going to be tolerated in the "New Paradigm" of currency and metal that we are now moving into.*

---

[12] http://kingworldnews.com/kingworldnews/KWN_DailyWeb/Entries/2013/4/28_Sinclair_-_The_Elites_Frightening_Plan_To_Control_The_Masses.html

So the only means of being able to protect yourself will be to understand the answer to the question, "What is the final end game for the most powerful families that are in fact running countries and markets?" ...

Take into consideration that the recent and violent drop in the gold price, especially if followed by an equally violent recovery, was primarily for the transfer of physical gold from financial and other entities to the families that are running the Western governments and financial world.

In my opinion that's exactly what has just happened. A very strong and immediate recovery, that is sustained, makes the message clear that gold is an ingredient for these wealthy families to maintain their wealth and power, not simply over a generation, but over multiple generations."

Zusammenfassung: Die alten Geld-Dynastien im Westen wissen, dass das Papier-Finanzsystem nicht mehr lange zu halten ist. Und sie wissen, dass Gold die Zukunft ist. Auch aus anderen Quellen ist bekannt, dass sie alle anderen, die nicht dazugehören, arm und abhängig machen wollen. Die Papiervermögen werden mit dem Finanzcrash untergehen, das Gold wollen sie selbst haben – was vom Gold nicht nach China geht.

Daher wollen sie, dass bei allen anderen das Gold eingesammelt wird, bevor sie den Stecker ziehen. Ja, sie wollen alle Macht für Generationen. Daher machen sie auch umfassende Vorbereitungen, um das heutige, dekadente System der Wohlfahrtsdemokratien untergehen zu lassen. Das ist das Hauptthema für den Grossteil dieses Buches.

Nach dem herbeigeführten Crash werden diese Geldeliten ihr Gold wieder ausgeben, sie werden etwa Pleitestaaten ganze Infrastrukturnetze abkaufen, oder verleihen es an die neuen Könige und Präsidenten, damit diese Gold- und Silbergeld ausgeben können, gegen entsprechende Zinsen natürlich. Denn der grosse und auch der kleine Maxi, die heute ihr Gold abgeben, werden dann unbedingt wieder welches haben wollen, auch als Münzgeld, denn dem Papier wird er nach dem Verlust seines Papiervermögens längere Zeit nicht mehr trauen.

Noch ein Wort zu den derzeitigen, vielen Meldungen, dass alles Gold aus dem Westen nach China geht. Die Berichte sagen, dass seit Anfang 2013 massenhaft Goldbarren aus den USA und aus London in die Gold-Raffinerien der Schweiz geliefert werden. Dort wird das Gold in die in China üblichen 1-kg-Barren umgeschmolzen und geht dann weiter nach China. Ganz China soll im Goldrausch sein, nicht nur deren Zentralbank.

Diese Berichte dürften teilweise eine Verschleierung dafür sein, dass auch die westlichen Geldeliten beim Gold gross zugreifen. Vermutlich lagern sie einen Teil ihres Goldes in Asien. Für die westlichen Zentralbanken, die ihr Gold inzwischen zur Preisdrückung verkauft haben dürften heisst das, dass sie zusammen mit ihren Staaten untergehen werden, sobald der Stecker gezogen wird. Dann werden die „Gold-Eliten" neue Strukturen aufbauen.

Wenn diese Eliten nicht alles Gold bekommen, macht es gar nichts. Es ist ihnen nur wichtig, dass die Masse keines hat und die heutigen Papier-Neureichen dann weg sind. Wenn ein paar Goldbarone übrig sind, ist es ok.

1.4. Beamtendiktatur und Staatswillkür zur Bekämpfung der Freiheit

Das Mass an Staatswillkür und Beamtendiktatur, das wir heute in unseren „demokratischen" Staaten erleben, gibt es vermutlich in den meisten echten Diktaturen nicht. Alles wird bis ins Kleinste geregelt und verboten. Am Schlimmsten sind hier die EU und die Grünpartei.

> *„Gold und Grüne sind von ihrem Wesen her, Erbfeinde, die einander zwanghaft ausschließen. Das eine ist göttlich, rein, schuldenfrei und verkörpert Freiheit, Eigenkapital, realwirtschaftlichen, technologischen und kulturellen Aufschwung, Niedrigsteuersätze, wobei das andere für Begriffe wie diabolisch, schmutzig, verschuldet, Gefängnisplaneten, Leverage jeder Form von Fremdkapital, realwirtschaftlichen, technologischen und kulturellen Untergang, Komplettenteignung steht." –*
> *Der SUV-Fahrer*

Hier ein Beispiel von politischer Willkür auf höchster Ebene aus den Deutschen Wirtschaftsnachrichten vom Juni 2014: Willkür im rechtsfreien Raum: Die Schulden-Politiker zerstören Europa[13]:

Europas Schulden-Politiker treten Recht und Gesetz mit Füßen. Damit werden die Hoffnungen all jener enttäuscht, die sich von der EU ein Ende der korrupten Eliten in den Nationalstaaten versprochen hatten. Europa ist zum rechtsfreien Raum für die Mächtigen geworden. Die jüngsten Personalien zeigen, dass die Regierungen nicht daran denken, ihren Kurs zu ändern. Es wird viel Widerstand der Bürger Europas brauchen bis den Regierenden klar wird, dass die grundlegenden Spielregeln des Zusammenlebens auch für sie gelten. Kein Gemeinwesen, auch keine Staatengemeinschaft, kann auf Dauer als rechtsfreier Raum existieren.

Die Willkür-Politiker tun, wie es ihnen beliebt, sie geben unser Steuergeld aus, wie es ihnen gefällt. Warum etwa palästinensische Beamte von der EU gefüttert werden müssen, entzieht sich unserer Kenntniss. Sie dekretieren Glühbirnenverbote und Vorratsdatenspeicherungen auf EU-Ebene oder zwingen die Stromkonsumenten auf nationaler Ebene für allerlei Öko-Unsinn wie Photovoltaikanlagen zu zahlen. Willkürlich, einfach wie es ihnen gefällt. Dazu kommen noch Verbote jeder Art wie Auto- oder Rauchverbote. Wie es ihnen gefällt.

Die Wut der Unternehmer:
Hier eine Leserzuschrift aus Österreich an Hartgeld.com vom Juni 2013 (Auszüge, mit meinen Kommentaren dazwischen):

Stimmungslage in Österreich von mittelständischen Industriebetrieben und deren Eigentümern:

„Bin soeben von einer wirklich lustigen und anregenden Kundenbesuchstour durch Österreich zurück. Im Wesentlichen ging es mir darum, die besten Kunden nach Jahren wieder einmal zu treffen und deren Kriseneindrücke und Zukunftsperspektiven zu erkunden. Ich traf etwa 20 mittelständische, eigenkapitalstarke und zu 90 % unternehmergeführte Betriebe, die über 10 bis 100 Millionen Anlagever-

---

[13] http://deutsche-wirtschafts-nachrichten.de/2014/06/15/willkuer-im-rechtsfreien-raum-die-schulden-politiker-zerstoeren-europa/

mögen verfügen. Generell ist anzumerken, dass alle Betriebe derzeit noch schwarze Zahlen erwirtschaften und die Inhaber über beträchtliche Privatvermögen verfügen, dennoch:

* *Es herrscht eine enorme Frustration in Bezug auf behördlichen Despotismus, extreme Abgabenquote, bolschewistische Wirtschaftspolitik und dekadente Freunderlwirtschaft.*

* *Die Leistungsverweigerung in Form von Investitionsverweigerung wird immer beliebter und geht mitunter soweit, dass Firmenschliessungen (bzw. Verkauf) ernsthaft in Erwägung gezogen werden.*

* *Obwohl die meisten enormen Investitionsbedarf hätten und auch problemlos sowohl eine entsprechende Eigenkapital- als auch Fremdfinanzierung leisten könnten, wird in 90 % der Fälle dankend darauf verzichtet. 10 % haben größere Investitionen vor und erschliessen tatsächlich derzeit damit neue Kundensegmente."*

Also, warum in einem solchen despotischen Klima noch investieren? Man macht sich zum Sklaven des Staates. Die Wut unter den Unternehmern auf diesen Staat muss unendlich sein.

* Es herrscht bei nahezu allen ein extremer Hass gegen alles Gutmenschliche, Linke und Grüne. Man spürt auch wieder einen aufkeimenden Nationalismus.

* Derzeitiges Hauptmotiv den Betrieb aufrecht zu erhalten und sich den Scheissdreck noch anzutun besteht bei den meisten in einer tiefempfundenen Wertschätzung langjähriger und top qualifizierter Mitarbeiter, die man nicht hängen lassen will. Das Motiv „für die nächste Generation" ist kaum vorhanden, da man den eigenen Nachkommen diese Belastung nicht antun will.

* All diese Betriebe haben exzellent gewirtschaftet, sind nahezu schuldenfrei und die Eigentümer mit Lametta, Bauernhöfen, teilweise mit enormen Grundbesitz im Ausland, bestens abgesichert. Privatgeld wird keinesfalls in die Aufrechterhaltung des Betriebes

gesteckt. Dieser wird aus Solidarität zu den Mitarbeitern noch solange weitergeführt bis man einen Käufer gefunden hat bzw. es sich nicht mehr rechnet.

* Der finanzschwache und extrem kreditgehebelte Mitbewerb hat die Marktpreise massiv unter Druck gesetzt und selbst wenn ein derartiger Betrieb in Konkurs geht, wird dieser dann unter anderem Namen eines Familienmitglieds weitergeführt und entschuldet. Das Insolvenzrecht wird massiv kritisiert und verfälscht ungeheuer den Markt.

Selbst tun sich die Wissenden und Abgesicherten nichts mehr an. Das überlassen sie den Kreditsklaven. Wer ehrlich arbeitet und seine Schulden zahlt, wird gegenüber den Schlitzohren, die sich per Insolvenz entschulden, benachteiligt.

Folgende Stories wurden mir u.a. berichtet:

Abgesehen von Massenpleiten von Kleinfirmen, geht jeden Tag eine Firma mit mindestens 20 Millionen Euro Schulden in Kärnten pleite, die nicht älter als 2 bis 3 Jahre ist. Die Geschäftsführer steigen mit einem enormen Privatvermögen aus und werden auch kaum bis gar nicht belangt, zumal die Firmen massenhaft EU-Förderungen bezogen haben und freundschaftlich mit lokalen Banken verbunden waren. Es kam kürzlich zu einem diskreten Treffen von Landwirtschaftsministern in einem südlichen Bundesland. Meinen lokalen Informanten wurde berichtet, dass manche dermassen betrunken waren, dass sie beim Verlassen der Luxuslimousinen erbrechen mussten und sich auch ähnlich dekadent aufführten wie jener, der um Mitternacht partout auf eine Sachertorte bestand, allerdings nicht von Vorort, sondern original aus dem Hotel Sacher in Wien. Da sich der hierfür abkommandierte Soldat weigerte, extra nach Wien zu fahren, wurde dieser auch standesgemäß degradiert.

Diese Story ist wirklich toll, unglaublich welche Entgleisungen sich solche Minister leisten.

Die Finanz geht derzeit massiv gegen alle greifbaren und ehrlich wirtschaftenden Firmen los. Es wurde mir der Fall einer Firma zugetragen, welche solange lahmgelegt wurde, bis diese zusperren musste (Details möchte ich nicht wieder geben). Jedenfalls kam bei der Finanzprüfung nichts heraus, außer dass ein Betrieb in 3. Generation geschlossen werden musste.

Steuerterror extrem, extremer ist es nur in Italien.

Weiters wurde mir von aus Polizeikreisen informierten Unternehmern berichtet, dass man die Polizei in ihrer Arbeit, insbesondere bei der Verfolgung ausländischer Straftäter, massiv unter Druck setzt. Insbesondere bei der Amtshandlung sind die Beamten derartig eingeschüchtert keine "Gewalt" anzuwenden, dass eine normale Arbeit kaum mehr möglich ist. In Planung befände sich auch die Auflösung der Hundestaffel, da der Hund nicht politisch korrekt handeln kann und keinen Unterschied zwischen inländischen und ausländischen Straftätern mache und die Verletzungsgefahr für ausländische Straftäter einfach zu groß sei. Im Übrigen soll es dem Vernehmen nach Anweisungen geben, ausländische Straftäter möglichst schnell wieder ausreisen zu lassen, da die Verfahren zu kostspielig seien.

Hier sehen wir das auch in Österreich, was in einem späteren Kapitel über Deutschland berichtet werden wird. Die offensichtliche Bevorzugung von ausländischen Straftätern durch Polizei und Justiz. Die Wut der normalen Polizisten muss über solche Praktiken ein Maximalmass erreicht haben. Das wird bewusst inszeniert, um die Loyalität der Polizei zum heutigen politischen System zu untergraben.

Massive grünstalinistische Auswüchse sind im Raum Graz zu registrieren. Ich schätze, ich bin gestern abends mindestens 20 km lang auf der LEEREN (!!!!) Autobahn in einer 100er Zone mit 120 dahingekrochen (zum Glück hatte ich's da nicht mehr eilig).

Hier haben wir das nächste Beispiel von Behörden- und Politik-Willkür, das es überall in Europa gibt: willkürlich werden Geschwindigkeitsbegrenzungen verhängt, die einzuhalten sind. Angeblich ist es wegen Feinstaub oder Ozon, real ist es reine Willkür. Der Bürokratie-Terror wird aktuell noch zugespitzt.

Besonders den Unternehmern wird das Leben mit unzähligen Gesetzen, Regeln, Kontrollen und reiner Behördenwillkür immer schwerer gemacht. Man sieht, die Wut darauf hat schon Extremmasse angenommen. Die Zeit ist reif für ein Generalreinemachen. Man könnte mit solchen Beispielen alleine aus Hartgeld.com ein ganzes Buch füllen. Aber wir belassen es damit. Es geht ein Aufschrei von den Drangsalierten raus: „es reicht". Hier ein Artikel aus dem Wirtschaftsblatt vom April 2015: „Die Krux mit dem Arbeitnehmerschutz"[14]:

Stahlproduzent Breitenfeld muss allein 15 Gesetze und Verordnungen zum Schutz seiner Mitarbeiter beachten. Damit ist auch ein enormer bürokratischer Aufwand verbunden.

1. Dokumentation über den derzeitigen Stand der Evaluierung der arbeitsbedingten psychischen Belastungen.

2. Sicherheits- und Gesundheitsschutzdokumente, die den Überlassern nachweislich übermittelt werden.

3. Dokumentation über die Evaluierung „besonders schutzbedürftiger Personen" (samt dazugehörigen Angaben, Maßnahmenblättern und Unterweisungen).

4. Dokumentation über die Mutterschutzevaluierung.

5. Dokumentation über die Arbeitsplatzevaluierung Jugendlicher.

6. Messungen zu gefährlichen Arbeitsstoffen und Dokumentation über die durchgeführte Arbeitsstoffevaluierung, beinhaltend u.a. ein Arbeitsstoffverzeichnis und Festlegung der Arbeitsplätze und Arbeitsbereiche, für die Eignungs- und Folgeuntersuchungen vorgesehen sind.

7. Verzeichnis über die Eignungs- und Folgeuntersuchungen.

---

[14] http://wirtschaftsblatt.at/home/nachrichten/newsletter/4702348/Die-Krux-mit-dem-Arbeitnehmerschutz?_vl_backlink=/home/nachrichten/index.do

8. Dokumentation über die Ermittlung und Beurteilung von Gefahren für Bildschirmarbeitsplätze und Untersuchungen des Sehvermögens.

9. Dokumentation über die Evaluierung zur Lastenhandhabung.

10. Nachweis über das Angebot sonstiger besonderer Untersuchungen, z.B. Nachtarbeit.

11. Aufzeichnungen über prognostizierte und infolge konkret in Stunden und Prozentangaben festgelegte Präventionszeiten der Präventivfachkräfte (Pfk) für 2014.

12. Aufzeichnungen über die geleisteten Präventionszeiten durch die Pfk für 2013 und 2014.

13. Vorlage der Begehungsprotokolle der Präventivdienstbetreuung für 2013 und 2014.

14. Vorlage der Jahresberichte der Pfk im Rahmen der Präventivdienstbetreuung für 2013.

15. Vorlage der Ergebnisprotokolle der einberufenen Arbeitssicherheitsausschusssitzungen für 2013 und 2014.

Das alles will das Arbeitsinspektorat bei seinen Prüfungen sehen. Die Arbeitsinspektorate sind besonders in Österreich der reine Horror und quälen die Unternehmer bis aufs Blut. Erst wenn es zum Aufstand der Steuerzahler kommt, kann sich dabei etwas ändern. Ich komme zur Ansicht, dass diese Drangsalierungen und Ausbeutereien zuletzt bewusst zugespitzt wurden, um die Volkswut gegen die Poltik anzuheizen und zwar von den „Steuermännern" der Politiker. Die Entladung wird gigantisch sein. Und jetzt weiter zu einer weiteren staatlichen Drangsalierung: dem Steuerterror.

Hier noch ein Leserkommentar eines österreichischen Unternehmers, der als „Widerstandskämpfer" firmiert an Hartgeld.com:

„Das einzige wirkliche Wachstum, das in den letzten Jahrzehnten produziert wurde, ist das Wachstum von Bürokraten und Technokraten. Wie fette Maden im Speck haben sie sich in das wertschöpfende System eingenistet, und fressen sich schonungslos durch alles Werhaltige bis nichts mehr da ist. Mit fetten Maden macht man keine dynamische Volkswirtschaft, man bringt sie höchstens um. Das, was Beamte und Funktionäre vornehmlich auszeichnet, ist der totale Mangel an Gespür, Feinfühligkeit und emotionaler Intelligenz in Bezug auf betriebswirtschaftliche Abläufe und volkswirtschaftliche Naturgesetzgebungen. Sie haben keinen blassen Schimmer davon, was es bedeutet, einen Betrieb zu gründen und ihn zu einem erfolgreichen Unternehmen zu machen, oder gar aus einem nicht begünstigten Standort eine prosperierende Volkswirtschaft zu gestalten. Vor gar nicht allzu langer Zeit waren nämlich Standorte wie die Schweiz oder auch Bayern zum Beispiel alles andere als reiche Länder.

Das ist offenbar alles in Vergessenheit geraten, vor allem das Gespür, dass ein Unternehmen oder eine Wirtschaft zarte Pflanzen sind, mit denen man behutsam umzugehen hat, damit sie auch schön wachsen. Stattdessen maßen sich alle Arten von Bürokraten an, sich mit sinnlosen Verordnungen und Gesetzen in betriebswirtschaftliche Abläufe einzumischen, ohne zumindest ein Minimum von Kenntnissen oder Erfahrungen darüber zu haben. In der Gastronomie gibt es z.B. 190 branchenspezifische Auflagen und Vorschriften, die den Unternehmen zunehmend zu schaffen machen.

Die Bürokraten und Technokraten haben eindeutig den Respekt vor dem Unternehmertum verloren. Sie agieren nur mehr wie Stasibeamte und reduzieren sich auf das Niveau von kommunistischen Terrorzellen. Für Unternehmer stellt sich berechtigterweise immer häufiger die Sinnfrage. Für viele macht es überhaupt keinen Sinn mehr, in der Art von Weise, sich von diesen Bürokratie-Parasiten gängeln zu lassen. Oft sind sie allerdings auch schon in die Jahre gekommen, um Widerstand noch leisten zu können, denn die Palette an Repressalien der Obrigkeit ist groß. Es bleibt daher nur noch die Hoffnung auf den ultimativen Crash als letzte realistische Option, um in einem neuen, gerechten Kaiserreich aufzuerstehen.

WEG MIT DEN BÜRO-(DEMO)-KRATEN UND TECHNO-(DEMO)-KRATEN!
ENDLICH HER MIT DER ÜBERFÄLLIGEN STRUKTURREFORM DURCH DEN KAISER!"

Ja, so ist es. Und um es gleich vorwegzunehmen: es wird nach der Entfernung der heutigen, politischen Klasse wieder einen Kaiser geben. Der Staat wird dann massivst schrumpfen. Besonders die Unternehmer werden gerade „reif für den Kaiser" gemacht.

1.5. Der Steuerstaat ufert aus

Der Steuerterror in Westeuropa begegnet uns in zwei Formen: a) in der Form von extrem hohen Steuern für die Masse der Bevölkerung, b) in einem wahren Terror bei der Steuereintreibung.

> *„So lange die Verschwendung von Steuergeld keine Straftat ist, sollte die „Hinterziehung" von Steuern auch keine Straftat sein!" –*
> *hartgeld.com Leser*

Leider, Steuergeld-Verschwendung ist kein Straftatbestand. Es gibt zwar immer wieder Artikel in den Medien, wo etwa der deutsche Steuerzahlerbund staatliche Verschwendungen anprangert, aber sonst tut sich nichts. Der normale Steuerzahler ist zu stark mit Arbeit und Schuldenabstottern sowie Konsum beschäftigt.

Der Hochsteuer-Terror:
Etwa 15 % der Steuerzahler zahlen wegen ihrer hohen Einkommen die meisten Steuern, die untere Hälfte zahlt praktisch keine Lohn- oder Einkommenssteuer. Dann gibt es noch linke Politiker, wie den aktuellen französischen Präsidenten Hollande, dem die bisherigen hohen Steuersätze für Spitzenverdiener noch nicht genug waren, er hob den Höchststeuersatz auf 75 % an. Die Folge war die Flucht der Unternehmer aus dem Land.

Hier eine Übersicht der WKO vom Mai 2014 über die Steuersätze von Einkommen-, Körperschaft- und Mehrwertsteuer in Europa[15]. Über der gesamten Eurozone liegen die Durchschnittswerte bei der Höchststeuer für Einkommen bei 50,1 %, bei der Körperschaftssteuer bei 29,5 % und bei der Umsatzsteuer bei 20,5 %. Die Einkommenssteuer ist meist progressiv, bei höheren Einkommen sind höhere Steuersätze zu zahlen. Bei

---

[15] http://wko.at/statistik/eu/europa-steuersaetze.pdf

der Umsatzsteuer, die rein von den Konsumenten zu bezahlen ist, gibt es meist einen ermässigten Satz für Lebensmittel und Mieten.

Bei Einkommen aus Arbeit kommen noch die Zwangsbeiträge zur Sozialversicherung dazu. Diese machen bei Durchschnittseinkommen meist mehr als die Lohnsteuer aus.

Das ist fast überall in Westeuropa gleich, besonders die besserverdienende Mittelschicht zahlt sich dumm und dämlich. Es ist daher kein Wunder, dass immer mehr Menschen entdecken, dass sich offizielle Arbeit nicht mehr lohnt und sie lieber vom Staat mit eventueller Schwarzarbeit als Zusatzeinkommen leben. Die sieben Millionen Hartz-4 Empfänger in Deutschland lassen grüssen.

Womit sich die selbsternannten, roten „Arbeitervertreter" aus den Gewerkschaften wirklich beschäftigen ist weniger die Entlastung der Arbeitnehmer von den extrem hohen Abgaben (siehe Beispiele oben), sondern wie man die „Reichen" höher besteuert. In Österreich dürften die Gewerkschaften inzwischen schon massiven Druck aus der Basis bekommen haben, die Abgaben auf Arbeit zu senken, in Deutschland hört man nur wenig davon.

Hier ein Artikel im österreichischen Börse-Express, der den roten Bonzen und Arbeiterverrätern gefällt: 4.600 Millionäre mehr – für Österreichs Reiche wäre das Abtragen des Staatsschuldenberges ein Klacks[16]:

> *Das Vermögen der reichen Österreicher stieg 2013 um sieben Prozent auf 262 Milliarden Euro. Damit könnten Österreichs Millionäre die Staatsschulden der Republik auf einmal zurückzahlen. Für manche Politiker ein allzu verlockendes Bild.*
>
> *Wie immer, wenn solche Studien präsentiert werden folgte auf den Fuss die Forderung nach einer: Millionärssteuer – Wann, wenn nicht jetzt? So der Titel einer Aussendung der Arbeiterkammer. Der volle Text: „Die Reichen werden immer reicher. Das ist nicht nur ein strapazierter Spruch, sondern beinharte Realität",*

---

[16] http://www.boerse-express.com/cat/pages/1451030/fullstory

> *sagt AK-Präsident Rudi Kaske und verweist auf den alljährlich publizierten Vermögensreport des Liechtensteiner Investmenthauses Valluga.*
>
> *Kaske: „Im Sinne einer fairen Verteilung muss jetzt rasch eine Millionärssteuer eingeführt werden. Zudem bedarf es einer Steuerstrukturreform, um endlich den Faktor Arbeit zu entlasten."*

Da ist er schon wieder, der rote Boss der Arbeiterkammer (eine Art von Zwangs-Gewerkschaft). Die Entlastung seiner Zwangsmitglieder fordert er nur, weil sonst noch mehr Arbeiter und Angestellte von der SPÖ zur FPÖ überlaufen würden. Die wirkliche Herzensangelegenheit ist ihm natürlich die Millionärssteuer, für die er so heftig eintritt. Er handelt nach diesem Wunsch:

> *„Dass alle Menschen gleich groß sein sollten, ist ein alter Traum der Zwerge"* –
> Hans-Hermann Hoppe

Die roten Parteiochsen von der Arbeiterkammer, den Gewerkschaften, von SPÖ, SPD und Grünen rufen fortlaufend nach Enteignung der „Reichen". Es wird passieren – per Crash und Währungsreform. Hoffen wir, dass danach die roten Parteiochsen ihre Jobs verlieren werden und sie sich nicht mehr auf Kosten ihrer Zwangsmitglieder mästen können – das sind die echten Arbeiter-Ausbeuter. Gold-Millionäre, ihr habt nichts zu befürchten.

In der Tat sind diese angeblichen „Arbeiterparteien" in der Wirklichkeit Arbeiterverräter, denn sie beuten ihre Klientel mit enormen Steuern aus. Daneben holen sie noch Massen von Ausländern auf unseren Arbeitsmarkt, was enormen Lohndruck bei den gering Qualifizierten bewirkt. Dieser Zuzug bewirkt auch eine Steigerung aller Preise, besonders bei Mieten in den Grosstädten. Von einem niedrigen bis durchschnittlichen Arbeitseinkommen kann man daher immer weniger leben.

So heisst es etwa in diesem Artikel über den deutschen Bildungsbericht[17]:

---

[17] http://deutsche-wirtschafts-nachrichten.de/2014/06/17/deutschland-betreibt-eine-voellig-falsche-einwanderungs-politik/

Der Arbeitsmarkt für geringfügig Qualifizierte ist schon so gesättigt, dass Migranten-Kinder ohne Ausbildung keine Chance haben.

Das gilt nicht nur in Deutschland, sondern überall in Europa. Und nicht nur für Migrantenkinder, auch für Einheimische mit wenig Qualifikation. Das sind doch die klassischen Arbeiter, die SPD, SPÖ, PS oder wie diese roten Bonzen-Parteien heissen mögen, früher einmal vertreten haben. Diese Bonzen wollen von ihnen noch mehr Steuern und drücken ihre Löhne per Einwanderung, anstatt genau das Gegenteil zu machen. Ausserdem vertreiben sie mit ihrer Politik die Fabriken aus Westeuropa.

Dafür gibt es im staatlich geschützten Bereich die Luxuspensionen für solche Funktionäre. Die sind sich nicht zu schade, über den Zeitraum ihres restlichen Lebens noch grosse Millionenbeträge abzugreifen – auch wieder von der Allgemeinheit. Das sind die roten Millionäre, die dieses Riesenvermögen monatlich ausbezahlt bekommen. Die werden von der Millionärssteuer-SPÖ geschützt, weil es davon genug unter den roten Bonzen gibt.

„Ein König richtet das Land auf durch Recht. Wer aber viel Steuern erhebt, richtet es zugrunde." –
Salomon (etwa 965 - 925 vor Christus), König von Juda und Israel

Eines kann ich schon vorweg sagen: in der neuen Monarchie soll es für die Leistungsträger einen nie dagewesenen Wohlstand und eine nie dagewesene Freiheit geben, einfach weil der heutige Bürokratie- und Steuerterror-Staat wegfallen wird. Für die Günstlinge des heutigen Staates wird es umgekehrt sein, diese genießen heute den von den Steuerzahlern erarbeiteten Wohlstand.

Der Steuer-Eintreibungsterror:
Das wurde in der obigen, langen Leserzuschrift über die Unternehmer in Österreich bereits angeführt. Wirklich brutale Ausmasse erreicht das aber in Staaten wie Italien und Griechenland.

Hier ein Beispiel aus Italien: Italienisches Finanzamt wird zum Big Brother[18]:

Italiener sollten nun besonders vorsichtig sein, wenn sie Schmuck, Autos oder Luxusartikel kaufen, denn die Steuerbehörde könnte daraufhin schnell vor der Tür stehen. Wie die italienische Tageszeitung Corriere Della Sera am Dienstag berichtete, ist nun die neue „Spesometro"-Bestimmung in Kraft getreten. Bei dieser „Ausgabenkontrolle" müssen Einzelhändler, Handwerker, Banken, Reisebüros und Gastwirte alle Käufe über 3.600 Euro mit Informationen über den Kunden und Zahlweise angeben.

Wozu das Ganze? So würde das Finanzamt Daten zu jedem Bürger sammeln, jeder Italiener erhalte eine eigene Datei, die nun nicht mehr nur seine selbst angegebenen Daten beinhaltet, sondern eben auch die von anderer Seite gemeldeten. Kaufe man nun ein Auto o.ä., was den Betrag von 3.600 Euro übersteigt, müsse man dem Finanzamt erklären, woher das Geld dafür kommt. Wer das nicht könne, werde der Steuerhinterziehung verdächtigt. Durch diesen Abgleich der selbst deklarierten Einnahmen und Ausgaben mit den von Unternehmen und Geschäften gemeldeten Daten wolle das Finanzamt Steuersünder schneller aufspüren, Schwarzarbeit unterbinden und dem Fiskus somit zu Geld verhelfen.

Man fragt sich, warum sich die Italiener das gefallen lassen. Vermutlich kassieren sie einfach schwarz weiter. Hier ein Beispiel aus Spanien: Big Brother in Spanien – alle Konten durchleutet[19]:

Im Kampf gegen Geldwäsche und Steuerbetrug wird Spaniens Regierung eine umfassende Datenbank schaffen, die sämtliche Finanztransaktionen aller Spanier und in Spanien lebenden Personen speichert, die hier über ein Bankkonto verfügen. Damit werden 33,6 Millionen Spar- und Girokonten dauerhaft unter die Lupe genommen. Erst zehn Jahre nach Auflösung eines Kontos werden auch dessen Daten gelöscht.

Ach ja, über die derzeitige spanische Regierung Rajoy ist bekannt, dass dort viele Parteigranden über viele Jahre ein „weiteres Gehalt" aus

---

[18] http://www.goldseiten.de/artikel/204273--Italienisches-Finanzamt-wird-zum-Big-Brother.html
[19] http://spanientipps.blogspot.com.es/2014/05/big-brother-in-spanien-alle-konten.html

Schmiergeldern bekommen haben. Dort wird mit einem anderen Mass gemessen, niemand ging ins Gefängnis oder verlor seinen Job.

Ganz brutal geht es in Griechenland zu, wie dieser Artikel zeigt: Unternehmen in Griechenland droht plötzlicher Tod[20]:

Im Rahmen der verzweifelten Suche nach Einnahmen wird in Griechenland sogar auch die endgültige Eliminierung mittelständischer Unternehmen billigend in Kauf genommen. In dem verzweifelten Versuch, fällige Verbindlichkeiten an den Fiskus in Griechenland einzutreiben, erwägt das Finanzministerium sogar auch die „Blockierung" der Steuer-IDs von Gesellschaften mit Schulden. Diese Maßnahme bringt jedoch automatisch die „Einfrierung" aller Geschäftstätigkeiten und somit praktisch den „plötzlichen Tod" der betroffenen Firmen mit sich

Für Steuerhinterziehung kann in Griechenland sogar eine lebenslange Gefängnisstrafe verhängt werden, aber sicher nicht bei Mitgliedern der politischen Klasse. Der Steuerterror in Griechenland übersteigt alles, was es anderswo in Europa gibt.

Die Schließung oder Abwanderung von Firmen ist die Folge. Hier ein Artikel in Format aus 2013: Fluchtpunkt Kärnten: Niedrigere Steuern locken immer mehr Italiener an[21]:

Auch der Präsident der Region Veneto, Luca Zaia, hat zuletzt erneut die starke Abwanderung norditalienischer Unternehmen nach Kärnten beklagt. Der Steuerdruck, der auf Unternehmen in Italien laste, betrage schon 65 Prozent und zwinge zum Abzug, sagte Zaia. „Wenn ein Unternehmen nach Kärnten abwandert, ist es meiner Ansicht nach nicht „schuldig", denn Rom löst die Probleme nicht. Die Unternehmensabwanderung ist ein Zeichen des Scheiterns des italienischen Staates", meinte Zaia.

Damit wird die Depression in diesen Staaten noch tiefer und die Arbeitslosigkeit steigt weiter.

---

[20] http://www.griechenland-blog.gr/2013/09/unternehmen-in-griechenland-droht-ploetzlicher-tod/53590/
[21] http://www.format.at/articles/1343/942/368215/fluchtpunkt-kaernten-niedrigere-steuern-italiener

In Österreich und Deutschland ist es noch nicht so schlimm wie in diesen Südländern. Über die Situation in Deutschland berichtet dieser Artikel in Geolitico: Die große „Einlulle" der Finanzverwaltungen[22]:

> *Der Staat sieht in jedem fünften Kleinunternehmer einen Steuerhinterzieher. Mit vorgespielter Rechtmäßigkeit wird ihm das Vermögen entzogen, die Existenz vernichtet. Viele sehen keinen anderen Ausweg als den Suizid.*
>
> *Womit hierzulande nicht unbegründet Angst geschürt wird, ist die Tatsache, Kleinst- und Kleinbetriebe, florierende Handwerksbetriebe und Selbstständige mittels „Steuerzuschätzungen" auszuplündern, platt zu machen und dadurch „Steuermehreinnahmen" zu generieren.*
>
> *Diese „Unternehmer", die kaum noch Kredite zur Aufrechterhaltung ihrer Unternehmen erhalten, die kaum noch Leasingverträge für notwendige Maschinen und Fahrzeuge abschließen können, die sich mit „Familienkrediten" und „Rentenzuwendungen" von Oma und Opa über Wasser halten, will man erreichen – zwecks endgültiger Plünderung der oftmals seit Jahrzehnten im Familienbesitz befindlichen Vermögen, der Vernichtung von „Familienexistenzen" und der „Entsorgung" systemfeindlicher Kräfte, falls einer hiervon in „Widerstand" geht.*

Besonders das deutsche Steuerrecht ist unendlich kompliziert, um sich da auszukennen braucht man unbedingt einen Steuerberater – und man sollte dessen Empfehlungen auch folgen. Leider gibt es viele Unternehmer, die sich um Steuerdinge nicht kümmern; bei der nächsten Steuerprüfung gibt es dann böse Überraschungen.

Was einem beim deutschen Finanzamt passieren kann, wenn man sich unbotmässig verhält und böse Fragen stellt, die eigentlich nichts mit der Steuersache zu tun haben, das hat ein Leser an Hartgeld.com beschrieben:

- *Steuerfahndung*
- *Kontopfändung*
- *Vollziehungsbeamter*
- *Eintragung Sicherungshypothek*

---

[22] http://www.geolitico.de/2013/08/05/die-grosse-einlulle-der-finanzverwaltungen/

- *Eintragung Zwangsversteigerung des Grundstücks mit gew. Existenz*
- *Beschwerde dagegen mit allen relevanten Unterlagen abgegeben*
- *Beschluss, ohne auf die Unterlagen eingegangen zu sein*
- *Das Finanzamt hat recht, wenn es sagt: „Jeder muss Steuern zahlen"!*
- *Es braucht dem Steuerzahler keine justiziable Begründung auf Verlangen zu geben.*

Zwangsversteigerungen werden wegen der AO und der ZPO beim Gericht beantragt und sofort ohne Prüfung durchgewunken! Es geht hier um eine vom Finanzamt geschätzte Summe von 4.000,– Euro, der Verkehrswert der Immo, die unter den Hammer kommt, wenn ich nicht noch zahle, beträgt 360.000,– Euro. Finanzamt und Gerichte kooperieren hier komplizenhaft.

Mit dem Finanzamt ist auch bei uns nicht zu spassen, aber es gibt genügend Leute, die nicht nur das Steuersystem kennen, sondern auch wissen, wie in den Finanzämtern gearbeitet wird. Die sind meist mit der Komplexität des Steuersystems selbst überfordert, das kann man ausnützen.

Leider lassen sich die Unternehmer das alles gefallen, organisieren sich nicht. Die etwas Cleveren verkaufen die Firma oder schließen sie, und lassen sich so diesen Terror von Finanzamt und anderen Behörden nicht mehr gefallen. Ich hatte vor einiger Zeit ein Gespräch mit einem österreichischen Unternehmer, der mir eine ganze Litanei von behördlichen Schikanen vorjammerte. Als ich ihm dann sagte, er soll seinen Laden, der die Depression ohnehin nicht überleben wird (falsche Branche) doch gleich schließen, sagte er: die Firma ist seit acht Generationen im Familienbesitz, das kann er nicht machen. Auch wegen dieses dynastischen Denkens lassen sich diese Unternehmer alles gefallen. Inzwischen hat er die Firma geschlossen. Man sollte es so machen, wie ein Investor: dieser investiert nur in Staaten, die investorfreundlich sind. Sind sie das plötzlich nicht mehr, dann zieht man weiter.

Noch etwas: der Hass, besonders der Unternehmer auf den Staat, wächst durch diesen Steuerterror ungeheuer. Will man das? Ja, wahrscheinlich, ohne dass die Politiker es bemerken.

„Alles, was Sozialisten von Geld verstehen, ist die Tatsache, dass sie es von anderen haben wollen." –
Konrad Adenauer

Steuern zahlen nur mehr die Dummen:
Der heutige Steuerstaat wird zusammenbrechen, denn der Sozialstaat untergräbt schon heute massiv die Steuermoral, wie dieser *Welt*-Artikel zeigt: Der Sozialstaat zerstört die Steuermoral[23]:

Ist die soziale Mitte plötzlich egoistischer geworden? Und ist die sinkende Steuermoral hier wirklich ein neues Phänomen? Keineswegs, tönt es von politischer Seite, niemand zahle gerne Steuern. Und die Forschung bestätigt das. Teilweise. Ja, niemand zahlt gerne Steuern. Aber er tut es – unter drei Bedingungen: wenn er der Auffassung ist, dass erstens der Anteil seines Einkommens, das er dem Staat abtritt, eher gering ist, dass zweitens mit seinem Geld gut umgegangen wird und dass drittens sich alle Bürger daran beteiligen.

Mit allen drei Bedingungen tun wir uns heute schwer. Der Bürger sieht, dass mit direkten und indirekten Steuern, Sozialabgaben und Extragebühren für bestimmte Behördenleistungen 70 Prozent und mehr seines Einkommens staatlich abgegriffen werden; dass sich ein gigantischer Umverteilungsapparat aufbläht, der zunächst einmal sich selbst versorgt und zudem Milliarden an Steuergeldern in den Kapillaren europäischer Großraumpolitik versickern lässt; dass die staatliche Gegenleistung immer schlechter wird: Gesundheit, Alter, Bildung, Kultur – die Qualität vieler Sozialleistungen sinkt; dass sich viele unter dem Deckmantel sozialer Fürsorge ein angenehmes Leben machen, obwohl sie für ihren Lebensunterhalt selbst sorgen könnten und überdies noch glauben, sie hätten ein Recht darauf, mit der Hand in der Tasche anderer zu leben. Was in der Folge heißt: Ein immer höherer Anteil der Steuern wird von einem immer geringer werdenden Anteil der Arbeitnehmer bestritten.

In der Tat ist es heute schon so: wer das versteht und die Möglichkeit dazu hat, hat sich schon ganz oder teilweise aus dem Steuersystem der westlichen Staaten verabschiedet: Die Konzerne und wirklich Reichen

---

[23] http://www.welt.de/debatte/kommentare/article12296905/Der-Sozialstaat-zerstoert-die-Steuermoral.html

sind in Steuerparadiese abgewandert oder beschäftigen Steuerexperten, die alle Möglichkeiten ausschöpfen. Etwa das Buch: *Schön reich - Steuern zahlen die anderen*[24] zeigt, was auch in Deutschland machbar ist. Viele sind ins Sozialsystem abgewandert und arbeiten gleichzeitig schwarz.Steuern zahlen eigentlich nur mehr jene, die das System nicht verstehen und unbedingt aus verschiedensten Gründen in ihrem Arbeits-, Konsum- und Schulden-Hamsterrad weiter laufen wollen. Und der Staat ist heute einfach der größte Abzocker. Vor allem wollen die Abgezockten das nicht verstehen. Prestige und Denkfaulheit sind ihnen am wichtigsten. Hier ein interessantes Interview, das Hans-Hermann Hoppe 2010 einem französischen Magazin gab, das aber nicht veröffentlicht wurde, da wohl zu kritisch: „Steuern sind Diebstahl[25]:

> *Steuern, gleich welcher Höhe, sind niemals mit individueller Freiheit und Eigentumsrechten vereinbar. Steuern sind Diebstahl. Die Diebe – der Staat und seine Agenten und Alliierten – versuchen natürlich ihr Bestes, diese Tatsache zu vertuschen, doch es gibt einfach keinen Weg um diese Einsicht herum. Ganz offensichtlich sind Steuern keine normale, freiwillige Zahlung für Güter und Dienstleistungen, da es nicht gestattet ist, diese Zahlungen einzustellen, falls man mit dem Produkt unzufrieden ist. Man wird nicht bestraft, wenn man aufhört, Renault Autos oder Chanel Parfum zu kaufen, aber man wird ins Gefängnis geworfen, wenn man aufhört, für staatliche Schulen oder Universitäaeten oder den Pomp des Herrn Sarkozy zu zahlen."*

Ja, es ist Diebstahl, oder besser Raub, da sich der Steuerpflichtige nicht wehren kann, aber der Staat entscheidet, was mit diesen Steuergeldern passiert. Es geht dabei um die Verfügungsmacht über Geld. Diese liegt heute eindeutig bei der politischen Klasse. Und diese kauft am liebsten damit Stimmen für ihre Wiederwahl. Weiter:

> *„Wenn Steuern Diebstahl sind, dann folgt vom Standpunkt der Gerechtigkeit, dass es überhaupt keine Steuern und damit auch keine Steuerpolitik geben sollte. Alle Diskussionen über die Ziele der Steuerpolitik und über Steuerreformen sind Diskussionen unter Dieben und Befürwortern des Diebstahls, die sich um Ge-*

---

[24] Heyne Verlag (2. Juni 2009), ISBN-10: 3453162870
[25] http://www.misesde.org/?p=1501

rechtigkeit nicht scheren. Sie scheren sich um Diebstahl. Es geht bei diesen Debatten und Disputen darum, wer wie hoch besteuert werden soll und was mit den Steuern geschehen soll, d.h. wer wieviel des Diebesgutes erhalten soll. Aber alle Diebe und Empfänger von Diebesgut sind sich in einer Sache einig: je größer die Menge des Diebesgutes und je niedriger die Kosten, dieses Diebesgut einzukassieren, umso besser ist man selbst dran. Nur darum geht es heutzutage in allen westlichen Demokratien: Steuerraten und Steuerformen zu wählen, die das Steueraufkommen maximieren. Alle gegenwärtigen Diskussionen über Steuern und Steuerreformen, ob in Frankreich, Deutschland, den USA oder sonstwo, – Erörterungen z. B. darüber, ob Vermögenssteuern oder Erbschaftssteuern eingeführt oder abgeschafft werden sollen, ob das Einkommen progressiv oder proportional besteuert werden soll, ob Kapitalzuwächse als versteuerbares Einkommen gelten sollen oder nicht, ob indirekte Steuern wie die Mehrwertsteuer direkte Steuern ersetzen sollen, und ob die Raten dieser Steuern dann erhöht oder gesenkt werden sollen – es sind niemals Diskussionen über Gerechtigkeit. Sie sind niemals von einer prinzipiellen Opposition gegenüber Steuern geleitet, sondern von der Absicht, die Besteuerung effizienter zu gestalten, und das heißt, das Steueraufkommen zu maximieren. Jede Steuerreform, die nicht zumindest „einkommensneutral" ist, wird als ein Fehler betrachtet.

Ja, immer einkommensneutral sollte eine Steuerreform sein. Derzeit läuft in Österreich und auch in Deutschland eine öffentliche Debatte über die kalte Progression bei der Lohnsteuer, die alle Lohnerhöhungen auffrisst. Die rote Gewerkschaft ÖGB musste sich auf Druck von unten dazu bewegen, eine Entlastung bei der Lohn- und Einkommenssteuer zu fordern. Als Gegenfinanzierung verlangen die roten Bonzen Vermögenssteuern bei den „Millionären". Auf die Idee, die Staatsausgaben zu senken, etwa bei den üppigen Subventionen zu streichen, kommen diese politischen Hornochsen natürlich nicht. Gerade die Vergabe oder Nichtvergabe von staatlichen Subventionen verleiht der politischen Klasse von der Kommunalebene bis zur Bundesebene enorm viel Macht. Was hier geschieht, ist reiner Stimmenkauf.

„Ein Roter ist erst dann richtig glücklich, wenn er anderen etwas wegnehmen kann." –
Hans G. Bronik (österr. Autor und Blogger)

Die Zuspitzung des Steuer-Terrors:
Überall konnte in den letzten Jahren eine verschärfte Steuer-Eintreiberei festgestellt werden. Dazu gehören etwa die Steuer-CDs, die von deutschen Finanzämtern angekauft wurden und Daten über Steuerhinterzieher mit Konten in der Schweiz enthalten. Ebenso, dass der US-Staatskrake auf die europäischen Banken zugreift, und sie zu Strafzahlungen im Milliarden-Dollar-Bereich verurteilt, weil sie US-Bürgern bei der Steuerhinterziehung im Ausland geholfen haben sollen. Ebenso der inländische Steuer-Terror, der etwa in Italien oder Griechenland ganz besonders schlimm ist.

Ich bin inzwischen zur Meinung gekommen, dass auch hier bewusst eine Zuspitzung betrieben wird, genauso wie bei diversen Dekadenzen. Der Hass auf die Staaten und deren politische Klassen soll gefördert werden. Das Ziel ist ein anderes politisches System. Mit dem Untergang des heutigen Kredit- und Geldsystems geht auch die Möglichkeit des großflächigen Stimmenkaufs zu Ende. Sobald das Kreditsystem zusammenbricht rechne ich vorübergehend für einige Jahre mit einer Arbeitslosigkeit von über 50 %. Man wird außerdem die Staaten gnadenlos diskreditieren, um eine Ablöse der heutigen Politikergarde zu erreichen. Das wird heute schon vorbereitet. Die Auflehnung gegen die heutigen, hohen Steuern wird gigantische Ausmasse annehmen. Dann werden die Staaten sich weder über Kredite, noch über Steuern im bekannten Ausmass finanzieren können. So war etwa für den argentinischen Staat nach dem Zusammenbruch 2001 die einzige Möglichkeit, sich zu finanzieren, über Exportsteuern. Die Häfen konnte er noch kontrollieren, sonst nichts mehr. Wir haben es überall im untergehenden Ostblock gesehen. In Russland etwa gibt es bei der Einkommens- und Körperschaftssteuer einen Satz von 13 %, in Tschechien von 15 %. In der Slowakei waren es bis vor einiger Zeit 19 %. Mehr wollen die Bürger nicht an den Staat zahlen.

„DIE DEMOKRATTIE IST DIE KOLLEKTIVE BEWIRTSCHAF-
TUNG DES NEIDES UND DER ANGST UNTER AUSHEBELUNG
DER ÖKONOMISCHEN GESETZE MITTELS GESTOHLENEM
GELD." –
DER GROSSSCHREIBER

2. Die Dekadenz in den westlichen Gesellschaften

Wir erinnern uns an den Eurovisions-Songcontest 2014, den ein Transvestit namens Conchita Wurst für Österreich gewann – eine Frau mit Bart. Die Medien waren im Mai 2014 voll davon. Die Eltern mussten ihren Kindern erklären, was das eigentlich soll. Das scheint auf diversen deutschen und französischen Schulen Nachahmer gefunden zu haben.

Hier ein Zitat aus *Bild Online* vom 28.05.2014: „Esslingen Gymnasium setzt Zeichen für Toleranz"[26]:

Esslingen – Wenn Jungs in Blümchenröcken und Mädels mit Bart und Krawatte in die Schule kommen, ist etwas anders. Karneval? Nicht doch.

Die Gymnasiasten aus Esslingen haben sich am Freitag verkleidet, um ein Zeichen für Toleranz zu setzen. „Wir wollen zeigen, dass man total anders in die Schule kommen kann und das nicht peinlich ist", sagte Schülersprecher Camillo (16). „Denn es sind nicht alle so tolerant, wie sie immer behaupten", fügte Schülersprecher-Kollege Kay hinzu.

Ob das nur törichte Conchita Wurst-Nachahmer unter den Lehrern veranstaltet haben, oder ob das den Lehrern von oben aufoktroiert wurde, wissen wir nicht. Auf jeden Fall waren wie bei einem ähnlichen Fall in Frankreich die Medien zur Stelle, um das abzulichten und europaweit darüber zu berichten. Das tun sie sonst nicht. Mehr dazu später.

In Wirklichkeit sehen wir hier eine bewusste Zuspitzung der Dekadenzen. Die Volksseele soll kochen und sich fragen, ob die alle verrückt geworden sind – und weg mit ihnen.

Inzwischen vergibt Conchita Wurst „Todesküsse" an Organisationen, die laut meinen Quellen untergehen sollen, indem sie vor ihnen singt: etwa EU und UNO.

---

[26] http://www.bild.de/regional/stuttgart/gymnasium/esslingen-setzt-zeichen-fuer-toleranz-36105440.bild.html

Ich habe diese Beispiele aus dem Homosexualitäts-Komplex gebracht. Genauso gibt es meiner Meinung nach Dekadenzen, etwa um die Masseneinwanderung, gegen die wir nichts unternehmen dürfen, die Frühsexualisierung von Kindern in Schulen und sogar Kindergärten, Gender-Abartigkeiten auf Universitäten, Frauenquoten in Aufsichtsräten und Vorständen, Rauchverboten und viele andere Sachen.

All das kommt meist mit einer staatlichen Kontrollbürokratie, Beauftragte für Alles und Jedes. Sowohl beim Staat als auch in den Konzernen. So heisst es etwa: um eine Grube zu graben, brauchte man früher zwei Arbeiter. Die braucht man heute auch noch, oder der Bagger macht es. Zusätzlich braucht man noch mindestens neun „Beauftragte", alles Akademiker, mit Zuständigkeiten von Arbeitsschutz bis zur Umweltbürokratie. Wir haben uns überall enorme Bürokratien gezüchtet, die nichts produzieren, aber alles behindern und teurer machen.

Ich gehe auf diese Dekadenzen später noch detaillierter ein, möchte aber feststellen, dass sie aktuell bewusst zugespitzt werden, um die dafür Verantwortlichen bewusst zu diskreditieren. Denn nach dem kommenden Crash wird das alles beseitigt werden müssen, weil es nicht mehr finanzierbar ist.

Eine sehr gute Übersicht über den Wahnsinn der Political Correntness und Dekadenz, der unsere westlichen Gesellschaften überfallen hat, bietet das Buch: Deutschland von Sinnen: Der irre Kult um Frauen, Homosexuelle und Zuwanderer[27] von Akif Pirinçci. Hier die Beschreibung aus Amazon.de:

Deutschland, deine Feinde ... Muß sich Deutschland noch vor Feinden fürchten, wenn nicht einmal die Deutschen seine Freunde sind? Akif Pirinçci rechnet ab mit Gutmenschen und vaterlandslosen Gesellen, die von Familie und Heimat nichts wissen wollen, mit einer verwirrten Öffentlichkeit, die jede sexuelle Abseitigkeit vergottet, mit Feminismus und Gender Mainstreaming, mit dem sich immer aggressiver ausbreitenden Islam und seinen deutschen Unterstützern, mit Funktionären und Politikern, die unsere Steuern wie Spielgeld verbrennen. Der

---

[27] Verlag: Manuscriptum, ISBN-10: 3944872045

in Istanbul geborene Bestsellerautor hat sein erstes Sachbuch geschrieben, einen furiosen, aufrüttelnden und brachialen Wutausbruch. Mit heiligem Zorn bekämpft er eine korrupte, politisch korrekte Kaste, die nur ihre eigenen Interessen verfolgt. „Deutschland von Sinnen" ist geschmiedet aus reinem Zorn, ein mutiges Unikat, das seinesgleichen sucht. Es ist der Aufschrei eines Rufers in der Wüste, der sein geliebtes Mutterland am Abgrund sieht. Vielleicht ist es das letzte Buch seiner Art, denn das meinungspolitische Zwangskorsett wird täglich enger.

Dieses Buch zu lesen ist absolut empfehlenswert. Diese Feinde im Inneren hat nicht nur Deutschland, sondern ganz Europa. Es gilt in den kommenden Jahren alle diese Feinde zu vernichten, bzw. arbeitslos zu machen. Man kann es auch so sagen: die Funktionseliten in Europa begehen Hochverrat jeglicher Art an ihren Völkern und sollen dafür bestraft werden.

Es ist sicher kein Zufall, dass dieses Buch, wie ein ähnliches von Thilo Sarazzin auf das ich später noch eingehe, gerade jetzt erscheint. Inspiration aus bestimmten Kreisen? Klarerweise ist die linksgrüne Medienmeute über beide Bücher hergefallen, ohne sie richtig gelesen zu haben. Pirincci anzugreifen ist für diese Gutmenschen nicht so einfach, denn er ist Deutschtürke.

Ja, der heilige Zorn der Völker wird über die dekadenten und politisch korrekten Gutmenschen losbrechen, wenn die Völker dazu die Aufforderung bekommen. Es ist nichts weniger als ein radikaler Elitenwechsel geplant.

2.1. Das Falschgeldsystem schafft falsche Anreize

In dem Artikel „Die Wohlstandslüge: Warum wir mit Arbeit nicht mehr reich werden"[28] schildern Philipp Bagus und Andreas Marquart mit einem Beispiel, wie der Wechsel des Geldsystems von Goldgeld auf ein Papiergeldsystem alle diese Verwerfungen und Dekadenzen erzeugt. In ihrem Buch „Warum andere auf ihre Kosten immer reicher werden"[29] wird es ausführlicher dargestellt.

Die Kombination aus staatlichem Geldmonopol und übergrossem Finanzsystem mit der Lizenz zum Gelddrucken erzeugt über die Jahrzehnte nicht nur eine enorme Verschuldung überall, sie verkürzt auch den Zeithorizont und schafft Wohlfahrtsstaat und Bürokratie.

Wie bereits früher erwähnt, ist der Grossteil der heutigen Verschuldung für Konsum und für die Ermöglichung dieses Konsums auf Kredit. Staatsverschuldung geht heute fast rein in den Konsum, denn investiert wird nur mehr wenig.

Sehen wir uns einmal einige dieser Konsumsektionen an:

- ✱ Wohnimmobilien auf Kredit – ja, es ist Konsumkredit
- ✱ Autos auf Leasing und Kredit
- ✱ Möbel, Reisen, sonstiger Konsum auf Ratenkredit

Alles muss sofort erworben werden, anstatt wie früher einmal dafür anzusparen. Das schafft ein System aus Arbeits-, Konsum- und Kreditsklaven, das im „Sklaven"-Kapitel genauer beschrieben wird.

Das wird in der Wissenschaft als „Hohe Zeitpräferenz" bezeichnet. Dieser Artikel bescheibt es gut: Über hohe und niedrige Zeitpräferenz[30]:

---

[28] Eigentümlich frei, Ausgabe Juni 2014, Seite 14ff
[29] Finanzbuch Verlag, ISBN Print 978-3-89879-857-0
[30] http://www.philosophische-praxis.at/2_zeitpraeferenz.html

Ist die Zeitpräferenz bei Erwachsenen extrem hoch, so führt dies notwendig zu Verschwendung, in der Folge zu sozialer Hilflosigkeit und bei moralischer Entgleisung zu Diebstahl und Betrug. Stirbt jemand, der eine hohe Zeitpräferenz hatte, so hinterlässt er bestenfalls nichts, meist jedoch Schulden und Probleme, die andere auszubaden haben. Wenn jemand stirbt, der eine niedrige Zeitpräferenz hatte, so wurde in der Regel etwas aufgebaut, das an die nächste Generation weitergegeben werden kann.

Die Vorstellung, dass Konsumieren alle reich machen könne, ist eine große Dummheit. Erstaunlich, dass es die überwiegende Mehrzahl der etablierten Ökonomen bis heute noch nicht weiß. In Wirklichkeit läuft die Kausalität des Reichtums nämlich anders: Zuerst Kapital bilden, mit diesem etwas Sinnvolles produzieren, das andere Menschen freiwillig kaufen, und dann den Überschuss (unter Abzug einer fortlaufenden Sparquote) konsumieren. Die falsche Kausalität, wie heute üblich, nämlich zuerst zu konsumieren, bevor man noch etwas produziert und gespart hat, ist ein Übel.

Robert Kiyosaki beschreibt in seinen *Rich Dad, Poor Dad*-Büchern, wie man leicht etwas verkauft: „low down, easy monthly payments". Also eine niedrige Anzahlung, weil die Leute kaum Vermögen haben, dann niedrige Monatsraten, weil sie auch kaum mehr verfügbares Einkommen haben. Was die gekauften Sachen, egal, ob Häuser, Autos, Einrichtungen, usw. wirklich kosten, ist ihnen egal. Ebenso egal ist ihnen, wie lange sie dafür zahlen. Hauptsache, sie können es JETZT erwerben.

Zu den „Ökonomen" im Zitat, diese sind meistens für das massive Gelddrucken und Konsumieren auf Kredit. Da gab es in den USA einen so um 2005, also am Höhepunkt der dortigen Immobilienblase, der nicht nur ein übertevertes Haus auf Kredit kaufte, sondern sogar noch ein 90-seitiges Traktat darüber schrieb, warum die damaligen Preise „gerechtfertigt" waren. Hoffentlich ist er inzwischen pleite, denn der Markt hat anders reagiert und er lag falsch.

Wir wissen inzwischen, dass in Zeiten üppigen Kreditangebotes 100 %-Finanzierungen angeboten werden, so dass die Käufer gar kein Eigenkapital zur Anzahlung brauchen. So wurden um 2007 in Spanien Wohnungen zu 120 % finanziert, den überbleibenden Rest konnten die Käufer verkonsumieren. Wie das ausgegangen ist, wissen wir inzwischen – böse. Dass diese Leute den gesamten Kredit inklusive Zinsen einmal zurückzahlen müssen, war ihnen offenbar nicht klar. Auf jeden Fall wird man mit dieser Vorgangsweise ein lebenslanger Kreditsklave, der von der Hand in den Mund lebt. Reich wird man dadurch sicher nicht. Man hat Kinder aus uns gemacht, die wollen auch alles sofort.

Wie man es anders macht steht in dem Buch „The Millionaire Next Door"[31]. Hier die Rezension auf der Amazon.de Website:

Was können Sie tun, um sich in die Schicht der Wohlhabenden Amerikas einzureihen (die als solche Menschen definiert werden, deren Nettovermögen eine Million Dollar übersteigt)? Nach Ansicht der Autoren Thomas Stanley und William Danko, die die letzten 20 Jahre damit verbracht haben, Mitglieder dieses Eliteclubs zu befragen, ist es ganz einfach: Man muß nur sieben einfache Regeln befolgen.

Die erste Regel lautet: Leben Sie stets um einiges unter Ihren Verhältnissen. Und die Letzte: Seien Sie klug bei der Wahl Ihres Berufes. Um die fünf Regeln dazwischen zu erfahren, müssen Sie sich schon das Buch kaufen. Die Schlußfolgerungen der Autoren klingen vernünftig; ihre Empfehlungen stehen aber oft in krassem Widerspruch zu dem, was wir glauben, wie sich wohlhabende Menschen verhalten sollten. In diesem Buch gibt es keine Popstars oder Profisportler, dafür aber jede Menge Spanplattenhersteller - insbesondere solche, die sich preisgünstige und seltene Urlaubsreisen erlauben!

Erbarmungslos zeigen Stanley und Danko auf, wie sich Wohlstand auf Opferbereitschaft, Disziplin und harte Arbeit gründet -- Eigenschaften, von denen wir durch unsere Konsumgesellschaft eindeutig abgehalten werden. „Sie sind nicht das, was Sie fahren", mahnen die Autoren, und irgendwo da oben sitzt Benjamin Franklin und lächelt.

---

[31] Ph.D. Thomas J. Stanley Ph.D. (Autor), William D. Danko, ISBN-10: 0671015206

Dieses „must read"-Buch von 1998 zeigt den Unterschied zwischen den Menschen mit hoher Zeitpräferenz, die alles verkonsumieren und jenen mit niedriger Zeitpräferenz, die Vermögen aufbauen. Opferbereitschaft ist dazu nicht unbedingt notwendig, dafür mehr Disziplin beim Geldausgeben und Investieren. Manager, Freiberufler und Akademiker allgemein gehören wie die Unterschicht zu den Personen mit hoher Zeitpräferenz. Sie besitzen Villen in exklusiven Lagen, haben mehrere Luxusautos, Boote, Ferienhäuser – alles auf Kredit. Aber dafür haben sie kaum Ersparnisse.

Zu den Personen mit niedriger Zeitpräferenz gehören laut Buch meist Unternehmer in wenig prestigeträchtigen Branchen. Sie sind sparsam und bauen über die Zeit ein Vermögen auf.

Das heutige Geldsystem mit niedrigen Zinsen und grosser Kreditverfügbarkeit auch für den Konsum hat diese Konsumorgien auf Kredit erst möglich gemacht. Mit dem Crash dieses Systems wird das alles verschwinden. Die auf Kredit gekauften Häuser, Autos, Boote werden zum Niedrigstpreis zu haben sein.

> *„Reich wird man nicht von Geld, das man verdient, sondern von Geld, das man nicht ausgibt." –*
> Henry Ford

Über diese Verschuldung zum Konsum später noch mehr. Jetzt widmen wir uns einem anderen Kapitel:

Fehlinvestitionen, die durch grosse Kreditverfügbarkeit entstehen:
Nicht nur am Privatsektor in Deutschland, Österreich oder der Schweiz entstand eine Blase am Immobilienmarkt, es werden Unsummen an Kredit in Häuser und Wohnungen gepumpt, ohne darüber nachzudenken, wie diese Monsterkredite auch bei steigenden Zinsen abgezahlt werden sollen.

Bei „professionellen Investoren" ist es genau gleich, sie investieren das Geld ihrer Kunden in Objekte zum Höchstpreis, ohne an die Zukunft zu denken. Das obwohl sie nach der Finanzkrise 2008 massive Verluste erlitten haben.

Hier ein Beispiel aus dem Manager-magazin von 2013: Neue Milliardendeals: Renditeturbo lässt US-Gewerbe-Immobilien boomen[32]:

New York – Amerikas Zeitungen offenbaren eine riskante Treibjagd. Die Schlagzeilen in den Immobilienspalten illustrieren die Rückkehr von Pensionsfonds und eigens aufgelegten Kapital-Pools in riskantere Immobilien auf dem Gewerbemarkt. Professionelle Vermögensverwalter, die sich nach dem Jahr 2008 schrecklich die Finger im US-Markt verbrannt hatten, greifen jetzt wieder zu.

Ein stabile, wenn auch nicht überzeugende Erholung, niedrige Hypothekenzinsen sowie steigende Nachfrage und damit Preise für Industriebauten, Hotels, Malls und Büroflächen locken sie an. Getrieben wird der neue Hunger nach Gewerbeimmobilien auch von den Notenbanken, die von Tokio über London bis Washington die Geldschleusen mit ihrer ultralockeren Politik weit geöffnet haben.

Viele Fonds, so scheint es, stehen mit ihrem Anlagevermögen bereit, um auf das Trittbrett aufzuspringen und eine Alternative für hohe Anleihepreise und in die Höhe gepeitschte Aktienkurse zu finden. Unter den Renditejägern sind Pensionsfonds aus Texas und Kentucky sowie der Fonds für pensionierte Polizisten in Oklahoma City. Fonds wie diese haben 2012 auf der Jagd nach besseren Renditen 25 Milliarden Dollar für Gewerbeimmobilien aufgetrieben, heißt es beim Researchunternehmen Preqin.

Das sind genau die gleichen Fonds, die sich ab 2008 die Finger mit solchen Immobilien verbrannt haben, sie lernen nicht, sondern handeln wie eine Herde von Affen. In Europa ist es ähnlich, aber nicht ganz so schlimm wie in den USA.

In was wird da primär investiert?

- In Hotels, von denen es schon zu viele gibt.
- In Shopping Malls, von denen besonders in den USA viele leer stehen.
- In Büroflächen, von denen es schon zu viele gibt.

---

[32] http://www.manager-magazin.de/finanzen/immobilien/a-903514.html

Die Realwirtschaft der USA ist schon seit einigen Jahren in einer Depression, die aber nicht zugegeben wird. Das sieht man an der massiv schrumpfenden Beteiligung der arbeitsfähigen Bevölkerung am Arbeitsmarkt und die reale Arbeitslosigkeit nach John Williams liegt bei 24 %. Daneben schrumpft jetzt auch der Konsum massiv und die Einzelhändler sperren reihenweise zu.

Gleichzeitig investieren diese Fond-Affen in solche Objekte, die keiner mehr braucht, angeblich aus Anlagenotstand, real aber weil es bei der Affenherde „In" geworden ist. Die pensionierten Polizisten werden sich an diesen Fondmanagern vielleicht rächen, wenn die Pensionen weg sind.

In Österreich wurde vor zwei Jahren ein riesiges Einkaufszentrum nördlich von Wien, das G3 eröffnet. Der einzige Grund für den Bau war, dass dort die letzte Baugenehmigung für eine so grosse Mall in Österreich verfügbar war. Das reichte. Die Auslastung der Mall lässt zu wünschen übrig. Aber das spielt ja keine Rolle, wenn es eine Baugenehmigung und Kredit dafür gibt.

Ebenso entstehen die meisten höchsten Gebäude der Welt oder eines Kontinents immer am Ende eines Kreditbooms. Fertig werden sie erst, wenn bereits wieder die Rezession eingezogen ist. Die Idee eines noch höheren Bürogebäudes nistet sicher in vielen Köpfen diverser Developer. Realisiert können solche Ideen erst werden, wenn die Banken bereit sind, solche Projekte zu finanzieren. In der Realität sind das grossteils Fehlinvestitionen, die bei den Kreditgebern abgeschrieben werden müssen. Es ist Konsum für Eitelkeit.

2.2. Vergleich mit dem untergegangenen Kommunismus

Zwischen 1945 und 1990 gab es in Osteuropa ein System kommunistischer Diktaturen, das dann zerfiel. Wikipedia schreibt[33]:

Während sich einige Staaten bis 1989 zunehmend aus dem Ostblock lösten, versuchte die Staatsführung der DDR erfolglos, ihn zusammenzuhalten. Im Herbst und Winter 1989 verloren die kommunistischen Staatsführungen in allen Ostblockstaaten (außer der Sowjetunion) ihr Herrschaftsmonopol, so dass der Ostblock auseinanderfiel. Die Ursache lag im wirtschaftlichen Zusammenbruch der einheitlich aufgebauten Staaten. Für diese Entwicklung waren als wesentliche Systemfaktoren verantwortlich:

- *wirtschaftliche Probleme durch die Staatswirtschaft,*
- *innere Probleme durch die Parteidiktatur und*
- *außenwirtschaftliche Probleme durch die Abschottungspolitik.*

Auch die Sowjetunion zerfiel 1991. Alle kommunistischen Führungen wurden beseitigt, die Grenzen gingen auf und die Staatswirtschaft wurde über die kommenden Jahre privatisiert.

In Wirklichkeit rüstete sich der Ostblock zu Tode, weil besonders die Sowjetunion in einen Rüstungswettkampf mit den USA einstieg, mit der Wirtschaftskraft der USA aber nicht mithalten konnte. Das zeigte sich in Mangelerscheinungen für die Bevölkerung, da alle Resourcen in die Rüstung, den Staatsapparat und die Geheimdienste gingen.

Die Staatswirtschaft des Ostblocks wurde immer ineffizienter, da kaum investiert wurde. Das zeigte sich bei der Übernahme der D-Mark in der früheren DDR zum Kurs von einer Ostmark zu einer D-Mark. Die ostdeutsche Industrie brach augenblicklich zusammen, da sie mit der Industrie des Westens nicht mithalten konnte. Ein Umtauschkurs von fünf Ostmark für eine D-Mark wäre realistischer gewesen, aber der damalige Bundeskanzler Kohl wollte die Wahl gewinnen.

---

[33] http://de.wikipedia.org/wiki/Ostblock

Ausserdem waren die Grenzen für ostdeutsche Produkte in Richtung des früheren Ostblocks plötzlich versperrt, da diese Staaten selbst in Depressionen versanken und nicht genügend Devisen hatten. So stapelten sich etwa Ersatzteile für landwirtschaftliche Maschinen in der früheren DDR, während russische Kolchosen diese umständlich nachbauen mussten. Die Kunden hätten D-Mark oder Dollar gebraucht, um die Ersatzteile in Deutschland zu kaufen.

Hier sehen wir etwas, was nach dem Untergang des Euro wieder kommen wird: unkonvertierbare Währungen und Devisenmangel.

Jetzt der Vergleich einzelner Aspekte:

Ideologien:
Der Marxismus-Leninismus war offizielle Staatsdoktrin im gesamten Ostblock. Das war auch Pflichtfach in den Schulen, ebenso musste Russisch gelernt werden. Diese Lehrfächer verschwanden nach dem Umsturz jeweils sofort.

Man kann diese Ideologie teilweise mit der Political Correctness (PC) im heutigen Westen vergleichen. Es durfte nichts gegen das Regime und seine Ideologie gesagt werden, denn sonst landete man gleich im Gefängnis. Heute kann es einen den Job kosten, wenn man sich öffentlich gegen die PC ausspricht. Wir haben heute nicht wie damals alles ausspionierende Geheimdienste wie die Stasi oder den KGB, sondern die Medienmeute fällt über Abweichler her.

Wirtschaft:
Im Ostblock gab es eine hierarchische Staatswirtschaft, die von den Parteifunktionären kontrolliert wurde. Hauptsächlich wurde der Staat mit den Gütern versorgt, wie Rüstung, Überwachungstechnologie, usw. Für den Konsum für die Bevölkerung blieb wenig und nur schlechte Qualität. Der ostdeutsche Trabant war am technischen Stand der 1930er Jahre (Zweitakter), in Russland hiess es, dass man einen neuen Kühlschrank erst einmal selbst reparieren müsste, damit er funktioniert.

Hier im Westen sehen wir dagegen eine Ausrichtung der Wirtschaft auf den Konsum. Ein Grossteil der Konsumgüter wird aus China importiert. Investitionsgüter kommen aus Japan, USA, Deutschland. Die meisten süd- und osteuropäischen Staaten haben fast nichts, ausser verlängerten Werkbänken.

Aber eine Gemeinsamkeit gibt es zum Ostblock: riesige Konzerne, die über Aquisitionen noch weiter wachsen. Man kann annehmen, dass wie im Ostblock diese Konzerne grossteils zerfallen werden, wenn der Kredit versiegt und die Märkte zusammenbrechen.

Auslandsverschuldung:
Verschiedene Ostblockstaaten begannen sich in den 1970er-Jahren im Westen zu verschulden, damit der Lebensstandard der Bevölkerung nicht weiter sank, was für das Regime gefährlich werden konnte. Vorreiter war hier Polen, das um 1980 wegen der hohen Zinsen bereits in massive Probleme geriet, was fast zum Sturz der dortigen Regierung führte.

Ungarn war 1989 pleite – genau wie die DDR. Rumänien machte das nicht mit, dafür wurde der Diktator Ceausescu nach seinem Sturz 1989 standrechtlich erschossen. Die Sowjetunion musste immer riesige Mengen an Getreide vom Klassenfeind USA importieren, konnte dafür aber mit Rohstofflieferungen bezahlen.

Heute gibt es ähnliche Probleme. Auch die Imperialmacht USA ist massiv im Ausland verschuldet, ebenso ein grosser Teil der EU-Staaten. Nur ein grosser Staat in Europa ist die Ausnahme: Deutschland, das selbst ein massiver Nettoexporteur und Geldgeber ist. Die deutschen Sparer werden für die Lieferungen auf Kredit mit ihrem Vermögen bezahlen.

Die Kreditgeber, darunter China, können die USA und andere Staaten jederzeit in den Bankrott schicken, indem sie deren Staatsanleihen und Währungen abverkaufen. Vielleicht ist das beim Erscheinen dieses Buches bereits passiert. Eine Insider-Quelle namens „V" sagte im Juni 2013[34]

---

[34] http://www.silverdoctors.com/banker-source-v-warns-major-upheavals-ahead-dead-banker-update/

ganz offen, dass man die USA jetzt fallen lassen wird und die USA auf den Status eines Dritte-Welt-Landes absinken werden. Diese Quelle sagt in dem Telefoninterview auch, dass in Europa nur Deutschland von Bedeutung ist und eine Achse von Berlin bis Peking entstehen soll:

> *Dazu Gold-Koppelung der neuen Währungen. Die wichtigsten Player: London - Russland - China - Deutschland. Rußland arbeitet mit den Eliten in London zusammen*

Auch den Rest Europas hat man wie die USA bereits abgeschrieben, Ausnahme: London als Finanzzentrum. Deutschland und China haben Industrie-Exporte, Russland hat Rohstoffe, eine ideale Ergänzung. Der abgeschriebene Rest wird nach dem Fall von Dollar und Euro kaum mehr etwas importieren können – so wie es auch in Osteuropa nach dem Fall des Kommunismus der Fall war.

2.3. Political Correctness, Feminismus, Genderwahn sind kein Zufall:

Diese Dekadenzen traten überall im Westen in den letzten Jahren verstärkt auf. Inzwischen ist ein richtiger Meinungsterror daraus geworden. Der Duden[35] erklärt das so:

> *Einstellung, die alle Ausdrucksweisen und Handlungen ablehnt, durch die jemand aufgrund seiner ethnischen Herkunft, seines Geschlechts, seiner Zugehörigkeit zu einer bestimmten sozialen Schicht, seiner körperlichen oder geistigen Behinderung oder sexuellen Neigung diskriminiert wird; Abkürzung: PC.*

Wikipedia[36] zitiere ich hier lieber nicht, da dieses Medium selbst der PC-Seuche anheimgefallen ist. Hier einige Zitate aus einem deutschen Forum:

> *Das sind Gutmenschen, die zwanzig Mal hin und her überlegen, ob sie auch bloß keinem auf die Füße treten, wenn sie was sagen. Politisch korrekt sein heißt, dass*

---

[35] http://www.duden.de/rechtschreibung/Political_Correctness
[36] http://de.wikipedia.org/wiki/Political_correctness

man die Dinge nicht mehr beim Namen nennt. Politische Korrektheit ist so überflüssig wie ein Kropf!

Das ist ein weiteres Instrument, um die grosse Mehrheit weiter mundtot zu machen! Wenn man genau hinschaut, haben inzwischen, zumindest in der westlichen Welt, die Minderheiten das Sagen.

Also arbeiten wir einige wesentliche Eigenschaften der PC durch:

Die Mehrheit mundtot machen:
Die Mehrheit sind diejenigen, die arbeiten und den Staat erhalten. Die von der PC begünstigten Minderheiten leben oft vom Staat, also von jenen, die diejenigen, die sie erhalten, nicht mehr kritisieren dürfen. Nicht kritisiert werden dürfen:

- Frauen, besonders nicht die Feministinnen.
- Einwanderer wie Moslems oder Zigeuner (diese muss man Roma nennen).
- Homosexuelle, usw.
- usw.

Gutmenschen:
Das sind meist Links- oder Grünwähler, die sich im öffentlichen Dienst und in den Medien häufen. Diese haben selbst die Meinungsherrschaft übernommen. Sie selbst haben überall die grössten Bedenken, ob sie wirklich alles politisch oder ökologisch richtig machen. So kaufen sie etwa „Fair Trade"-Produkte.

Die Minderheiten haben das Sagen:
So dürfen Minderheiten nicht nur nicht kritisiert werden, sie bekommen auch einen Bonus, etwa bei der deutschen Justiz. Ist ein Moslem ein Straftäter, der etwa einen Deutschen zusammenschlägt, dann bekommt er wahrscheinlich bei Gericht eine geringere Strafe als ein Deutscher, der einen Moslem zusammenschlägt. Das ist so, weil die Richter Angst haben, dass ihnen Rassismus vorgeworfen werden könnte – ein Produkt der PC.

Es gibt unzählige Zeitungsberichte dazu.

Hier ein Dokument aus der Schweiz[37]:

Politische Korrektheit ist vorauseilende Selbstzensur geistiger Sklaven; wo sie beginnt, ist freier Geist am Ende. Politische Korrektheit und Mündigkeit des Menschen passen meines Erachtens nicht zusammen.

Sich politisch korrekt auszudrücken heisst, sich entsprechend einer aktuell definierten oder verordneten Gültigkeit auszudrücken, unabhängig davon, ob diese objektiv wahr ist oder nicht (siehe Wiesel, unten).

Politisch korrekt sein heisst angepasst sein. Und vielleicht ein bisschen feige. Ein Gutmensch jedenfalls oder einer, der sich als das ausgibt.

Der Zwang zur politischen Korrektheit macht also unfrei, quasi politisch impotent, unabhängig davon, ob sie mit Mitteln der Gewalt durchgesetzt wird (durch Behörden, Gerichte usw.), durch Gruppendruck oder Selbstzensur.

Die Politische Korrektheit kann als Terrorinstrument gegenüber Andersdenkenden eingesetzt werden. Mit ihrer Hilfe wird nicht genehmes Andersdenken unterdrückt – typisch für Staaten mit Gewaltregimes und Gedankenpolizei, aber heute auch sehr verbreitet in ganz normalen Demokratien (Deutschland, USA, Schweiz, ...), zum Beispiel in Bezug auf die dümmliche Umformung der (deutschen) Sprache mit dem Zweck, sie geschlechtsneutral zu sterilisieren (Sprache ist geschlechtsneutral, aber es gibt sogar Leute, die das Neutrum «man» dem Manne zuschreiben und als Alternative «frau» fordern – Dummheit kennt keine Grenzen).

Ja, der PC-Dummheit sind keine Grenzen gesetzt. Und die PC-Anhänger sind extrem angepasst, geistige Sklaven eben.

Wie diese Meinungszensur funktioniert, beschreibt Thilo Sarazzin in seinem neuesten Buch: Der neue Tugendterror: Über die Grenzen der Meinungsfreiheit in Deutschland[38]. Hier die Kurzbeschreibung auf Amazon.de:

---

[37] http://www.prokom.ch/stab/win/politisch-korrekt.html
[38] Deutsche Verlags-Anstalt, ISBN-10: 3421046174

Meinungsfreiheit ist ein Grundrecht. Doch im Alltag begegnet man so manchem Denk- und Redeverbot. Thilo Sarrazin analysiert in seinem neuen Buch den grassierenden Meinungskonformismus. Wer Dinge ausspricht, die nicht ins gerade vorherrschende Weltbild passen, der wird gerne als Provokateur oder Nestbeschmutzer ausgegrenzt.

Mit gewohntem Scharfsinn prangert Thilo Sarrazin diesen Missstand an, zeigt auf, wo seine Ursachen liegen, und benennt die 14 vorherrschenden Denk- und Redeverbote unserer Zeit.

Sarazzin wurde mit seinem ersten Buch „Deutschland schafft sich ab"[39] von 2010 ein Opfer des grün-linken Meinungsterrors in den deutschen Medien und der Politik, aber ein Volksheld. Seinen Vorstandsposten bei der Deutschen Bundesbank musste er wegen diesem Buch aufgeben.

Ich glaube aber, man hat auf diese Art bewusst einen Märtyrer der Political Correctness aus ihm gemacht. Hier ein Auszug aus dem Buch „Der neue Tugendterror":

„Die Verwalter der politischen Korrektheit in Deutschland sind vor allem die Sinnstifter in den Medien, unterstützt durch Kronzeugen aus den Geisteswissenschaften, die bei Bedarf zu Hilfe eilen, mit der politischen Klasse als größenteils willfährigem Resonanzboden.

Vielen Zugschaffnern hatte ich in den Monaten nach dem Erscheinen von Deutschland schafft sich ab Autogramme gegeben. Im Januar 2011 setzte sich im Zug eine jüngere Schaffnerin zu mir, bat mich um ein Autogramm, um es in ihr Buch einzukleben, und während ich schrieb, bemerkte sie still: „Was Sie alles leiden müssen, nur weil Sie sagen, was wir alle denken."

Ich sagte nichts. Später dachte ich darüber nach: Als Opferlamm war ich mir eigentlich gar nicht vorgekommen. Die Schaffnerin sah ja nicht die gewaltige Zustimmung, die mir vielerorts entgegenschlug. Sie sah nicht die Anerkennung, die mir zuteil wurde. Sie sah die Häme, die in vielen Medien über mich ausgeschüttet

---

[39] Deutsche Verlags-Anstalt, ISBN-10: 3421044309

wurde. Sie sah die hasserfüllten Kommentare, den Versuch, mich nicht nur als Autor, sondern auch als Mensch in meiner Integrität zu treffen.

Für die politisch Korrekten half offenbar nur eines: Sich ja nicht mit den konkreten Inhalten meiner Analysen auseinandersetzen, dabei könnte sich ja ergeben, dass Argumente fehlen, stattdessen aber Vorwürfe erheben, die mit den Inhalten des Buches gar nichts zu tun haben. Bei der Auseinandersetzung mit mir und meinem Buch haben die Diffamierung, das sachliche Desinteresse und das gezielte Missverständnis bei vielen Medien nach wie vor Konjunktur.

Als ich mein Buch veröffentlichte und der Empörungssturm über mich hereinbrach, war ich in der Endphase meiner beruflichen Laufbahn, strebte kein weiteres Amt mehr an und hatte eine sichere Altersversorgung. Nur eine Minderheit in Deutschland ist so abgesichert. Die Mehrheit braucht ihren Broterwerb, und viele hoffen auf weitere Aufstiegsmöglichkeiten. Das wollen die meisten nicht durch eine übermäßige Inspruchnahme des Rechts auf freie Meinungsäußerung aufs Spiel setzen. So ist die gesellschaftliche Wirklichkeit nicht nur in Deutschland.

Es ist den meisten Menschen aber auch unabhängig von objektiven Bedrohungsängsten zutiefst zuwider und trifft auf ihre instinktive Abwehr, sich außerhalb des Mainstreams jener Meinungen zu bewegen."

In „Der neue Tugendterror" beschreibt Sarrazin nicht nur wie dieser PC-Terror funktioniert, auch wie man ihn als „Abweichler" beruflich vernichten wollte. Fast niemand von den Kritikern des ersten Buches hatte dieses wirklich gelesen, aber wie eine Meute von Wölfen sprangen sie auf ihr Opfer los. Diese Meute glaubte, ihn beruflich vernichten zu können, wie es bei der Meute aus Journalisten in meist unsicheren beruflichen Stellungen der Fall wäre. Das ist das Einzige, das diese Tugendmeute kann. Aber Thilo Sarrazin ist im Gegensatz zu dieser Meute mit seinen Pensionen und den Tantiemen aus dem Buchverkauf mehr als gut finanziell abgesichert. Und er ist heute ein Held wider der PC.

Die Aussage der Zugschaffnerin: „Was Sie alles leiden müssen, nur weil Sie sagen, was wir alle denken" ist charakteristisch, genau das wollte man erreichen. Das ganze Volk soll von dieser Gutmenschen-Meute angewidert sein.

Jetzt sehen wir uns einmal verschiedene Ausprägungen der PC genauer an:

a) Genderwahn:
Wir kennen das schon seit einiger Zeit: es wird nicht mehr Professoren geschrieben, sondern ProfessorInnen oder Professor-innen. Eine häufige Variante in Ansprachen ist Professorinnen und Professoren. Fast die gesamte Politik hält sich daran, obwohl es ein Unsinn ist.

Es geht noch wilder, wie dieser Artikel zeigt: Gender-Wahnsinn: Uni Leipzig sagt künftig „Guten Tag, Herr Professorin"[40]:

Gender-Wahnsinn ohne Ende. Die Uni Leipzig will nun plötzlich Vorreiter bei der Verweiblichung ihrer Professoren sein. Unglaublich, aber wahr: Nach einer Sprachreform soll der Titel „Professorin" künftig auch für Männer gelten. Die neue Verrücktheit des Gender-Mainstreamings soll angeblich für mehr „Geschlechtergerechtigkeit" und dafür sorgen, dass sich Frauen nicht mehr diskriminiert fühlen.

Die Dekadenz auf den Universitäten kennt wirklich keine Grenzen. Aus meiner eigenen Studienzeit weiss ich, dass sich dort noch mehr Zivilversager herumtreiben als beim Militär. Zivilversager sind jene, die am freien Arbeitsmarkt chancenlos wären.

Hier die Leserzuschrift eines Universitäts-Wissenschaftlers aus Österreich zu einem Artikel in der Zeit über die permanente Job-Unsicherheit auf den Universitäten: „Es gibt keine Sicherheit"[41]:

Das entspricht voll und ganz der Realität. Damit wird auch ein enormer Druck aufgebaut: jeder PC-, Gender-, Klima- oder sonstiger „Trend" wird auf den Unis mit Inbrunst gepflogen, da jedes noch so kleine Ausscheren aus den verordneten Denkschemata bei der nächsten Bewerbung um Stellenverlängerung zur Aussortierung führen könnte. Man kann nur jedem angehenden Wissenschafter raten, sich noch ein zweites Standbein offenzuhalten.

---

[40] http://www.unzensuriert.at/content/0013029-Gender-Wahnsinn-Uni-Leipzig-sagt-k-nftig-Guten-Tag-Herr-Professorin
[41] http://www.zeit.de/campus/2015/04/wissenschaftler-karriere-universitaet-unsicher-glueck

Das ganze PC-Zeug kommt ohnehin von den US-Universitäten, von dort hat es sich auf deutschsprachige Unis und von dort in die Politik und in die Medien ausgebreitet.

Noch nicht genug? Es geht noch ärger in diesem Artikel: Der Idiot bleibt männlich! Wie der Gender-Wahnsinn neue Blüten treibt[42]:

> *„Statt männlicher und weiblicher sollte eine geschlechtsneutrale Form durch Anhängen des Buchstaben x gebildet werden: Studentx, Mitarbeiterx usw. Sie selbst praktiziert es bereits und lässt sich statt „Frau Professorin" mit „Professx" (sprich: Professix) anreden. Das x soll auch gleichzeitig den Artikel bilden; der Satz „Der Lehrer unterrichtete die Schüler" hieße dann also „X Lehrerx unterrichtete x Schülerxs". Da bekommt doch die alte Floskel „Ein Satz mit X" eine ganz neue Dimension!*

Die spinnen wirklich die ProfXs. Weiter zitieren wir:

> *„Ihnen geht es längst nicht mehr um Gleichberechtigung, es geht um Verteidigung von Pfründen. Man hat sich eingerichtet in den Gender-Maistreaming-Projekten, die der Steuerzahler mit Unsummen alimentiert und deren Zahl niemand wirklich anzugeben weiß. Dort zu bestehen, erfordert sich zu produzieren, und das gelingt am Besten, wenn man mit extremen Positionen aufwartet. Deshalb wird nichts Geringeres gefordert als die Aufhebung der Geschlechter, die endgültige Denaturierung des Menschen, letztendlich: alles zu beseitigen, was das Gesellschaftsmitglied als ein biologisches Wesen auszeichnet."*

Ja, um das geht es: um Posten meist für Frauen, die Zivilversager sind, die ausserhalb von Universitäten und öffentlichem Dienst keine Chancen auf einen adäquaten Job hätten. Wer noch radikaler ist, steigt dort auf. Weiter:

> *„So inkonsequent verhalten sich letztlich alle Gender-Aktivisten:* **der Idiot bleibt männlich.**"

Frauen darf man nicht Idioten nennen, Männer interessanterweise aber schon. In 25 Jahren wird man über diese Torheiten unserer Zeit lachen. In

---

[42] http://www.neopresse.com/gesellschaft/der-idiot-bleibt-maennlich-wie-der-gender-wahnsinn-neue-blueten-treibt-2/

den Schulbüchern wird stehen, welche Verrücktheiten wir zum Dogma erhoben haben.

Und ich sage den Lesern: das spitzt man gerade alles bewusst zu, um die heutigen Funktionseliten besser zu diskreditieren und dann beseitigen zu können. Besonders die Funktionseliten in Politik, Medien und Bildung. Bezahlen kann man sie dann auch nicht mehr. Ich kann heute schon sagen: das ganze staatliche Bildungssytem lässt man zusammenbrechen, damit werden diese Spinner arbeitslos und können auf der nächsten Wiese ihr veganes Gras fressen, denn für nützliche Tätigkeiten sind sie unfähig.

b) Feminismus:
Der 2007 verstorbene US-Politiker Aaron Russo[43] rezitierte zu Lebzeiten gerne einen angeblichen Ausspruch seines Bankierfreundes Nicholas Rockefeller:

„Der Feminismus ist unsere Erfindung aus zwei Gründen: Vorher zahlte nur die Hälfte der Bevölkerung Steuern, jetzt fast alle, weil die Frauen arbeiten gehen. Außerdem wurde damit die Familie zerstört und wir haben dadurch die Macht über die Kinder erhalten. Sie sind unter unserer Kontrolle mit unseren Medien, bekommen unsere Botschaft eingetrichtert und sie stehen nicht mehr unter dem Einfluß intakter Familien.
Indem wir die Frauen gegen die Männer aufhetzen, die Partnerschaft und die Gemeinschaft der Familie zerstören, haben wir eine kaputte Gemeinschaft aus Egoisten geschaffen, die arbeiten und konsumieren, dadurch unsere Sklaven sind und es dann auch noch gut finden."

Ob Rockefeller diese Aussage wirklich gemacht hat, wissen wir nicht, aber es wurde so gehandelt. Man versucht nicht nur die Familie zu zerstören und mehr Steuerzahler zu gewinnen.

Und es ist auch bekannt, dass die Rockefeller Foundation Projekte und Initiativen dieser Art finanziell unterstützt. Ob auch die deutsche Feministin Alice Schwarzer dabei etwas abbekommen hat? Jedenfalls flog auf, dass sie schwarze Millionen auf Schweizer Bankkonten geparkt hatte und

---

[43] http://en.wikipedia.org/wiki/Aaron_Russo

dann Selbstanzeige wegen Steuerhinterziehung erstattete. Hier ein Kommentar im eher linken Standard: Feministischer Totalschaden[44]:

> *„Ausgerechnet: Sie, die moralische Instanz für eh fast alles, will die Pressefreiheit via Anwaltsdrohung beschränken. Dass sie überhaupt Schwarzgeld in der Schweiz parkte – was sie im Nachhinein selbst als „Fehler" bezeichnet –, erklärt sie mit den Angriffen, denen sie aufgrund ihrer publizistischen Tätigkeit in Sachen Frauenrechte ausgesetzt war. Sie habe vorsorgen wollen, für den Fall, dass sie eines Tages das Land verlassen müsse. Ausgerechnet Alice Schwarzer bemüht die weibliche Opferrolle – also bitte, Frau kann es auch übertreiben."*

Jahrzehntelang hat sie in Artikeln und Talkshows die Männer bekämpft. Dann kam heraus, dass sie damit Millionen verdient hat, aber die Steuern nicht abgeliefert hat. Es ist gut möglich, dass man Schwarzer auf diese Art den „Gnadenschuss" versetzt hat, weil man sie und ihren Feminismus nicht mehr braucht. Denn ihre total staatsgläubigen Anhängerinnen wurden total vor den Kopf gestossen, denn für die ist Steuerzahlen Pflicht.

Seit dieser Affäre hört man wenig von Schwarzer. Ist ja auch kein Schaden.

Der ganze Feminismus hatte neben der Generierung von Steuerzahlern und der Zerstörung der Familien noch einige weitere Aspekte:

- Die Schaffung von Akademikerjobs primär im Staatsdienst für ansonsten arbeitslose Akademikerinnen aus diversen Orchideenfächern.
- Die Bevorzugung von Frauen bei Beförderungen in Konzernen und im öffentlichen Dienst.
- Den Konkurrenzdruck auf die Männer zu erhöhen.
- Den Hass besonders der Männer auf das System zu erhöhen.

Ja, man hat eine Gemeinschaft aus kaputten Egoisten, Konsum-, Schuld- und Arbeitssklaven geschaffen, die sich nicht mehr aufzumucken trauen.

---

[44] http://derstandard.at/1389859142059/Feministischer-Totalschaden

Das war wohl das Ziel der ganzen Political Correctness mit all ihren Ausprägungen.

c) Homosexualitäts-Wahn:
Seit einigen Jahren versucht man meiner Meinung nach die Homosexualität als die „bessere Sexualität" als die normale Heterosexualität in den Medien zu propagieren. Die Staaten geben auch gleich nach und führen die Homosexuellen-Ehe ein. Man befördert sie auch in hohe Staatsämter. So ist etwa der abgetretene regierende Bürgermeister von Berlin, Klaus Wowereit, ein Homosexueller, der sogar mit diesem Spruch wirbt: „Berlin ist arm, aber sexy".

Und der frühere deutsche Aussenminister Guido Westerwelle lebt sogar in einer Homo-Ehe. Dann ging er noch mit seinem Partner auf Dienstreise, sogar in islamische Staaten, wo das absolut verpönt ist. Diplomatisches Gespür hat er wirklich keines.

Und dann kam im Mai 2014 die Wurst im Eurovisions Song Contest. Der österreichische Transvestit Conchita Wurst gewann den Contest. Besser gesagt, wie Insider-Informationen sagen, musste gewinnen. Denn man wollte eine möglichst grosse Medien-Öffentlichkeit. Dieses Wurst-Wesen (Frau mit Bart, in Wirklichkeit Thomas Neuwirth) sollte die Leute irritieren. Die Medien „mussten" offenbar positiv schreiben, schliesslich war das ein „Akt der Toleranz".

Hier ein Kommentar von Gerhard Wisnewski auf der Kopp-Website: Fremdschämen beim ESC: Transe »Conchita Wurst« ist ein Produkt der öffentlich-rechtlichen Medien[45]:

> *„Den Auftritt des Glitzer-Bubis „Conchita Wurst" beim Eurovision Song Contest haben wir den öffentlich-rechtlichen Medien zu verdanken, in diesem Fall dem ORF. Die Wurst-Show war der bisherige Gipfel der Gender-Provokationen. Doch der Reihe nach.*

---

[45] http://info.kopp-verlag.de/hintergruende/europa/gerhard-wisnewski/fremdschaemen-beim-esc-transe-conchita-wurst-ist-ein-produkt-der-oeffentlich-rechtlichen-medien.html

Die österreichische Transe Thomas Neuwirth ist der bisherige Gipfel des Umerziehungsprogramms, der Höhepunkt der psychologischen Kriegführung gegen das normale menschliche Empfinden und die schöpferische Ordnung von Mann und Frau. Der kleine Tom Neuwirth aus dem österreichischen Gmunden „psychologische Kriegführung"? Ist das nicht ein bisschen übertrieben? Keineswegs. Denn der kleine Tom passte nun wiederum den großen Propaganda-Medien bestens ins Programm.

Sorgen wir dafür, dass sich die Medien daran die Finger verbrennen. Die Antwort kann nur lauten: Keinen Pfennig mehr für die Propaganda-Medien!"

Der Hintergrund: Man wollte, dass die Bevölkerung einen Ekel vor den öffentlich-rechtlichen Medien bekommt, die mit ihren Zwangsbeiträgen finanziert werden. Hier eine Leserzuschrift an Hartgeld.com, wie das die Leute ekelt und irritiert:

„Wollte das eigentlich schon letzte Woche vor dem Song Contest schreiben, nachdem mich mein knapp 5-jähriger Sohn danach fragte, warum diese Frau da am Titelbild der (Kronen) Zeitung einen Bart trägt.
Ich hab ihm klipp und klar gesagt, dass das ein Mann ist, der einfach alle Schrauben locker hat und sowas nicht normal ist, gelinde ausgedrückt, dieses einzige Mal habe ich diesbezüglich mit Kraftausdrücken meinem Jungen gegenüber nicht gespart, auch wenn Mami das gar nicht gerne hört – hier ist´s leider angebracht."

Alle Eltern haben jetzt solchen Erklärungsbedarf. Es ekelt sie, darüber mit ihren Kindern sprechen zu müssen. Genau das wurde beabsichtigt, damit die Volkswut wächst. Da waren Meisterpsychologen und Meistererpresser am Werk. Hut ab vor ihnen. Besser kann es nicht laufen, dass die Wut auf diese Medien-Dekadenz grenzenlos wird. Die Hintermänner, die damit die Medien diskreditieren wollten, müssen enorme Macht über die Medien haben, damit diese sich selbst bei der „normalen" Bevölkerung als andersartig diskreditieren. Ebenso mussten die Jurics der ESC-Sender dazu gebracht werden, in der Mehrheit für das Conchita-Wurst zu stimmen. Das ist der Hinweis, dass diese Medien beseitigt werden sollen.

Es ist klar, dass der ESC 2015 in Wien zu einem richtigen Conchita Wurst und Homo-Festival wurde. Dazu wurden in Fussgängerampeln sogar homosexuelle Männchen und Weibchen installiert. Eine Idiotie, die derzeit in vielen Städten nachgemacht wird.

Nach dem Conchita Wurst-Event, der europaweit „zelebriert" wurde, gab es in verschiedenen Staaten Nachfolgeveranstaltungen, etwa dass in Schulen die Buben Röcke tragen mussten, wie bereits am Anfang des Kapitels erwähnt.

In Österreich hat man sich etwas Besonderes einfallen lassen. Für den bald danach stattfindenden *Live Ball 2014*, der im Wesentlichen eine Homosexuellen-Veranstaltung ist, wurden in ganz Wien perverse Plakate einer Frau mit Penis aufgehängt. Würden das „Rechte" machen, hätten sie sofort eine Anzeige wegen öffentlicher Pornographie am Hals, aber die Linken dürfen das ungestraft. Die Volkswut regte sich in der Kronenzeitung: Protestwelle gegen Sexplakat rollt durch Wien[46]:

> *Eine Protestwelle rollt derzeit durch die Bundeshauptstadt. Stein des Anstoßes ist jenes Transgender- Plakat des Künstlers David LaChapelle, das aktuell einige Wände in Wien ziert. Der Fotograf sieht in seinem Werk die „Seele des Menschen" dargestellt. Für „obszön", eine „Gefahr für Kinder" und „rechtlich grenzwertig" halten es dagegen viele krone.at-User.*
>
> *Mit etlichen Beschwerden sah sich zudem der Österreichische Werberat konfrontiert: „Ich finde das Plakat mit einer Frau mit Penis anstößig, obszön", heißt es etwa in einer Einsendung. Auch hier sehen viele Menschen das „Kindeswohl" gefährdet.*

Der österreichische Werberat würde sich sonst bei Anzeigen, die etwa von Feministinnen eingebracht werden, sofort aufregen, bei dieser linken Aktion tut er es als „Kunstobjekt" ab. Ach, wo bleiben die Feministinnen, die sich sofort bei Nacktdarstellungen aufregen? Wir haben kein Wort von ihnen gehört.

---

[46] http://www.krone.at/Oesterreich/Protestwelle_gegen_Sexplakat_rollt_durch_Wien-Gefahr_fuer_Kinder-Story-404272

Auch hier haben die Eltern Erklärungsbedarf bei ihren Kindern, was ihnen sichtlich schwerfallen dürfte. Die Volkswut soll wachsen.

Wozu man das so aufzieht, weiss ich nicht genau, wahrscheinlich ist es zur Diskreditierung der Medien und der Politik. Die grosse Mehrheit der Heterosexuellen soll es abscheulich finden, wie auch die Leserreaktionen zeigen. Diese Meinung soll entstehen: ihr seid alle abartig und dekadent, weg mit euch. In der Tat werden die meisten Medien und die politische Klasse verschwinden, hier wird exzellente Vorarbeit geleistet, ohne dass die Betroffenen es bemerken.

Mir ist es völlig egal, was diese Homosexuellen in ihren Schlafzimmern treiben, aber was mich wirklich stört, ist diese öffentliche Zurschaustellung und Werbung dafür. So geht es den meisten Menschen. Ich beschreibe das hier nur im Kontext der allgemeinen Diskreditierung der derzeit herrschenden Funktionseliten. Diese wissen vermutlich gar nicht, wie mit ihnen gespielt wird. Warum macht man das? Hier die „Erleuchtung" auf Bürgerstimme: Krieg der Desinformation gezielte Propaganda – Wladimir Putin erinnert an unsere alten Werte[47]:

„Viele Menschen in Deutschland sind bei der Informationsschlacht, die derzeit zwischen den „westlichen Wertegemeinschaften" und Russland stattfinden auf der Seite der Russen. Die meisten können die westlichen Werte nicht mehr erkennen oder teilen diese nicht, sofern irgendjemand überhaupt weiß, welche Werte es denn genau sind, die wir Westler teilen.

Oder teilen wir in Wirklichkeit die Werte, die Russland vertritt? Teilen wir es, dass die Schwulenpropaganda vor unseren Kindern halt machen muss, Homosexualität selbst unter Erwachsenen jedoch erlaubt ist? Teilen wir die Ansicht Russlands, dass keine genmanipulierte Nahrung ins Land gebracht werden soll? Teilen wir die Auffassung Russlands, dass Ausländer sich an das russische Gesetz halten müssen? Teilen wir die Ansicht Putins, dass ein Staatsoberhaupt in erster Linie für sein Volk da sein und deren Interessen vertreten muss?

---

[47] http://www.buergerstimme.com/Design2/2014-07/krieg-der-desinformation-gezielte-propaganda/

Gibt es bei uns in Deutschland einen bekannten Politiker, der die Macht hat, öffentlich zu sprechen, der für die Interessen der deutschen Bevölkerung eintritt? Und damit sei die urdeutsche Bevölkerung gemeint und nicht die eingedeutschten Migranten, denen ständig ein Bonus angedacht wird. Kann es sein, dass die deutsche Bevölkerung insgeheim allein aus diesem Grund pro Putin ist? Weil der russische Präsident für sein Volk spricht, für dieses handelt und sich gegen die ominöse westliche Wertegemeinschaft stellt? Wünschten wir uns nicht alle, jetzt nach fast 70 Jahren, endlich mal einen Politiker zu haben, der die Interessen des deutschen Volkes vertritt?"

Die Autorin spricht nur aus, was immer mehr bei uns fühlen: dass unsere Politik nicht mehr für uns da ist, sondern alle anderen vertritt als die eigene Bevölkerung. Dafür lässt sie uns mit Schwulenpropaganda und anderen Dekadenzen bewerfen. Alles das tut Russland unter Putin nicht. Die Autorin bringt heraus, wie sich der Westen von Russland unterscheidet: der Westen ist komplett dekadent und seine Politiker sind ängstliche Hampelmänner. Dagegen ist Russland noch „normal" und sein Präsident ist ein echter Mann. Dieses Gefühl wurde uns über die Medien implantiert. Aber die Autorin weiss nicht, dass das alles Planung ist und im „Systemabbruch-Drehbuch" steht. Die westliche Dekadenz gehört genauso dazu wie Putins Auftritte beim Jagen oder in einem Kampfjet. Das alles hat man in den letzten Jahren noch zugespitzt. Nicht umsonst wird Europa von den Russen bereits „Gayropa" genannt[48] (Gay ist der englische Ausdruck für Schwule).

Das wird alles bewusst gemacht, denn die Funktionseliten des Westens sollen beseitigt werden. Ausserdem will man die USA fallen lassen und eine politische Achse Berlin - Moskau schaffen. Wir sehen die Vorarbeiten dafür, perfekte Massenpsychologie.

Hier eine Aussage von jemandem, der in der neuen Monarchie eine höhere Funktion bekommen dürfte:

Wenn der Kaiser wieder kommt, kommt das Patriarchat wieder und die Schwulen gehen ins Gefängnis.

---

[48] http://www.eurozine.com/articles/2014-02-05-riabova-en.html

d) Vegetarismus:

Jetzt kommen wir zur nächsten Säule der links-grünen Dekadenz, dem Vegetarismus. Hier ein Artikel in der Zeitung 20 Minuten aus der Schweiz: Vegetarier meinen, sie seien etwas Besseres[49]:

> *Udo Pollmer ist Deutschlands umstrittenster Ernährungsexperte. Der Lebensmittelchemiker hat grosse Zweifel am Sinn einer fleischlosen Ernährung. Das bringt ihm viel Ärger ein.*
>
> *Herr Pollmer, warum sind Vegetarier des Teufels?*
> *Udo Pollmer: In Deutschland sind 0,3 Prozent der Bevölkerung Vegetarier. Aber die machen einen Radau wie ein Froschtümpel zur Paarungszeit.*
>
> *Ja, ich bekomme haufenweise Hassmails. Das ist normal. Auch Todesdrohungen waren schon darunter. Vegetarier gehören einer infektiösen Bewegung an.*

Das ist die Wahrheit über die Vegetarier. Sie sind eine extrem lautstarke, missionierende, intolerante Minderheit. Ganz einfach, sie gehen uns mit ihrem Reinheitsgehabe und ihrer Intoleranz auf die Nerven. Genauso wie die linksgrünen Gutmenschen auf anderen Gebieten.

Es gibt vermutlich auch noch eine andere Erklärung für den Vegetarismus: nachdem sich auch die unterste Unterschicht Fleisch noch leisten kann, wollen sich diese grünen Elitisten mit dem Gegenteil davon abheben.

Nicht vergessen! Der Massenmörder Hitler war auch Vegetarier.

---

[49] http://www.20min.ch/finance/news/story/-Vegetarier-meinen--sie-seien-etwas-Besseres--20811637

Der Fanatismus der Vegetarier ist einfach unendlich gross. Das gilt für alle Ansichten und Lebensweisen aus dem primär politisch grünen Spektrum. Sie missionieren überall, aber am schlimmsten gegen das Fleisch.

Hier noch eine Leserzuschrift an Hartgeld.com über einen Artikel im Berliner Tagesspiegel, wo ein Vater die Schulkantinen per Klage zwingen will, veganes Essen anzubieten[50]:

> *„Die schlimmste Nachricht im Artikel: In Berlin leben geschätzt 25.000 Veganer. Als waschechter Berliner (ich darf das also) nochmal meine Forderung, mein Bitten und mein Flehen an Bayern und Baden-Württemberg: Dreht dieser versifften, moslemverseuchten und veganverschwulten Dreckstadt endlich den Hahn ab, damit dieses missionarische Gegeifere vollkommen bekloppter Eltern endlich aufhört, die ihre Kinder vorschicken, um ihre Ersatzreligion auch noch in der letzten Schulkantine durchzupeitschen! Das ist ja wohl das Letzte! Aber es dauert nicht mehr lange, dann ist Schluss. Jetzt dreht sich der Wind! Mit den Mosems fängt's gerade an, und bald sind auch diese Ernährungsterroristen dran."*[51]

Ja, die Veganer sind noch schlimmer als die gewöhnlichen Vegetarier und sie machen einen Radau wie 1000 Froschtümpel. Sie empfinden sich als noch „reiner und besser". Und noch „grüner".

Zudem wollen sie überall in den öffentlichen Kantinen einen Veggie-Day durchsetzen, an dem es kein Fleisch gibt. Wir zwingen keinen Vegetarier, Fleisch zu essen, aber warum wollen die uns zwingen? Genauso wollen sie uns auch zu den anderen Idiotien des links-grünen Umfelds zwingen.

Die Rauchverbote und die Zwangssubventionierung der Öko-Energie gehören auch dazu. Die Grünen sind eindeutig die Dekadenz- und Verbotspartei. Der oben gebrauchte Begriff „veganverschwult" fasst das gut zusammen. Weil das so charakteristisch für die Grünen ist, bringe ich das Thema über Vegetarismus. Man könnte zur Ansicht kommen, dass man

---

[50] http://www.tagesspiegel.de/berlin/schulverpflegung-in-berlin-eltern-wollen-veganes-schulessen/9775336.html

[51] Diese Zuschrift stammt von einem Juristen, der muss eigentlich wissen, was man schreiben darf. Diese wurde als Anschauungsmaterial gebracht, damit die Leser sehen, wie über die heutigen Dekadenzen gesprochen werden wird, wenn diese abgebrochen werden.

vor 30 Jahren begonnen hat, die grünen Parteien in Europa aufzubauen, um später damit die ganze Politik in Miskredit zu bringen.

> *„Ein Grüner ist erst dann richtig glücklich, wenn er anderen etwas verbieten kann."* –
> *Wiglaf-Droste (deutscher Satiriker)*

Zum Abschluss des Kapitels noch eine Zuschrift von einem Leser aus Österreich an Hartgeld.com über die grüne Partei (auch grüne Mamba genannt):

> *Die Mamba wie sie leibt und lebt: Bevormunden. Verbieten. Umerziehen. Kurz im Internet recherchiert; wird man fündig, über was diese Spinner ernsthaft sinniert haben:*
>
> *Kruzifix-Verbot an Schulen, Schnäppchen-Verbot, Sonntagsfahrverbot, Motorrollerverbot, Glühbirnenverbot, Plastiktütenverbot, Billigflugverbot, Gentechnikverbot, Killerspielverbot, Computerspielverbot, Nachtflugverbot, Rauchverbot, Zigarettenautomat-Verbot, Heizpilzverbot, Verbot von verkaufsoffenen Sonntagen, Grillverbot in Parks und auf Grünflächen (ausgenommen türkische Kulturfeste), Verbot von Handynutzung in Kulturveranstaltungen, Verbot der Standby-Funktion bei Elektrogeräten, diverse Alkoholverbote, Verbot von Süßigkeitenwerbung im Umfeld von Kinderfernsehprogrammen, Solarienverbot für Jugendliche, Fleischverbot an einem Wochentag in Schulen und Kantinen, Verbot von Alkoholwerbung, Verbot von Flatrate-Partys, Rauchverbot im Biergarten, Rauchverbot am Steuer, Verbot von Tieren in Zirkussen, Werbeverbot für Fahrzeuge mit hohem Benzinverbrauch und großem Schadstoffausstoß, Verbot von nicht-energieeffizienten Kühlschränken, Verbot von Weichmachern in Sexspielzeug, Verbot von Burschenschaften, Verbot von Lichtverschmutzung („Lichtsmog"), Verbot von Stammzellenforschung, Verbot von getrenntgeschlechtlichen Toiletten, Himbeerimportverbot (im Winter), Verbot von Glücksspielautomaten, Waffenverbote, Fahrverbote, Tempolimits, Kaminverbot, Werbeverbote mit sexistischem Inhalt.*
>
> *Hab ich was vergessen? Kopftuchverbot und Vermummungsverbot für Antifa-Schläger? Nein, denn die Grünen wollen ja persönliche Freiheitsrechte nicht einschränken.*

Nach dem Tag-X gibt es hoffentlich ein grünes Wiederbetätigungsverbot.

Das Fleischverbot ist bei dieser Verbotspartei nur eine Ausprägung. Die Grünen wurden ab den 1980er Jahren speziell in Deutschland aufgebaut, um den deutschen Nationalismus niederzuhalten. Das Web ist voll mit anti-deutschen Zitaten von Grünpolitikern. Jetzt erweisen die Grünen noch einen weiteren Dienst: man verwendet sie als Dekadenz- und „Verbotspartei", um die gesamte politische Klasse zu diskreditieren und abzubrechen.

„Die Grünen sind die größten Umweltgifte, die Deutschland in seiner Geschichte je gesehen hat." –
Peter Ziemann

e) Multikulti-Wahn:

Auf weitere Eigenheiten der Grünen, wie deren Kampf gegen das Auto detailliert einzugehen, verzichte ich aus Platzgründen. Gehen wir zu einer wichtigeren Herzensangelegenheit der Linken und Grünen über: deren Förderung einer ungehemmten Massenzuwanderung und der Bevorzugung von Ausländern gegenüber der eigenen Bevölkerung. Das wird dann als „Multikulti" bezeichnet.

Fast täglich werden Flüchtlinge aus Nordafrika, die über das Mittelmeer kommen, von der italienischen Küstenwache gerettet. Auch über Spanien kommen sie. Dazu kommen noch Massen von Zigeunern aus Rumänien und Bulgarien nach West- und Nordeuropa. Stop: Zigeuner dürfen wir sie nicht mehr nennen, sondern Roma & Sinti, wie es die EU befiehlt. Denn die EU sieht sich als Schutzherr der Zigeuner, wie sie sich selbst nennen, die aber niemand mag, weil sie einfach als asozial empfunden werden (siehe Osteuropa).

Und sie kosten uns eine Menge Geld. Kamen früher Arbeitswillige, so geschieht die Einwanderung jetzt primär in das Sozialsystem, egal, ob in Deutschland, Frankreich oder Schweden.

Hier ein Artikel im Focus über die Kosten in Deutschland: Woher die meisten Hartz-IV-Bezieher kommen – und wie viel sie wirklich kassieren[52]:

> *Das Ergebnis: Insgesamt kassierten gut 1,2 Millionen Ausländer im vergangenen Jahr Hartz IV. Das waren knapp sieben Prozent weniger als noch 2007. Rund 300.000 kamen dabei aus den Ländern der Europäischen Union. Rund 6,7 Milliarden Euro an Leistungen erhielten die Ausländer im vergangenen Jahr. Das ist gut ein Fünftel der Gesamtsumme (33,6 Milliarden Euro). Davon entfielen auf die Ausländer aus der EU knapp 1,7 Milliarden Euro.*

Diese Zahlen sind natürlich nicht vollständig, denn sie inkludieren nicht eingebürgerte Ausländer. Auch andere Sozialleistungen wie Kindergeld sind noch nicht berücksichtigt. Dieser Artikel aus Bild hat es auch in sich: Bundespräsident Gauck ist Pate dieser Bigamistenfamilie[53]:

> *„Obwohl ein eigenes Haus mit Garten besser wäre", sagt Vater Sabedin Tatari (24). Der Kosovo-Albaner wurde mit seiner Großfamilie berühmt, weil der Patenonkel für seinen Sohn Ismail (3 Monate) kein Geringerer ist als Bundespräsident Joachim Gauck.*
>
> *Mit 14 Personen lebt die Familie auf 220 qm (1280 Euro Kaltmiete, bezahlt das Sozialamt). Das Wohnzimmer ist orientalisch eingerichtet: Brokatvorhänge, gerahmte Koranverse. Eine raumhohe Fototapete zeigt das Heiligtum des Islams, die Kaaba in Mekka. Der Vater: „Es ist schön, aber für die Kinder zu gefährlich, an der Straße zu spielen."*
>
> *Für den arbeitslosen Vater ist es völlig normal, mit Ehefrau Samanda (24) drei und mit seiner zweiten Frau Tatjana (24) fünf Kinder zu haben: „Im Koran sind sogar bis zu vier Frauen erlaubt. Auf dem Standesamt geht das nicht, aber der Imam hat das dann gemacht."*

---

[52] http://www.focus.de/finanzen/news/grosser-vergleich-so-viel-hartz-iv-kassieren-auslaender-wirklich_id_3877990.html
[53] http://www.bild.de/regional/duesseldorf/bigamie/familie-zwei-ehefrauen-islam-31553186.bild.html

Eine in Deutschland verbotene Mehrfachehe, 14 Personen, die vom deutschen Staat leben und der deutsche Bundespräsident ist sogar Pate. Das ist eine absolute Frechheit. Diese Patenschaft hat man Gauck vermutlich bewusst untergejubelt – zur Diskreditierung. Er muss auch sonst immer für Einwanderung eintreten. Spielt da jemand mit der Stasi-Akte von IM Larve? Gauck muss die Bundesrepublik offenbar bewusst von der Staatsspitze her diskreditieren, vermutlich ohne, dass er es selbst bemerkt.
Bigamie auf Kosten europäischer Staaten ist sehr häufig.
Die deutschen Steuerzahler genauso wie französische oder niederländische oder andere sollen die Schnauze voll haben. Das wurde vermutlich bewusst so gemacht, um ihnen nach dem Haircut bei den Bankguthaben die Politiker und Moslems als Sündenböcke präsentieren zu können. Jetzt fehlt nur noch islamistischer Grossterror wie 9/11, der kommen soll. Nach dem Crash kann man diese vielen Ausländer auch gar nicht mehr finanzieren, als Arbeitskräfte braucht man sie auch nicht mehr. Und jetzt zum nächsten Kapitel in der Sache: Asylwerber als Terroristen. Das schreibt Bild im Oktober 2014: Tarnen sich ISIS-Terroristen als Flüchtlinge?[54]:

Westliche Sicherheitsbehörden gehen jetzt einem neuen, abscheulichen Verdacht nach: Tarnen sich ISIS-Terroristen als Flüchtlinge? Verstecken sie sich ausgerechnet hinter den Menschen, die versuchen, dem ISIS-Terror zu entkommen?

Dazu braucht man keine Geheimdienste, der ISIS-Chef al-Bagdadi hat es öffentlich gesagt und seine Terroristen dazu aufgefordert, als Asylwerber getarnt nach Europa zu kommen um hier ihren Terror zu verüben. Dieser soll so aussehen: Hier ein Artikel auf N-TV vom 6.10.2014: „Schlachtet die Ungläubigen" – IS-Kämpfer ruft zu Morden in Deutschland auf[55]:

An seine „lieben Geschwister im Glauben" gerichtet sagt der junge Mann: „Wir haben uns heute hier versammelt, um die Schafe zu schlachten. Und ich will euch dazu einladen, die Kuffar (Ungläubigen) zu schlachten im Dar ul-Kufr". Damit sind die nicht-muslimischen Länder gemeint. Zudem seien alle Muslime aufgerufen, sich dem IS anzuschließen, betont der namentlich nicht genannte Dschihadist.

---

54 http://www.bild.de/politik/ausland/isis/terroristen-getarnt-als-fluechtlinge-38011274.bild.html
55 http://www.n-tv.de/politik/IS-Kaempfer-ruft-zu-Morden-in-Deutschland-auf-article13730406.html

Solche Aufrufe kamen schon mehrfach und wurden in allen Medien gebracht. Auch berichten die Medien von kommendem Grossterror: „IS könnte an Atomwaffen gelangen" Ex-US-Vize: „Der nächste Terroranschlag auf die USA wird viel tödlicher als 9/11"[56].

Ich weiss von meinen Quellen, dass man auch den islamischen Terror als Ursache für den Systemkollaps haben will. Man braucht Sündenböcke. Die Medien sollen sich danach gegenseitig bei der Dämonisierung des Islams überbieten. Es beginnt schon, ohne dass bisher wesentliche Terrorattentate passiert wären. Focus widmet dem Thema im November 2014 eine Coverstory: Ein Glaube zum Fürchten[57]

Währenddessen wissen die Lokalpolitiker in Europa nicht mehr, wie sie die Massen von Asylanten unterbringen sollen. Geld spielt dabei keine Rolle, wie dieser Artikel vom 30.10.2014 in der WAZ zeigt: Stadt baut Groß-Asyl im Essener Süden für 26,8 Millionen Euro[58]. Die Gemeindepolitiker machen alles für die Asylanten, ohne eine Spur von Widerstand. Schwupps ist auch das Geld da, das anderswo eingespart werden oder über höhere Abgaben eingetrieben werden muss. Jahrelange Bearbeitung mit PC hat sie so willenlos gemacht, dass sie an ihrer eigenen Abschaffung arbeiten, ohne es zu bemerken. Jetzt noch ein fiktives Gespräch, das im Internet kursiert:

> *Ein Asylant fragt seine Mutter: „Mama, was ist eigentlich Demokratie und was ist Rassismus?"*
> *„Also mein Sohn, Demokratie ist, wenn der Deutsche jeden Tag arbeitet, damit wir hier gratis wohnen können, kostenlos zum Arzt können, gratis Essen und Taschengeld erhalten und zwar viel mehr als diese geizigen deutschen Rentner. Das, mein Sohn, ist die wahre Demokratie!"*
> *„Aber Mutter, wird der Deutsche dabei nicht sauer auf uns?"*
> *„Mag sein, mein Sohn, aber das wäre dann schon Rassismus!"*

---

[56] http://www.focus.de/politik/ausland/usa/is-koennte-an-atomwaffen-gelangen-ex-us-vize-der-naechste-terroranschlag-in-den-usa-wird-viel-toedlicher-als-9-11_id_4203647.html
[57] http://www.focus.de/wissen/mensch/religion/islam/titel-ein-glaube-zum-fuerchten_id_4242325.html
[58] http://www.derwesten.de/staedte/essen/stadt-baut-gross-asyl-im-essener-sueden-fuer-26-8-millionen-euro-id9984907.html

Und wenn sich dann viele Asylanten als Terroristen entpuppen, wird man sagen: ihr Politiker habt die reingeholt und von uns bezahlen lassen. Weg mit euch Terror-Helfern. Ja, man wird mit der Demokratie dann nichts mehr zu tun haben wollen. Genial, der Plan, oder?

Als Nächstes widmen wir uns der massiven Kriminaliät, die mit dieser Masseneinwanderung gekommen ist. Nicht nur wird überall gestohlen und geraubt, man ist auch seines Lebens nicht mehr sicher. Hier ein Artikel in der Welt, wie die Migranten mit der deutschen Polizei umspringen: Angespuckt, geschubst, die Schulter ausgekugelt[59]:

> *Polizisten, Feuerwehrleute und Sanitäter riskieren viel, um anderen zu helfen. Doch Anfeindungen, Beleidigungen und Gewalt gegen Rettungskräfte nehmen zu. Ein Zeichen allgemeinen Autoritätsverfalls?*
>
> *Das kann man wohl sagen. „Ich möchte mir auf diesem Weg Luft machen", schrieb beispielsweise die Bochumer Polizistin Tania Kambouri in einer E-Mail an die Zeitschrift der Gewerkschaft der Polizei (GdP) im vergangenen November.*
>
> *Auf einer kompletten Seite schilderte sie, wie sie „täglich mit straffälligen Migranten, darunter größtenteils Muslimen" zu tun habe, die „nicht den geringsten Respekt vor der Polizei haben". Man sei immer hilfloser. Die Reaktion überstieg alles, was die Redaktion gewohnt war. Eine Flut von Briefen und E-Mails brach herein. Viele stimmten der Kollegin zu.*

Dieser Artikel ist vom 27. April 2014. Noch ein Jahr vorher hätte man das nicht gebracht, wäre politisch korrekt tabu gewesen. Jetzt lässt man mehr heraus, damit sich die Volkswut steigert.

---

[59] http://www.welt.de/politik/deutschland/article127342076/Angespuckt-geschubst-die-Schulter-ausgekugelt.html

Hier eine Leserzuschrift an Hartgeld.com darüber, wie die Stimmung bei der deutschen Polizei wirklich ist:

„Einbruch / Polizei und Backlash:

Meine Eltern befinden sich zurzeit auf einer Urlaubsreise und ich bin für die Pflege des elterlichen Wohnhauses verantwortlich. Nun musste ich heute leider feststellen, dass zum wiederholten Male in sehr kurzer Zeit (ich habe meine Kindheit friedlich und ohne Einbrüche in diesem Haus verbringen dürfen) ein zugegeben amateurhafter Einbruchsversuch in jenem Haus stattfand. Nach telefonischer Information meiner Eltern rief ich schließlich die Polizei, um Anzeige gegen unbekannt zu erstatten.

Als die Beamten nach 10 Minuten eintrafen geschah etwas, dass ich seitens des Staates bisher für unwahrscheinlich hielt. Die Polizisten taten plötzlich mit erkennbaren Zornesfalten im Gesicht des einen Beamten ihren Unmut über die übertriebene Zuwanderung speziell aus dem osteuropäischen Kreis (Rumänien, Bulgarien) kund. Nach einigen Minuten über diese These, der ich natürlich zustimmte mit dem Kommentar „Aber über so etwas herrscht normalerweise ja Sprechverbot" kam nur der Kommentar „Nein, uns gegenüber dürfen Sie das ruhig jetzt sagen.". Man erkennt deutlich die Wut der Polizei gegenüber Multikulti und allem was dazugehört, insbesondere EU usw. Der Backlash kommt, langsam, er muss reifen."

Die Wut der Polizei auf ihre eigene Obrigkeit muss gigantisch sein. Wehe, wenn man sie unter neuer Führung dann loslässt. Diese Einbrecher kommen fast ausschliesslich aus Osteuropa und Südosteuropa, sie sind Kriminaltouristen. Diese Welle der Kriminalität treibt die Volkswut ordentlich hoch.

Hier eine Leserzuschrift an Hartgeld.com dazu aus Österreich:

„In Polizeikreisen brodelt es schon lange. Jetzt darf öffentlich darüber berichtet werden. Der Ruf der Bevölkerung nach „(Wieder-)Herstellung des Rechtsstaates" ertönt täglich lauter. Wehe, wenn sie losgelassen werden, die Polizisten."

Und hier eine Leserantwort darauf aus Deutschland:

„Ich gebe Ihnen recht: Die Polizisten haben die Schnauze gestrichen voll und das seit vielen, vielen Jahren, und das nicht nur von den Moslems und Zigeunern, sondern auch von den asozialen Linken, die mit Betonbrocken auf Polizisten werfen, „den Staat" ablehnen, aber munter jeden Monat Stütze kassieren, und dem ganzen veganverschwulten linksgrünen Pack, das die Polizisten zwingt, selbst in einem Einsatz gegen „Menschen mit Migrationshintergrund", die pöbeln, spucken und treten, noch freundlich bleiben und zu diesen „Sie" sagen zu müssen, damit sich der Vorgesetzte nicht gegen Nazi-Vorwürfe wehren muss. Wenn die Polizisten dürften, wie sie könnten, dann reichte Heilsalbe auf keinen Fall aus, sondern dann wären die Notaufnahmen überfüllt mit all dem Schmarotzerpack, das auf unseren Straßen (noch) frei rumläuft."

Beide Autoren sind Rechtsanwälte, kennen sich also mit Polizei und Justiz aus. Gehen wir zum letzten Thema dieses Kapitels, dem Multikulti-Bonus. Hier ein Artikel über die islamische Paralleljustiz in Deutschland in der FAZ: „Ich weiss, wo deine Schwester wohnt"[60]:

Die deutschen Strafen sind ihnen zu mild, die Polizeiarbeit erledigen sie selbst, das Urteil fällt ein sogenannter Friedensrichter: Wie Familien-Clans in Deutschland das Rechtssystem untergraben.

Größeren Schaden können die gut organisierten Parallelstrukturen hingegen während des Ermittlungsverfahrens anrichten. Dann kann es im schlimmsten Fall dazu kommen, dass eine Anklage nicht erhoben werden kann, weil die Zeugen plötzlich schweigen oder die Opfer ihre Anzeige zurücknehmen. „Wenn Friedensrichter in einen Fall involviert sind, kann es dazu führen, dass Zeugen Erinnerungslücken entwickeln", sagt der Berliner Strafverteidiger Dirk Lammer. „Es tut schon richtig weh, wenn wir sehen, dass monatelange Ermittlungsarbeit den Bach runtergeht, weil Zeugen nicht aussagen wollen", sagt der Polizeigewerkschafter Rainer Wendt. „Wir sehen im Gericht die Clan-Mitglieder, die feixen und grinsen und dann rausgehen und sagen: „Wir haben hier die Macht."

---

[60] http://www.faz.net/aktuell/politik/inland/clans-in-deutschland-schaffen-sich-ihre-eigene-rechtsprechung-12880637.html?printPagedArticle=true#pageIndex_2

Die deutsche Justiz wird von den Araber-Clans nicht mehr anerkannt. Sogar Anwälte werden von den Clans schon zusammengeschlagen, wenn sich jemand gegen die Clans an ein deutsches Gericht wendet. Offensichtlich werden auch die Richter eingeschüchtert. Siehe dieses Beispiel in in Bild: Cihan A. (21) muss fünf Jahre hinter Gitter[61]:

> *Daniel S. († 25) starb, weil er nach der Disko einen Streit schlichten wollte. Jetzt das Urteil gegen Tottreter Cihan A. (21): fünf Jahre und neun Monate Jugendhaft!*

Ein Türke ermordet einen Deutschen und kommt mit dieser geringen Strafe davon. Die Richter werden offenbar auf zwei Arten zu so milden Urteilen gebracht: Direkte Drohungen gegen sie, besonders wenn es um Moslem-Clans geht. Sie fürchten den Vorwurf des Rassismus, der besonders gerne von Moslems gegen sie erhoben wird. Dieser Migranten-Bonus kommt bei der eigenen Bevölkerung natürlich sehr schlecht an. Der Hass auf die Politik, Justiz und auch auf diese Migranten wächst gigantisch. Es wird derzeit alles zugespitzt. Die Moslems werden Sündenböcke sein, wie Medien und Politiker.

Man kann sich des Eindrucks nicht erwehren, als würde man gezielt Westeuropa mit Moslems, Afrikanern und Zigeunern fluten, so dass bei uns die Volkswut richtig zu kochen beginnt. Verstärkt läuft das seit Anfang 2013. Die Lokalpolitiker wissen nicht mehr, wo sie die vielen Asylanten unterbringen sollen. Zurücksenden dürfen sie die nicht. So kaufen sie schon Villen und 4-Sterne-Hotels als Asylquartiere an. Die Medien berichten darüber, die Volkswut steigt.

Hier ein Auszug aus einer Leserzuschrift an Hartgeld.com aus Österreich:

> *„Der BACKLASH wird JENSEITS JEDER VORSTELLUNG sein! Die nur in Österreich AUFGESTAUTE WUT würde die Türkei mehr als zehnfach AUSLÖSCHEN!"*

---

[61] http://www.bild.de/regional/bremen/prozess/gegen-tottreter-von-kirchweyhe-34843250.bild.html

Der „Backlash" = Rückschlag, wird die Gegenreaktion der Bevölkerung auf diese Masseneinwanderung und ihre Begleiterscheinungen sein. Und er betrifft nicht nur Multikulti, sondern alle anderen Dekadenzen auch. Da wurde ein gigantischer Plan erstellt, dessen „Drehbuch" jetzt abgespielt wird. Die heutigen Funktionseliten sollen entfernt werden. Nach dem Crash soll der Mob der betrogenen Sparer es machen. Dazu wird er gerade aufgeheizt, ohne dass er es direkt mitbekommt.

Hier einige Zitate von einem in das „Systemabbruch-Drehbuch"-Eingeweihten:

> *„Das ist perfektionierte Massenpsychologie. Sie wenden die dreckigsten Tricks an. Es wird danach alles radikal umgedreht, die bisherigen Eliten in Politik, Wirtschaft und Wissenschaft werden entfernt. Diese sind Anhänger der heutigen Dekadenzen, egal ob diese Genderwahn, Politicial Correctness, Klimaschwindel oder Elektroauto heissen. Die „alten Werte" sollen wiederkommen."*

Zu diesen dreckigsten Tricks der Massenpsychologie gehört die Zuspitzung aller Dekadenzen seit Anfang 2013, auch die von Multikulti, denn die Volkswut soll maximiert werden.
Jetzt noch die ökonomische Seite des Multikulti-Staats. Hier ein Artikel von Udo Ulfkotte auf *Kopp*: Über die Macht der Migranten und bevorstehende Unruhen[62]:

> *Ich kenne nur noch Polizisten, die die Nase voll haben. Das Benzin für die Einsatzfahrten ist rationiert und die Zahl der Einsatzkräfte wird abgebaut. Jeden Tag müssen sie sich anpöbeln und beschimpfen lassen. Und wehe, sie sagen einen Ton. Dann kriegen sie sofort ein Disziplinarverfahren. Polizisten sind für viele junge Migranten das Symbol einer von ihnen verhassten Gesellschaft, die sie ablehnen.*
>
> *Früher dachte ich, dass es irgendwann eine Machtübernahme von Muslimen geben werde. Ich habe mich geirrt. Wenn der Euro zusammenbricht, dann bricht auch das Migrantenversorgungssystem auseinander. Dann brechen die alten ethnischen,*

---

[62] http://info.kopp-verlag.de/hintergruende/deutschland/interview-mit-udo-ulfkotte/ueber-die-macht-der-migranten-und-bevorstehende-unruhen.html

religiösen, nationalen und alle anderen Vorurteile wieder so klar hervor, dass jede Bevölkerungsgruppe erst einmal an sich selbst denkt. Die optimistische Annahme lautet, dass viele Muslime dann rechtzeitig von selbst wieder in ihre Heimatländer gehen werden. Der türkische Ministerpräsident Erdoğan hat ja unlängst auch zu mehr als 200.000 Gastarbeitern aus Armenien in der Türkei gesagt, man brauche sie nicht und werde sie jederzeit wieder deportieren. Was Erdoğan in der Türkei sagt, wird dann sicher auch von vielen deutschen Bevölkerungsgruppen gegenüber den Türken gefordert. Zumindest, wenn hier die ganzen Sicherungssysteme Stück für Stück zusammenbrechen.

Sobald das Finanzsystem kollabiert wird der Schalter richtig umgelegt und dann werden diese Dinge passieren:

- Es wird überall Massenarbeitslosigkeit unter der eigenen Bevölkerung geben, da wird der Ruf erschallen: Jobs für die eigenen Leute.
- Die vielen Migranten auf Sozialhilfe können dann nicht mehr ernährt werden.
- Die Politik, besonders die linken Parteien sind dann total diskreditiert und kann dann zusammen mit Moslems und Zigeunern als Sündenböcke für den Betrug an den Sparern dienen.
- Die EU wird abgebrochen und damit schliessen sich die Grenzen wieder.
- Der Fokus der Bevölkerung geht zurück zum eigenen Stamm, das ist in jeder Depression so, die Xenophobie wächst massiv in solchen Zeiten.
- Die Ausländer, besonders die Unangepassten, fliehen von selbst oder werden abgeschoben.

Der Zuzug nützt den Eliten derzeit durch Lohndrückung, mehr Konsum und dem sozial-industriellen Komplex. Der eigene Steuerzahler zahlt dafür durch niedrigere Löhne, höhere Mieten und Preise und höhere Steuern. Die Massen-Zuwanderung bewirkt auch eine Lohndruckung.

Wer sind die traditionellen Wähler von SPÖ, SPD & Co.? Die Arbeiter. Diesen verschafft man jetzt neue Konkurrenz am Arbeitsmarkt, man ist ja so ausländerfreundlich. Die Löhne sinken weiter. Es ist kein Wunder, dass deswegen in Österreich ein guter Teil der Arbeiter zur FPÖ weitergewandert ist. Die Linksparteien werden in Zukunft als Arbeiterverräter angesehen werden.

Kleine Nachbemerkung:

Sobald die Geldvermögen weg sind, es keinen Kredit mehr gibt und Massenarbeitslosigkeit herrscht, werden auch unsere Leute JEDEN Job annehmen, auch solche, die heute fast nur Ausländer machen. Etwa in der Landwirtschaft will keiner unserer Millionen Arbeitslosen arbeiten – als niedrige Drecksarbeit verpönt. Der ausländische Mohr hat dann seine Schuldigkeit getan.

2.4. Ein System von Sklaven wurde gewünscht und geliefert

Wir denken, wir wären frei, dem ist aber nicht so. Wir sind ständigem Erwerbsdruck ausgeliefert und müssen kuschen vor Staat und Arbeitgeber.

> *Die Sklaverei lässt sich bedeutend steigern, indem man ihr den Anschein der Freiheit gewährt. –*
> *Ernst Jünger*

Selbstverständlich können wir aus dieser Sklaverei aussteigen. Am Besten geht es derzeit, indem man vom Staat lebt, etwa als Pensionist, und schuldenfrei ist. Dann muss man nur mehr die allgemeinen Gesetze einhalten, braucht aber vor keinem Arbeitgeber oder Kreditgeber kuschen. Immer mehr tun es, daher wird der Druck auf die Arbeitssklaven immer grösser.

> *Die Sklaven von heute werden nicht mit Peitschen, sondern mit Terminkalendern angetrieben. –*
> *John Steinbeck, 1902-1968, US-amerikanischer Schriftsteller, Literaturnobelpreis 1962*

Sehen wir uns einmal an, welche Art von Sklaverei es in den westlichen Gesellschaften gibt:

Lohnsklaverei:
Der grösste Teil der arbeitenden Bevölkerung macht das heute als Arbeitnehmer, offiziell „abhängig Beschäftigter". Er ist vom Arbeitgeber in vielfacher Weise abhängig:

- Er ist weisungsgebunden; muss das machen, was der Vorgesetzte befiehlt.
- Er ist lohnabhängig; das Gehalt vom Arbeitgeber ist meist das einzige Einkommen.
- Er kann jederzeit entlassen werden; fristlos bei schweren Verfehlungen, sonst per Kündigung.

Dafür hat der „Lohnsklave" wenig mit Finanzamt und Steuer zu tun. Alle seine Abgaben werden automatisch vom Arbeitgeber an den Staat abgeführt. Erarbeiten muss er sie aber. Diese Abgaben aus Sozialversicherung und Lohnsteuer betragen bei uns etwa 50 % des realen Bruttogehaltes (nicht dem, das auf der Gehaltsabrechnung steht). Zudem muss er noch etwa 20 % indirekte Steuern auf den Konsum zahlen, meist in Form von Umsatzsteuer. Bei Treibstoffen, Autos, Tabak und Alkohol ist es mehr. Diese Abgaben liefern die Firmen ab, bei denen er einkauft. Daher merkt er die hohe Steuerbelastung real nicht. Es interessiert ihn nur, was er sich mit dem Gehalt alles kaufen kann.

Es gibt auch viele ruhige Ecken bei dieser Form von Tätigkeit. Man muss nur seine Arbeit machen, dem Chef gehorchen, usw. Das ist der Fall ganz unten in den Konzernen, wo man nur Arbeitsbiene ist. Bei den „höheren Lohnsklaven", ab dem Mittelmanagement kommt dann noch die firmeninterne Politik dazu. Da kann man leicht ins Abseits gestellt werden, wenn man nicht richtig mitspielt.

Von der Hand in den Mund:
Es wird später im Kapitel über Schuldsklaverei noch darüber geschrieben, dass ein Grossteil der Bevölkerung praktisch keine liquiden Reserven hat. Daher gibt es für Arbeitnehmer auch besondere Wohltaten, wie bezahlter

Krankenstand, bezahlter Urlaub und zusätzlich noch Urlaubs- und Weihnachtsgeld. Dass diese Wohltaten vom Arbeitnehmer selbst erarbeitet werden müssen, ist klar. Das Monatsgehalt reduziert sich einfach entsprechend.

Dass es nicht reicht, einfach ein Gehalt auszuzahlen, sieht man in der Einführung von bezahltem Urlaub und dem Urlaubsgeld, um die Ausgaben für den Urlaub bezahlen zu können. Genauso dient das Weihnachtsgeld zur Bezahlung von Weihnachtsgeschenken. Man erwartet nicht, dass sich die Leute etwas ansparen.

Hier beschreibt es ein Artikel im Format: Urlaubsgeld in Gefahr – Österreicher fürchten um Sonderzahlungen[63]:

Die Verwendung der Sonderzahlungen für Urlaubsreisen bleibt konstant an erster Stelle, gefolgt von der Anschaffung von Weihnachtsgeschenken. Stark angestiegen ist gegenüber 2008 die Verwendung der Sonderzahlungen für Altersversorgung oder spätere Anschaffungen, was wahrscheinlich mit den Folgen der Wirtschaftskrise zu tun hat.

13. und 14. Gehalt sind ein fixer Bestandteil im persönlichen Budget der Angestellten. Eine Abschaffung würde nicht nur das Ansparen von Reserven gefährden, sondern auch notwendige Anschaffungen und die Deckung der steigenden Lebenshaltungskosten.

In Österreich sind diese Sonderzahlungen niedriger besteuert. Aber das interessiert vermutlich nur die Investoren unter den Empfängern solcher Zahlungen, die etwas vom Steuersystem verstehen und Steuern zu minimieren versuchen. Den Normal-Maxi interessiert nur: was kann ich mir dafür kaufen. Man sollte nicht glauben, dass das eine neue Errungenschaft wäre, wie dieser Artikel von den österreichischen Gewerkschaften zeigt: Das 14. Monatsgehalt[64]:

---

[63] http://www.format.at/articles/1423/930/375705/urlaubsgeld-gefahr-oesterreicher-sonderzahlungen
[64] http://www.gpa-djp.at/servlet/ContentServer?pagename=GPA/Page/Index&n=GPA_50.6.d_historisches

Auf dem 4. Gewerkschaftstag 1958 konnte die GAP-Führung bereits über eine Reihe von KV-Erfolgen im Sinne des Aktionsprogrammes aus dem Jahr 1953 berichten. So wurde in fast allen Kollektivverträgen der damaligen sechs Sektionen der GAP (Industrie, Handel, Versicherung, Sozialversicherung, Banken, später Geld und Kredit, Land- und Fortwirtschaft) die Auszahlung eines vollen Monatsgehaltes als Urlaubsbeitrag verankert. In einigen wenigen Kollektivverträgen wurde zunächst ein Teilbetrag des Monatsbezuges als Urlaubshilfe eingebaut. Dieser Teilbetrag wurde im späteren Verlauf auf den vollen Monatsbezug ergänzt. Dadurch bekamen die Angestellten im Zeitraum von 1954 bis 1958 zum ersten Mal 14 Monatsgehälter.

Die Tatsache, dass der „angestellte Maxi" in der Masse nicht sparen kann, ist also schon uralt. Daher haben die Gewerkschaften von den Arbeitgebern im Endeffekt erstritten, dass der Arbeitgeber für sie anspart, sonst ist es nichts.

Leider ist es so, dass die Ansprüche wachsen, aber tarifliche Lohnerhöhungen von der Inflation und der Steuerprogression gleich wieder aufgefressen werden. Real sehen wir durch die real viel höhere Inflation als offiziell angegeben über viele Jahre eine Schrumpfung der Lohneinkommen, die Arbeitsmarkt-Konkurrenz durch Einwanderung hilft auch mit. Was kann man dagegen machen? Überstunden machen, einen Zweitjob suchen oder Karriere machen.

Karriere-Sklaverei:
Das sind jene Angestellten, die in einem Betrieb oder im öffentlichen Dienst aufsteigen wollen. Man hat in den letzten Jahren, primär über die Medien, einen künstlichen Hype produziert, wonach jeder studieren, dann in einen Prestige-Konzern eintreten und dort Karriere bis zum CEO machen soll. Dass es nur wenige bis zum Konzern-CEO schaffen, ist klar, aber viele sollen es versuchen, damit sie demütige Büttel ihrer Chefs werden.

Das zeigt sich dann in der Überfüllung der Universitäten, denn jeder MUSS studieren. Da werden etwa Auslands-Semester gemacht und bis zum Doktor durchstudiert, immer in der Hoffnung, damit die grosse Karriere zu machen. Dass etwa Bill Gates und Michael Dell Studienabrecher sind und trotzdem zu Multimilliardären wurden, interessiert sie nicht.

Dann versuchen sie in einen Prestige-Konzern wie Google oder BMW hineinzukommen. Die Personalabteilungen gehen unter hunderttausenden Bewerbungen förmlich unter. Die Chance, einen solchen Job zu landen, ist minimal. Aber das interessiert auch nicht. Also machen sie inzwischen unbezahlte oder minimal bezahlte Praktika, von denen sie nicht leben können.

Ist man dann im Konzern drinnen und will Karriere machen, geht es erst richtig los. Da ist jede Art von Seminaren mitzumachen, ob man will oder nicht. Dabei sind die Fachseminare noch ok, aber dann geht es zu den „Seelenschlürfer-Seminaren" (meine Wort-Erfindung) zur Persönlichkeitsbildung, Rhetorik, usw.

Es wird aber noch härter, das berichtet ein Leser an Hartgeld.com aus Deutschland:

"Corporate Social Responsibility" bei Nokia:

Ich war nach meinem Studium als Informatiker bei Nokia, Software für Handys entwickeln. Der Vertrag war zeitlich befristet doch ich hatte die Zusage, dass ich übernommen werde. Der Abteilungsleiter hielt mich für das beste Pferd im Stall. Dann sollte ich an einem idiotischen „Survival-Kurs" in den Alpen teilnehmen - im Herbst. Das war verbunden mit Klettern, übernachten in Zelten, Essen selbst zubereiten unter freiem Himmel, Würmer essen und andere sadistische Perversionen.

Ziel war, die Teamfähigkeit zu steigern. Hab da nicht mitgemacht, sowas hatte ich beim Bund zu genüge, ist idiotisch und bringt in dieser Jahreszeit außer einer saftigen Erkältung nichts, vor allem keine Teamfähigkeit. Also wurde der Zeitvertrag nicht verlängert. Ich hab mich dann selbstständig gemacht und verdiene heute ein Zigfaches von dem, was ich bei Nokia hätte je erreichen können. Ich muss mich nicht zum Affen machen und bin von niemand abhängig und zudem schuldenfrei. Da ich immer fleißig investiert habe, bräuchte ich die Firma eigentlich auch nicht mehr.

Ja, Würmer essen. Kollegen, die bei dem Training schon mitgemacht hatten, haben mir das im Vorfeld erzählt. Völlig hirnverbrannt das Ganze. Im Prinzip geht es darum herauszufinden, welche Leute sich wohl total unterwerfen lassen. Denn die machen dann später auch alles für den Konzern und das Image des Konzerns und sei es noch so abwegig. Die Schuldsklaven haben da keine andere Wahl, sie müssen. Ich schon und für diesen Scheiß war ich einfach nicht devot genug.

Wundert sich jemand, warum Nokia am Handymarkt gerade untergeht und verkauft wurde? Massenentlassungen laufen. Weil nur jene, die auch Würmer fressen, aufsteigen können. Also bleiben nur völlig willenlose, rückgratlose Würmer. Hat schon jemals ein Regenwurm eine bedeutende Innovation zusammengebracht? Der Autor des Berichts ist heute Unternehmer und Multimillionär.

Man könnte sich unter den Tisch lachen, wenn man so etwas liest. Es ist einfach unglaublich, was diese Akademiker (nur diese können in solchen Konzernen überhaupt Karriere machen) alles mitmachen – bis sie Würmer fressen. Warum lässt man sie nicht gleich eine Galeere rudern? Noch ein solches Beispiel aus Deutschland:

„Sie hüpfen wie die Affen: bei meiner Firma sind die Abteilungsleiter auf dem Parkplatz als Polizist und Verbrecher herumgehüpft. Mein Chef hat mir gesagt, wenn ihm von seinem Chef gesagt wird, er soll im Besprechungsraum die Tische und Stühle zersägen, dann macht er das. Absolut hörige Kreditsklaven, die alles tun, damit das Schuldenhaus weiter abgezahlt werden kann. Ich weiß auch genau, welche Kollegen in der Abteilung ein Haus abzuzahlen haben. Es sind dann auch genau diese Kollegen, die sich jede Arbeit aufhalsen lassen.

Die Strategie dahinter, je devoter ich bin, desto wichtiger/unentbehrlicher bin ich für die Firma. Diese Kollegen sind dann auch die ersten am Morgen und die letzten am Abend und lassen sich dann auch noch zum Dank die Überstunden von der Firma kappen. Auch schreiben diese Kollegen Mails am Wochenende in die Firma, damit alle in der Firma sehen, dass er auch noch am Wochenende arbeitet. Einmal hat mich mein Chef gefragt, ob ich die Projektleitung übernehmen will, für das gleiche Geld versteht sich. Ich habe dankend abgelehnt, da ich damals schon finanziell unabhängig war. Im Gespräch hierüber mit dem devotesten Kolle-

gen habe ich folgendes zu hören bekommen: „Das kannst du doch nicht ablehnen". Meine Antwort war: „Das habe ich aber getan und bin immer noch da!"

Ein Affe ist nicht so gehorsam, ein Konzern-Akademiker aber schon. Man sieht auch, warum sie das machen: weil sie verschuldet sind und zumindest den Job erhalten müssen. Da die Ausgaben weiter steigen, müssen sie aufsteigen, damit sie mehr verdienen. Man kann alles mit ihnen machen.

Als mein letzter Arbeitgeber im Jahr 2005 von Siemens übernommen wurde, erbrachte eine kurze Due Diligence über Siemens etwa die Information, dass die Konzern-Sadisten dort im Raum Stuttgart die Manager als „Training" von Haus zu Haus betteln schicken. Da blieb nur mehr der Abschied mit offener Hand. Sollen sich doch die Karrieristen so demütigen lassen. Einige Jahre später hörte ich dann, dass meine Ex-Kollegen bei Siemens ähnliche „Seminare" absolvieren mussten, etwa Obdachlose betreuen. Nicht mit mir, es empfiehlt sich, nicht verschuldet zu sein.

Hier noch eine Information aus dem Siemens-Reich, die schon einige Jahre alt ist: Der durchschnittliche Siemens-Mittelmanager im Raum München hat über 500.000 Euro private Schulden. Noch Fragen zu deren Servilität?

Zum Abschluss des Kapitels eine Zusammenfassung einiger Zuschriften eines Lesers von Hartgeld.com, der in einem deutschen Dax-Konzern arbeitet:

„Jede Führungskraft hat Angst etwas zu entscheiden oder etwas zu genehmigen, weil es irgendwelche Vorgaben von Unbekannt (!) gibt - oft nur in vorauseilendem Gehorsam in der eigenen ängstlichen Einbildung. Überall lauern verbale Tretminen. Gewisse Themen dürfen auf keinen Fall angesprochen werden – gewisse Wahrheiten keinesfalls angezweifelt werden. Wer Anfragen an Führungskräfte stellt – erhält entweder nie eine Antwort oder wird unpersönlich per Email abgefertigt, ohne Anrede und in nur wenigen Zeilen.

Die „guten" Führungskräfte sind schon in die Rente verschwunden, was nachkommt sind Psychos, Karrieristen und Flaschen aus Seilschaften, die es nach oben zieht. Wer nichts arbeitet, macht bekanntlich auch keine Fehler und fällt nicht unangenehm auf. Seine Untergebenen zu schützen und zu verteidigen, dazu hat fast keiner mehr das Rückgrat. Regelmäßig finden nervöse Management-Eskalations-Notfalls-Meetings statt, auf denen sich die Führungskaste irgendwelche wahnwitzigen Schein-Lösungen einfallen lässt.

Man könnte den Führungsapparat auf wenige Leute reduzieren und hätte jährlich Millionen gespart. Eine neu eingestellte Führungskraft weiß seit über einem halben Jahr, dass sie die Stelle antreten wird, ist aber mit der Wohnungssuche endlos überfordert und sucht per ausgehängtem Flugblatt händeringend eine Unterkunft. Da sag ich nur: vorbildliche Selbstständigkeit! Makelloser Lebenslauf mit Bestnoten in allen Fächern und Elite-Unis besucht, aber unfähig den eigenen Alltag auf die Reihe zu kriegen. Ein weiterer Punkt wäre die Maß- und Verhältnislosigkeit, die in allen Bereichen um sich greift. Das Unwichtige wird wichtig und umgekehrt, z.B. gehen neuerdings Parkplatzregelungen und Büropflanzen-Begrünungen vor Leistungsbeurteilungen und Mitarbeitergesprächen.

Es herrscht die Angst vor, „Low Performer" zu sein und nicht zu genügen. Nur kann man eigentlich niemals genügen, da die Aufgaben, Zuständigkeiten und Rollen gar nicht klar schriftlich definiert sind. Wie soll jemand schlechte Arbeit leisten, wenn man sich zuvor nie geeinigt hat, was von der Person überhaupt erwartet wird? Es gibt für Tarifmitarbeiter bis zu 30 % Leistungszulage. Diese ist nach meiner Beobachtung zufolge meist eine Schmerzens-, Blut-, Nerven- sowie Unterwürfigkeits- und Angepasstseins-Zulage.

In so einem Laden halte ich es nur aus zwei Gründen aus: a) Bezahlung ist OK und b) die nächsten Kollegen sind recht umgänglich. Ich habe schon bei anderen DAX-Läden reinschnuppern dürfen und ähnlichen Unfug beobachtet. Wieviel billiger könnte man die Produkte herstellen, wenn man auf all den Zertifikate, Normen, Prozess-Selbstbeweihräucherungs-Unsinn und Pseudo-Führungs- und Mitlaberpfeifen verzichten und das ganze an einen kleinen Mittelständler vergeben würde? Der DAX-Konzern-Knecht meldet sich mit einer kurzen, aber 100% wahren Pointe zum Thema Beschäftigungsfelder und Spezialisierungen im Grosskonzern: „Planung und Implementierung einer pferdegestützten Präventionsmaßnahme zur Verbesserung von Gesundheitsverhalten in Unternehmen", „Möglichkeiten und Grenzen des Einsatzes pferdegestützter Personalentwicklungsmaß-

nahmen". Bei uns arbeiten soweit mir bekannt nur Menschen (na gut ein paar Dackel, Schafe und Affen sind dabei) - aber sicher keine Pferde.

Hier handelt es sich wohl um ein fiktives, virtuelles Beschäftigungsfeld." Es ist absolut irre, was in diesen Konzernen vorgeht und wie ineffektiv sie in Wirklichkeit sind. Diese ganzen Bürokratien kann man problemlos entfernen und es wird geschehen, wenn der Zugang zum Kapitalmarkt versiegt. Das böse Geheimnis hinter den Konzernen: sie sind meist schwerst verschuldet. Nur deswegen können sie sich das derzeit noch leisten.

„Früher waren Sklaven angekettet und trugen ein Brandzeichen, heute genügen die Steuernummer und ein Bankkredit."–
hartgeld.com Leser

Kreditsklaven:
Hier sind wir nun beim wichtigsten Versklaver unserer Zeit, der die Karrieristen Würmer fressen lässt: die Privatverschuldung, es wurde in den Leserzuschriften oben schon angesprochen.

Wenn ich mich an die 1960er Jahre zurückerinnere, da war das mit Hausbau & Co. so: Das Geld für das Baumaterial wurde aus dem Einkommen angespart. Dann half die ganze Familie und Umgebung mit, das Haus zu bauen. Handwerker wurden nur dort eingesetzt, wo es unbedingt notwendig war. Kredite dafür gab es kaum und falls man einen bekommen hätte, war die Angst davor meist zu gross.

Autos wurden durch Ansparen gekauft, ebenso alle anderen Gegenstände. Vielleicht hat man sich bei Verwandten und Bekannten Geld geborgt, denn die Anforderungen der Banken waren enorm. Kredite gab es schon, aber meist nur für gewerbliche Investitionen, wo der Ertrag aus der neuen Produktion den Kredit abzahlt. Solche Kredite nennt man „selfliquidating". Die heutigen Konsumkredite müssen aber meist aus einem Gehalt abbezahlt werden, liquidieren sich nicht selbst durch das Anschaffungsgut, man nennt sie daher „non-selfliquidating". Wenn das Gehalt ausfällt, fällt auch die Kreditrückzahlung aus.

Nachfolgend eine Übersicht über die Arten der Schuldsklaverei.

Kredite für Wohnimmobilien:
Ja, Wohnhäuser und Eigentumswohnungen sind Konsum. In den USA ist es üblich, dass nach Abzahlung der 30-jährigen Hypothek das Haus, das so finanziert wurde, abgerissen werden kann, einfach weil es verbraucht ist. Bei uns werden die Häuser zwar solider gebaut, aber der Renovierungsbedarf ist nach dieser Zeit auch enorm, falls man das Haus zu einem guten Preis verkaufen möchte. Bei einer 40-jährigen Eigentumswohnung muss sowohl im Haus als auch in der Wohnung ständig repariert werden. Es ist einfach alles abgenützt. Das senkt nicht nur den möglichen Verkaufspreis, sondern es treibt auch die Betriebskosten hoch.

In Wirklichkeit steigt man mit einem Kauf auf Kredit meist schlechter aus als wenn man mietet. Man muss auch die Zinsen zahlen und diese machen je nach Zinsniveau oft mehr als das geliehene Kapital aus. Man zahlt immer: entweder an den Vermieter – oder an die Bank. Beim Mieten kann man sein Kapital gewinnbringender einsetzen, als es in der Immobilie stecken zu haben.

So war es etwa in Spanien bis etwa 2008 üblich, dass die Banken 120 % des Kaufpreises finanzierten. Damit wurden nicht nur die Nebenkosten bei einem Kauf abgedeckt, die bis zu 15 % des Kaufpreises betragen können, die Käufer konnten den Rest einfach ausgeben. Heute werden dort maximal 80 % des Kaufpreises finanziert und Millionen von Wohnungen stehen leer. Millionen von Spaniern haben sich mit solchen Käufen auf Subprime-Kredit genauso ruiniert wie Millionen von Iren oder Amerikanern. Solche Kredite nennt man „Subprime", da das Risiko der Nicht-Rückzahlung hoch ist. In der Tat sind die meisten dieser Kredite an Leute ohne Kreditwürdigkeit ausgefallen.

In manchen Zeiten, wenn die Banken vor Geld übergehen, beginnen sie solche Subprime-Kredite zu vergeben, denn mit der Ausweitung der Kreditsumme macht man dort Karriere. Aktuell scheint in Deutschland eine solche Subprime-Welle anzurollen.

Hier eine Leserzuschrift aus Deutschland an Hartgeld.com:

„*In unserer Kleinstadt (40.000 Einwohner) in NRW wird es immer verrückter. Zuwachs Immopreise in 2013 über 9 %! Meine selbstgenutzte hat sich in 6 Jahren verdoppelt (in Euro-Denomination).*

Vor einigen Tagen bekam ich eine Wohnung angeboten, AAA Lage, leicht renovierungsbedürftig, altengerecht, Kaufpreis 27 (!) Jahresnettokaltmieten (JNK). Habe vor einigen Jahren in angrenzender Großstadt 11,8 JNK bezahlt. Zwischen 12-14 JNK war man immer recht gut aufgestellt. Inzwischen habe ich alles verkauft. Der Makler sagte: Die Wohnung ist in 1 Woche verkauft und was soll ich den Lesern sagen? Er wird Recht haben. **Es geht den Deppenkäufern ausschliesslich um die monatliche Belastung.** *Zudem bekommen die Makler von den Banken einen Kickback, wenn Sie dicke 100 %-Finanzierungen mit langen Laufzeiten vermitteln. Es wird ein Riesenknall geben im Immosektor. Wohl dem, der dann all die unter Wasser stehenden Immos preiswert einsammeln kann.*"

Dieser Leser war Vermieter und hat inzwischen alles verkauft. Solche Zeiten wie jetzt sind gute Zeiten zum Verkaufen, aber nicht zum Kaufen. Und wie der Leser schreibt: „*Es geht den Deppenkäufern ausschliesslich um die monatliche Belastung*". Ja, die Anzahlung spielt auch eine Rolle. Diese sollte wie damals in Spanien Null sein.

Es geht natürlich noch verrückter: das ist der Kauf von Ferienhäusern und Ferienwohnungen auf Kredit. Die Zeitungen schreiben darüber sogar als „Altersvorsorge". Nichts ist unwahrer.

An die Risiken wie Wertverlust durch Wirtschaftskrise, Arbeitslosigkeit, Scheidung denkt natürlich niemand. Die denken alle nur: „kann ich mir das Haus heute finanziell leisten?".

Bei mir flattern regelmässig „Angebote für Massivhäuser" im Umland von Wien in den Briefkasten. Diese kosten um die 200.000 Euro und sind meist verkehrstechnisch schlecht erreichbar, was hohe Fahrtkosten und Fahrtzeiten zum Arbeitsplatz in Wien bedeutet. Meist sind nur um die 15.000 Euro Eigenkapital für die Nebenkosten aufzubringen – also sind das auch 100 %-Finanzierungen. Das Argument „Warum noch länger Miete zahlen?" ist immer gross aufgedruckt. Damit wendet man sich an niedrige Einkommensschichten, denn die Finanzierungsbeispiele zeigen eine monatliche Ratenbelastung von knapp unter 1.000 Euro an. Diese Reihenhäuser sind meist schlecht gebaut, um die Kosten zu senken und den Profit für den Bauträger zu erhöhen. Nach zehn Jahren kann man davon ausgehen, dass entweder der Kredit wegen Arbeitslosigkeit oder Scheidung schon untergegangen ist, oder das Haus massiv reparaturanfällig ist. Dann kommt der grosse Hammer: ein solches Haus ist von der Bank nur schwer zu verkaufen, daher ist die verbleibende Restschuld enorm hoch und muss in den kommenden Jahren vom Mund abgespart werden.

Weil wir gerade bei den rechtlichen und finanziellen Folgen eines umgefallenen Kredits sind. In Deutschland gibt es da die „Zwangsvollstreckungsunterwerfung"[65]. Das ist ein Papier, das man beim Notar unterzeichnen muss, der die Pflicht hat, den Unterzeichnenden aufzuklären. Damit gibt man praktisch alle Rechte an den Kreditgeber ab. Wikipedia beschreibt es so:

In der Praxis erfolgt anlässlich der Grundschuldbestellung in der Grundschuldbestellungsurkunde üblicherweise auch eine Übernahme der persönlichen Haftung samt Unterwerfung unter die sofortige Zwangsvollstreckung in Höhe des Grundschuldbetrages und ggf. der Nebenleistungen in das gesamte Vermögen. Die persönliche Haftungsübernahme ist ein von der eigentlichen Grundschuldbestellung zu trennender Vorgang. Es handelt sich dabei um ein abstraktes Schuldversprechen und wegen der Unterwerfung unter die sofortige Zwangsvollstreckung auch um einen gesonderten Vollstreckungstitel gemäß § 794 Absatz 1 Ziffer 5 ZPO. Aus der notariellen Urkunde kann damit die Zwangsvollstreckung sowohl in den belasteten Grundbesitz als auch in das gesamte sonstige Vermögen erfolgen, ohne dass hierzu ein Urteil erforderlich ist.

Dieses Dokument ist also bereits ein Vollstreckungstitel, den die Bank sofort dem Gericht zur Exekution übergeben kann. Die Bank kann einem nicht nur das mit dem Kredit finanzierte Haus wegnehmen, sondern alles

---

[65] http://de.wikipedia.org/wiki/Grundschuld#Pers.C3.B6nliche_Schuld.C3.BCbernahme_und_Zwangsvollstreckungsunterwerfung

andere Vermögen auch. Auch in den anderen Staaten gibt es solche Mechanismen. Zuerst wird die aushaftende Kreditsumme fällig gestellt. Wenn nicht gezahlt werden kann, was üblich ist, wird exekutiert.

Die Bank verlangt das als Kreditsicherung. Bei der Unterzeichnung fragt vermutlich kein Hauskäufer, ob es auch gegen ihn angewendet werden könnte. Ich schätze, dass 40 % aller Hypotheken vor Ablauf der Laufzeit ausfallen dürften – in normalen Zeiten. Wie gesagt, an Unfälle, Arbeitsplatzverlust oder Scheidung denkt dabei niemand, der „Hausbesitzerstolz" überstrahlt alles.

Es gibt noch etwas Schlimmeres: die Bürgschaft für einen Kredit. Kann der Kreditnehmer nicht zahlen, werden alle Bürgen zur ungeteilten Hand von der Bank herangezogen. Diejenigen Bürgen, die noch zahlen können, kommen dran. So ist es vielfach bei Scheidungen, dass beide vormaligen Ehepartner weiterzahlen müssen, einfach weil sie den Kredit gemeinsam aufgenommen haben, oder dafür gebürgt haben – auch wenn das Haus schon lange weg ist.

In Wirklichkeit geht es bei diesen Immobilien-Käufen auf Kredit um Prestige und „Hausherrenstolz", sie möchten „besser" sein als ein Mieter – und sind dafür bereit, 25 Jahre im Kredit-Hamsterrad zu laufen.

Hier ein Artikel in der Welt vom Juli 2015: „Loblied auf die Miete So wehren Sie sich gegen nervige Immobilienbesitzer"[66]:

Immobilienbesitzer nerven. Kennen Sie das Phänomen? Kaum hat sich jemand seinen Traum von der eigenen Wohnung oder dem eigenen Haus erfüllt, macht er alle Menschen schlecht, die Miete zahlen. Die Gespräche laufen immer gleich ab. „Was, du wohnst noch zur Miete?", schallt es einem mitleidig und gekünstelt überrascht entgegen.

Viel treffender kann man es nicht ausdrücken. Alle Risiken werden ausgeblendet, wenn man mit der Schuldenburg angeben kann.

---

[66] http://www.welt.de/finanzen/immobilien/article143535341/So-wehren-Sie-sich-gegen-nervige-Immobilienbesitzer.html

Kommt eine Depression wie in Spanien oder Griechenland, dann fallen diese Kredite massenhaft um und die Immobilienpreise kollabieren. Zahlen wird am Ende der Sparer, denn diese Kredite sind weiterverliehene Sparguthaben anderer Leute. In Griechenland etwa gibt es derzeit schon Wohnungen und Häuser um 10.000 Euro zu kaufen, die noch vor einigen Jahren das 20-fache gekostet haben. Allerdings gibt es in diesem Land kaum mehr Kredite und 50 % aller Kredite sind schon ausgefallen.

Hier noch einige Beispiele aus Hartgeld.com, auf was sich die Schuldsklaven einlassen. Hier eines aus dem Umland von Wien in Österreich aus 2014, von einem Baufachmann:

„Was sich im Speckgürtel von Wien abspielt, übertrifft bereits jede Normalität. Rundherum entstehen neue Häuser, wachsen wie Pilze aus dem Boden.

Die Grundstückspreise betragen 300,- Euro/qm, 700 qm Fläche ist die Regel, dazu die Hütte mit vielen Features, locker um 800 bis eine Mille herum und manche auch weit darüber. Hier handelt es sich um einfache Ehepaare, die beide ihren täglichen Sklavendienst antreten! Viele Bauten sind unfertig, die Menschen haben sich total verkalkuliert, wurden von den ausführenden Firmen im Stich gelassen.
Wenn ich sehe wie teilweise gearbeitet wird, dann ist der Bauschaden oft vorprogrammiert. Ausführende Firmen hängen ihre Bautafeln hin, wo schon der Firmenname eher einem Kabarett-Stück gleicht, als einer erstzunehmenden, fachkompetenten Gesellschaft. Umgeben von so viel einheitsdenkenden Falschdenkern, sich bis an das Lebensende versklavten Träumern, ist es ein unglaublich schönes Gefühl, FREI ZU SEIN!"

Bei den oben genannten Grundstückspreisen kostet alleine der Baugrund schon über 200.000 Euro. Die derzeit niedrigen Zinsen führen einfach in die Verblendung. Ausserdem verstehen diese Leute nichts von Bautechnik, lassen sich jeden Mist andrehen. Hier noch ein Beispiel aus Deutschland:

„Das ist hier in Süddeutschland ähnlich. Da werden auch Quadratmeterpreise von 200 Euro aufgerufen, aber in Kleinstädten mit 10.000 Einwohnern. In Oberzentren mit 100.000 Einwohnern sind es dann schon 400-500 EUR, in

Stuttgart oder München gehen die Quadratmeterpreise dann voll durch die Decke. Hinzu kommt dann natürlich noch immer die Grunderwerbssteuer und Notargebühren. Ich kenne viele Leute, die in den letzten 5 Jahren rund 500.000 bis 1.000.000 EUR ausgegeben haben für ein Baugrundstück und das Errichten eines Einfamilienhauses. Alle haben Folgendes gemein: verheiratet, Alter zwischen 30 und 40 Jahre, Lohnsklave, Akademiker, 80-90 % Fremdkapital. Gibt ein „rude awakening".“

Und jetzt wird es hart: Es kommen Leserzuschriften herein, wo Ehemänner sich beklagen, dass die Frau sich von ihnen scheiden lässt, nur weil er diesen Kredithaus-Wahn nicht mitmachen möchte. Man ist einfach nichts ohne „eigenes" Haus, auch wenn es zu 100 % der Bank gehört. Es geht hier um Prestige und Mitmachen mit der Masse.

Leasing-Autos:
Der nächste grosse Brocken an Privatverschuldung sind Leasing und Kredite für den Autokauf. So werden nach Aussagen von Autoverkäufern etwa 95 % aller neuen Audis und BMWs mit Leasing finanziert. Die meisten neuen SUVs, die auf der Strasse herumrollen, ebenfalls. Kredite für den Autokauf gibt es erst seit den 1970er Jahren, ab den 1990ern wurde das Leasing populär und ist heute die häufigste Finanzierungsvariante. Meist verdienen Händler und Autoverkäufer am Leasingvertrag mehr als am Autoverkauf, daher drückt man Leasingautos mit aller Macht ins Volk. Leasing ist auch zum Marketing-Instrument geworden, denn damit kann man die wahren Kosten besser verstecken. Ausserdem bleibt die Bank der legale Besitzer des Autos und kann das Auto bei Nichtzahlen der Leasingraten, oder anderen Verstössen gegen den Leasingvertrag, abholen. Dadurch sind die Bonitätskriterien geringer.

Eigentlich sind diese Leasingverträge richtige Knebelverträge, die dem „Autokäufer" alle möglichen Pflichten auferlegen: so darf er nicht in bestimmte Staaten mit hohem Diebstahlsrisiko fahren, muss das Auto vollkaskoversichern, muss es in Markenwerkstätten warten und reparieren lassen, usw. Macht nichts, der Neuwagen-Besitzerstolz lässt die Masse auch solche Verträge unterschreiben. Durchlesen tut sie ohnehin fast niemand.

In der automobilen Oberklasse ist es die Sucht nach Prestige, wofür die Leute solche Knebelverträge unterschreiben. Weiter unten wird gezielt an die Unterschicht verkauft. So sieht man in Tageszeitungen ganzseitige Inserate, wo Kleinwagen mit Null Anzahlung und 99 Euro Monatsrate angeboten werden. Sogar die Vollkaskoversicherung für das erste Jahr ist schon inkludiert. Dafür ist der angenommene Restwert so extrem hoch, dass nach Ende des Leasingvertrages enorm nachzuzahlen ist. Macht nichts, ist ja erst in 5 Jahren – oder wenn der „Repo-Mann" der Bank das Auto wegen Nichtzahlens holt.

Wohin das bei einer Wirtschaftskrise führt, konnte man sich in Lettland ab 2008 ansehen. Da wurde das Land zum Auto-Nettoexporteur, obwohl es keine Autoindustrie hat. Die Banken haben enorm viele Autos eingezogen und ins Ausland verkauft. Ähnliches geschah in Griechenland, da tauchten etwa gebrauchte SUVs aus Griechenland in Deutschland auf.

Wohin wollen die Banken bei einer globalen Depression, die kommen wird, die Autos verkaufen? Am Ende wird der Sparer bezahlen, denn Auto-Leasing ist meist Konsum-Kredit. Auch die privat nutzbaren Firmenautos der Manager sind Konsum und fast immer per Leasing finanziert.

Man kann die Autoindustrie in einer globalen Depression gleich einmal für einige Jahre zusperren, so wie es Henry Ford in den 1930ern in den USA gemacht hat. Damals wurden die Autos mit Ratenkrediten finanziert, die es danach für längere Zeit nicht mehr gab, da sie reihenweise umfielen und die finanzierenden Banken pleite gingen.

Hier zum Abschluss noch eine Leserzuschrift an Hartgeld.com aus Österreich:

> *„Idioten-Unternehmer in Wien: Habe einen unglaublichen Fall zu dokumentieren. Es geht um einen, vor zwanzig Jahren eingewanderten Handwerk-Meister in Wien. Er hat fünf Beschäftigte, drei kleine Leasing-LKW und ein Büro mit Sekretärin. Er ist 35, ledig, Puffgeher und hat zusätzlich zwei Chef-Autos auf Leasing: einen BMW X6 und einen Mustang!*

Natürlich darf die Eigentumswohnung mit CHF-Kredit auch nicht fehlen und seine Aussage, als ich ihn auf die Aufwertung ansprach: ich verstehe nicht, weshalb mein Kredit teurer wird, wenn der Franken auf 1,20 geht, da ist der Euro doch sehr viel gestiegen – meinte er. Also es scheitert schon bei den Grundrechnungsarten!

Das Beste aber zum Schluss: der Schlauberger hatte gerade eine umfangreiche Steuerprüfung und muss 220.000 Euro nachzahlen. Viel Spaß wünsche ich ihm!"

Viele Unternehmer arbeiten so; im nächsten Kapitel kommen noch einige Fälle. Es wird ja auch von allen empfohlen, sich gleich zur Firmengründung ein richtiges Chefauto zuzulegen. In diesem Fall sind es gleich zwei. Von Krediten versteht er gar nichts, ausser dass monatliche Raten zu zahlen sind. Wie sie zustande kommen, ist ihm egal. Diese Steuerprüfung wird ihm sicher das Genick brechen, denn so viel Geld hat er sicher nicht. Wahrscheinlich hat er das Geld für seinen privaten Konsum direkt aus der Firma entnommen, ohne Steuern zu zahlen.

Konsumkredite:
Auf den Webshops der Versandhäuser werden inzwischen schon Waren um 50 Euro auf Ratenzahlung angeboten. Im Möbelhandel soll ohne Kredit fast nichts laufen. Ebenso werden die riesigen Fernsehgeräte um mehrere 1.000 Euro meist auf Kredit gekauft. Waschmaschinen werden bereits per Leasing angeboten.

Das führt im Endeffekt dazu, dass die Konsumenten so viele Kreditzahlungen leisten müssen, so dass ihr Einkommen dadurch schon fast aufgebraucht wird. Sie haben kein frei verfügbares Einkommen mehr.

Hier einige Leser-Beispiele von meinem Webportal Hartgeld.com[67]:

---

[67] http://www.hartgeld.com/verschuldung.html

IT-Unternehmer und Millionär ohne Schulden (Deutschland):

„Das ist der typische Modus Operandi sämtlicher Schafe – egal ob Angestellter oder Unternehmer. Das Geld wird rausgeworfen wie es herein kommt. Je nach Cash-Flow wird eben mehr rausgeschmissen: in den unteren Chargen ist es die Kreuzfahrt mit dem Club-Schiff, in den höheren Chargen sind es Porsche, Rolex und das eigene Boot oder Jacht. Ab der Mittelschicht gehört „keeping up with the Joneses" einfach zum guten Ton. Die wird es alle zerreißen, weil deren Rücklagen i.d.R. nur für Tage, bestenfalls für wenige Wochen reichen.

Das Problem vieler Unternehmer ist, dass sie nichts auf die Seite legen können. Sie verkonsumieren wie die Schafe sofort sämtliche Einkünfte und sind dann bei Investitionen auf Bankkredite angewiesen, die sie häufig nur mit einer entsprechenden persönlichen Haftung bekommen oder sogar Bürgen benötigen. Gestern wurde mir der Fall eines 31-jährigen Geschäftsführers einer IT-Firma bekannt, der einen neuen Porsche 911 und einen BMW Geländewagen fährt und auch sonst gerne auf großem Fuß lebt. Hier kann davon ausgegangen werden, dass alles auf Pump gekauft ist – um den schönen Schein vom super erfolgreichen Yuppi-Unternehmer zu suggerieren und zu prahlen. Rücklagen dürfte dieser jedenfalls nicht in nennenswertem Umfang haben."

Leser von Hartgeld.com: aus der Inkasso-Praxis (Deutschland):

„Ich arbeite in einem Inkassobüro und habe für mich persönlich jeden Tag „Schockmomente", da ich einfach anders erzogen wurde. Es ist unglaublich, wie dreist und/oder dumm man eigentlich sein kann, manchmal ist es auch einfach nur noch traurig. Nicht jeder kann etwas für seine Verschuldung.

Hier mal ein paar Beispiele, die immer öfter vorkommen, also keine Einzelfälle sind:

- *Schuldner, die sich Krimskrams kaufen (Flipperautomaten und andere Spaßbringer (im Bereich von wenigen hundert Euros)) und natürlich nicht zahlen, bitten uns darum, Forderungen jahrelang zu stunden oder ganz darauf zu verzichten, weil sie sonst ihren Kindern nichts mehr zu essen auf den Teller legen können.*

* Schuldner, die sich teure LCD-Fernseher oder auch Smartphones (locker 500 – 1000 Euro) bestellt haben, um uns anschließend einen Ratenzahlungswunsch von 5 – 20 Euro vorzulegen. ALG II Bescheid direkt im Anhang. Die machen sowas nicht zum ersten Mal.
* Schuldner, die in Extremfällen unter 1.000 Euro Gesamtschulden haben, gehen in die Insolvenz.
* Schuldner, die nach der Insolvenzeröffnung weiter munter auf Kredit Sachen bestellen.
* Schuldner, die schöne Sachen bestellt haben, eine Ratenvereinbarung mit uns getroffen haben, aber ihre 15 Euro-Raten nicht zahlen können, weil sie ja doch das Geld für den Urlaub benötigen.
* Eltern, die Sachen über den Namen ihrer Kinder bestellen, welche noch nicht einmal das Sprechen erlernt haben.
* Schuldner, die die Gesamtforderung von 50 Euro in Raten zahlen möchten, weil sie die Warenlieferung von 15 – 30 Euro nicht zahlen konnten.

Das sind jetzt ein paar Fälle, die mir spontan eingefallen sind. Es gibt mit Sicherheit noch mehr. Natürlich gibt es auch normale Fälle, in denen einfach eine falsche Bankverbindung angegeben wurde oder auch einfach vergessen wurde, zu zahlen. Manche legen es aber wirklich drauf an."

Das sind Beispiele des Konsumwahns auf Kredit wie sie heute allgemein sind. Man sieht an diesen Beispielen auch gut, wie enorm der Druck, zu konsumieren und Herzuzeigen in unserer Gesellschaft ist. Das beginnt bei Markenbekleidung für die Kinder, über das neueste Smartphone für Jeden und weiter bis zum Luxus-SUV. Wie weit das geht, zeigt diese Leserzuschrift aus Österreich an Hartgeld.com[68]:

„Beim Flanieren durch die Wiener Innenstadt vor einigen Tagen günstige Abverkäufe gesichtet: Unbrauchbare Jacke um 699 Euro, Mamba-shirt um 79,90 Euro und zerrissene Jeans um wohlfeile 439 Euro…
Der Markennamen „True Religion" ist bezeichnend für die seelisch verwahrloste Glaubensgemeinschaft an Konsumsklaven, die sich nur mehr über Marken definieren können.

---

[68] https://www.hartgeld.com/service/archiv/33-archiv/637-gesellschaft-2014.html

Dazu passt die Meldung eines Freundes, seines Zeichens engagierter und bescheiden lebender Gymnasiallehrer, mit tiefen Einblick in die Lebensgewohnheiten der Familien seiner Schüler: Dieser berichtete mir kürzlich, dass einige Eltern massive finanzielle Anstrengungen unternehmen, um deren Kindern einen Rauswurf aus deren Clique zu ersparen. So abartig das klingen mag: die Eltern ziehen es vor, ihre Kinder mit iPhones und Markenklamotten auszustatten als dass sie ihre Vermögensverhältnisse ins Lot brächten. Einige verfügen nicht einmal über Betten und schlafen auf irgendwelchen Matratzen. KEIN WITZ!"

So weit geht es also: die Markenklamotten sind wichtiger als Betten. Was die überall sichtbaren Leute mit den werksseitig zerrissen Jeans damit wollen, ist mir unbekannt. Offenbar ist das in irgendwelchen Cliquen gerade „In".

Man kann den Konsum heute wirklich als „True Religion", sehen, ein Grossteil der Bevölkerung läuft ständig im Hamsterrad dafür. Und der jeweilige Finanzminister samt Sozialminister greift dabei gleich etwa 70 % an Steuern und Abgaben ab. Auch das bemerken die Konsumschafe nicht, weil andere diese Steuern für sie abliefern.

Keeping up with the Joneses:
Dieses Mithalten müssen mit den anderen beginnt von spätestens der Mittelschicht aufwärts. Besonders stark ist es bei der Jugend. Wenn die Clique zerrissene Jeans um Riesensummen will, dann muss sie jeder tragen, egal wie blöd das aussieht oder wie teuer es ist. So gibt es etwa in Modefirmen eigene „Trend Scouts", die besonders die Unterschicht-Ghettos nach neuen Bekleidungstrends durchsuchen. Diese werden dann nachproduziert und der Mittelschicht-Jugend als neuester Schrei verkauft.

Weiter oben muss es dann der SUV sein, der natürlich mittels Leasing finanziert wird. Bei den grünen Angebern selbstverständlich der Hybrid-SUV. Das neueste Smartphone muss auch sein, da gibt es inzwischen zwei religiöse Schulen: die eine, eher linksgrüne Schule, will nur das Apple iPhone, die andere Schule steht auf Samsung Galaxy. Das neueste Gerät kostet meist ab 600 Euro, die Vorgänger-Generation nur die Hälfte. Abgestottert wird das meist über mehrere Jahre über die Bonuspunkte der Mobilfunkvertäge.

Ganz oben muss es dann die Yacht sein, grosse Prestige-Villen samt Ferienhaus sind schon selbstverständlich. Diese Typen unterscheiden nicht zwischen Eigenkapital, Privatkredit, Firmenkapital oder Firmenkredit. Solange etwas da ist, wird ausgegeben. Man erinnere sich nur an den Yachtlängen-Wettkampf russischer Oligarchen. Egal, wie dekadent ein Konsumtrend ist, er muss nachgemacht werden.

> *„Viele Menschen benutzen das Geld, das sie nicht haben, für den Einkauf von Dingen, die sie nicht brauchen, um damit Leuten zu imponieren, die sie nicht mögen."* –
> Walter Slezak

Wer hat Interesse an der Sklaverei?

Ganz einfach: die Obrigkeit. Sei es der Staat, der Arbeitgeber, die Banken, die Wirtschaft. Der Staat bekommt brave Steuerzahler, die immer mehr abliefern müssen, die Arbeitgeber brave Lohnsklaven, die ihren Job sichern und Karriere machen müssen. Die Banken verdienen mächtig an den Zinsen der Schuldsklaven und der Weiterreichung der Schuldtitel an Investoren aller Art. Die Wirtschaft bekommt Konsumenten und kann wachsen.

Diese Art von Sklaverei ist einerseits von selbst gewachsen, indem Kredite leichter verfügbar wurden, auf der anderen Seite hat man durch Werbung und Propaganda in den Medien auch kräftig nachgeholfen. Das ganze, frühere Kapitel über Poltical Correctness ist ohne diese Form der Sklaverei gar nicht zu verstehen. Nachdem fast alle abhängig beschäftigt und verschuldet sind, können sie sich einen Jobverlust einfach nicht leisten. Und die PC droht genau das an, wenn man nicht spurt.

Frei ist nur, dessen Einkommen von keinem Job abhängt und der nicht verschuldet ist.

> *„Glückliche Sklaven sind die erbittertsten Feinde der Freiheit!"* –
> Marie Freifrau Ebner von Eschenbach

2.5. Der Stimmenkauf mit Staatsausgaben hat einmal sein Ende

Wie bereits früher erwähnt: Staatsausgaben sind heute fast reiner Konsum. Und wenn wirklich etwas „investiert" wird, dann meist in Prestigeprojekte. Beispiele sind die Elbphilharmonie in Hamburg oder der Koralmtunnel in Österreich. Beide braucht man wirklich nicht, aber für verschiedene Politiker scheinen sie wichtig zu sein. Auch die Austragung grosser Sportwettkämpfe wie die Skandal-Fussball-WM in Brasilien 2014 gehört dazu.

Zur gleichen Zeit verfallen die Strassen und andere Infrastruktur. So sollen etwa 20 % aller Brücken in Deutschland erneuerungsreif sein. Dafür ist kein Geld da, aber für Fledermausbrücken über neue Autobahnen oder die Durchfütterung von Asylantenmassen, die ins deutsche Sozialsystem strömen, schon.

Staatsausgaben, die eindeutig dem Konsum zuzurechnen sind:

* die Ausgaben für die meisten Beamten
* die Ausgaben für die meisten Schulen und Universitäten
* die Ausgaben für einen Grossteil der Forschung
* alle Sozialausgaben, wie Kindergeld, Hartz-4, Pensionen, Renten
* die Ausgaben für alle Prestigeprojekte
* ein Grossteil der Ausgaben für Strassenprojekte wegen Umweltauflagen
* ein Grossteil der Subventionen
* alle Ausgaben für internationale Organisationen wie EU oder UNO
* alle Ausgaben für Entwicklungshilfe
* usw.

Diese Ausgaben für staatlichen Konsum schaffen keinen zukünftigen Mehrwert, sondern verschwinden einfach in den Taschen der Empfänger, die sie verkonsumieren.

Die Staatsquote liegt heute im Westen bei etwa 50 % des Bruttosozialprodukts, ist also enorm hoch. Vor 100 Jahren war sie vielleicht 10 %, die Steuern waren damals viel geringer.

Es sind unzählige Parasiten-Klassen entstanden: Politik und Staats-Bürokratie (wird zur eigenen Parasiten-Klasse) „erfinden" immer mehr Aufgaben und „Abhängige", die sie „betreuen" können:

- Sozialleistungs-Empfänger aller Art
- Früh-Rentner (oft schon mit 25 Jahren)
- Umwelt-Bürokratie, etwa Lurche-Zähler
- Asylanten werden mit Sozialhilfe angezogen
- Grosse Teile des Wissenschafts- und Universitätsbetriebes

Überall wird gespart, aber nicht bei der Bürokratie. Selbst in bankrotten Einheiten wie Berlin nicht (die bauen gerade ein Stadtschloss). In den meisten westlichen Ländern leben über 50 % mehrheitlich von Staatsgeldern. Das ist Joberhalt/Vermehrung/Status für Bürokraten.

„Eher wird ein Löwe freiwillig zum Vegetarier, als dass ein Politiker spart!"–
Walter K. Eichelburg (empfohlen von hartgeld.com Leser)

Subventionen für die Günstlinge:

Zu den vom Staat Begünstigten gehören nicht nur die oben erwähnten Parasiten-Klassen, je nach Land gibt es unterschiedlich grosse Bereiche staatlicher Wirtschaft. Dazu gehören etwa fast alle Eisenbahnen in Europa, die Strassennetze, die Wasserversorgung, teilweise die Versorgung mit Elektrizität und Diensten wie Müllabfuhr, der gigantische Komplex von Krankenhäusern und vieles mehr.

Alle diese Bereiche bieten den Angestellten meist exzellente Arbeitsbedingungen und hohe Gehälter. Die Jobsicherheit ist hoch, diese staatlichen Betriebe haben meist starke Gewerkschaften. Man könnte zur Ansicht kommen, dass diese Betriebe meist nur das Interesse ihrer Angestellten als Fokus haben, nicht ihren Kunden zu dienen. So ist es etwa bisher nicht gelungen, in Griechenland diese Betriebe zu privatisieren, kein Investor wollte sich das bisher antun. Dieser hohe Aufwand wird entweder durch hohe Monopolpreise von den Konsumenten hereingeholt, oder über den Umweg von Subventionen über Steuern.

Der Horror-Subventionierer ist eindeutig die EU, die mit unserem Steuergeld nur so herumwirft. Das grosse Geld geht dabei nicht in die 50.000 überbezahlten EU-Beamten, sondern in die Landwirtschaft und in die Regionalförderung. Es sind in diesem Buch einige Beispiele solcher Unsinns-Förderungen durch die EU verstreut. Es würde den Rahmen sprengen, darüber detaillierter zu berichten. Solche selbsterklärenden Witze kursieren im Internet:

Ein deutscher Bürgermeister hat zwei seiner Amtskollegen zu Gast, einer aus Italien, einer aus Griechenland. Nachdem tagsüber Geschäftliches besprochen wurde, lädt der deutsche Politiker seine zwei Gäste zum Abendessen zu sich nach Hause ein. In seiner Mietwohnung serviert die Frau abends deutsche Küche und alle lassen es sich schmecken.

Im nächsten Jahr lädt der italienische Bürgermeister seinen deutschen Gast nach Italien ein. Tagsüber werden geschäftliche Dinge besprochen und abends lädt der Italiener den Deutschen zu sich nach Hause ein. Der deutsche Bürgermeister ist baff, der Italiener hat ein tolles Haus mit großem Grundstück, einen kleinen Pool, eine schöne Auffahrt zur Garage, daraus lugt ein schöner BMW. Vorm Haus feiner Rasen und schmucke Bäumchen. Der deutsche Bürgermeister fragt: „Wie können Sie sich denn das leisten?" Sagt der Italiener: „Siehst Du hier drüben die große Brücke? Wir haben von der EU 2 Millionen Euro für eine mit zwei Fahrspuren bekommen. Ich hab mir die Hälfte eingesteckt, die Brücke einspurig bauen lassen und der Verkehr wird über eine kleine Ampel geregelt."

Im dritten Jahr wird der Deutsche von seinem griechischen Amtskollegen eingeladen. Tagsüber werden geschäftliche Dinge besprochen und abends lädt der Grieche den Deutschen zu sich nach Hause ein. Dem deutschen Bürgermeister fällt die Kinnlade runter. Der Grieche wohnt auf einem riesigen Anwesen, der Zaun vergoldet, der Weg zu den Garagen ist mit Marmor gepflastert, davor stehen eine S-Klasse, ein 911er und der Roadster der Frau. Neben dem Haus ein riesiges Schwimmbecken, dahinter ein Hubschrauberlandeplatz. Feinster englischer Rasen ist im Garten zu sehen, die Dienstmädchen bringen derweil gekühlten Champagner. Der Deutsche stammelt: "Wie kannst Du Dir denn DAS leisten?" Sagt der Grieche: "Nun, wir haben 5 Millionen Euro von der EU für den Bau einer sechsspurigen Brücke bekommen, siehst Du die da drüben?" Sagt der Deutsche: "Äääbm, nö!?"

Gerade in Südeuropa und in Osteuropa wird ein Grossteil der Subventionen per Korruption abgezweigt.

Jetzt sind wir bei der Landwirtschaft. Da fliessen nicht nur EU-Subventionen hinein, auch enorme nationale Subventionen. Ausserdem sind die Bauern in vielen Gebieten wie dem Steuerrecht privilegiert. Hier ein Artikel aus 2014 in der Presse, wer in Österreich Subventionen unter dem Titel „Landwirtschaft" bekommt: Landwirtschaft: Wer die Agrarmillionen bekommt[69]:

Die EU-Länder lassen sich die Landwirtschaft einiges kosten. Rund 2,1 Milliarden Euro Agrarförderungen werden allein in Österreich pro Jahr verteilt – Mittel der EU, des Bundes und der Länder. Aber nicht alles Geld, das unter „Landwirtschaft" firmiert, bekommen die Bauern. Unter dem Titel Agrarpolitik wird längst auch Strukturpolitik betrieben. Obwohl in der Öffentlichkeit stets der kleine, bäuerliche Familienbetrieb hochgehalten wird, den es mit den Subventionen am Leben zu halten gilt, finden sich unter den großen Beziehern vor allem Landwirtschaftskammern, Tourismus- und Vermarktungsgesellschaften, Lebensmittel- und Energiebetriebe, Stiftungen und kirchliche Einrichtungen.

Am meisten kassierte das Ländliche Fortbildungsinstitut Oberösterreich (3,4 Millionen Euro), gefolgt vom Waldpflegeverein Tirol (3,16 Millionen Euro) und der GRM Genuss Regionen Marketing (3,15 Millionen Euro). Ganz vorn sind auch dieses Mal Privatstiftungen: etwa die Stiftung Fürst Liechtenstein mit rund 1,3 Millionen Euro. Laut Watchdogs flossen 2013 etwa 3,1 Millionen Euro an Stiftungen. Kirchliche Einrichtungen erhielten rund 3,7 Millionen Euro. Auch das Nobelrestaurant Steirereck wurde mit 10.628 Euro gefördert.

---

[69] http://diepresse.com/home/wirtschaft/economist/3814136/Landwirtschaft_Wer-die-Agrarmillionen-bekommt

Das sind also die Günstlinge der „Landwirtschafts"-Subventionen. Gerne subventionieren die Politiker auch Pleitebetriebe, um die „Arbeitsplätze zu retten". Das ist in anderen EU-Staaten auch nicht anders, nur ist dort oft der Korruptions-Anteil grösser. Die Schweiz steht der EU bei der Subventionierung der „Landwirtschaft" keinesfalls nach, übertrifft sie sogar noch.

So und jetzt zu den von den Politikern heiss geliebten Eisenbahnen. Diese sind fast überall in Staatsbesitz und fressen Monstersubventionen. Hier ein Artikel in der Presse über die österreichischen Eisenbahnen ÖBB: ÖBB: 102,5 Millionen Euro Gewinn und mehr Fahrgäste[70]:

Die Finanzverbindlichkeiten stiegen um 601 Millionen auf 20,778 Milliarden Euro. Für den Personenverkehr fielen über die Gemeinwirtschaftlichen Leistungsverträge 618,8 Millionen Euro (2012: 607,0 Millionen Euro) vom Bund an. Der Güterverkehr (Rail Cargo Austria) erhielt 77,6 Millionen Euro (2012: 77,2 Millionen). Die Infrastruktur bekam den größten Brocken: Der Beitrag des Bundes für Erweiterungs- und Reinvestitionen schlug mit 517,5 Millionen Euro (2012: 454,4 Millionen) zu Buche. Für Betrieb, Wartung und Instandhaltung wurden vom Bund 1.151,4 Millionen (2012: 1.086,1 Millionen) zur Verfügung gestellt - insgesamt also 1.668,9 Millionen Euro für die Infrastruktur.

Das ist natürlich nur die halbe Wahrheit. Wie bei diesen ausgewiesenen Subventionen von ca. 2,3 Milliarden Euro pro Jahr ein „Gewinn" herausschauen soll ist rätselhaft. Und es wird kräftigst aufgeschuldet, für die Schulden der Eisenbahnen haften überall die jeweiligen Staaten. Die österreichischen Eisenbahner gehen immer noch mit unter 54 Jahren in Pension, die dann immer noch stattlich ist. Zum Glück sind sie nicht im Dauerstreik wie ihre Kollegen in Frankreich.

Hier ein Artikel im Wirtschaftsblatt von Juli 2015 über die ÖBB: 25 Jahre ÖBB-Reform – oder: Wo unsere Staatsschulden herkommen[71]:

---

[70] http://diepresse.com/home/wirtschaft/economist/1598367/OBB_1025-Millionen-Euro-Gewinn-und-mehr-Fahrgaeste?_vl_backlink=/home/index.do
[71] http://wirtschaftsblatt.at/home/meinung/kommentare/4767601/25-Jahre-OBBReform-oder_Wo-unsere-Staatsschulden-herkommen?_vl_backlink=/home/index.do

Seit 25 Jahren wird an unserer Bahn herum-reformiert, mit dem Ziel, ihre Kosten zu reduzieren. Der Erfolg, plakativ gerechnet: Gäbe es die Bahn nicht, könnte Österreich bereits schuldenfrei sein.

Im Gegenteil: Seit dem Kassasturz von 1987 sind die österreichischen Staatsschulden von 50 auf mehr als 260 Milliarden Euro oder von 50 auf mehr als 80 Prozent des BIP gewachsen. Fast 120 Milliarden (also fast 60 Prozent des Zuwachses) flossen in dieser Zeit auf dem einen oder anderen Weg in das System Bahn. Und das noch ohne Finanzierungskosten.

Wofür wurden diese 120 Milliarden Euro ohne Zinskosten in die ÖBB gesteckt? Für die Privilegien der Eisenbahner, die treue SPÖ-Wähler sind, also reiner Stimmenkauf. Das wird alles privatisiert und dann wird da drinnen richtig ausgemistet. Wenn die politische Klasse nicht gerade auf diese Art Geld verschwendet, tut sie dauer-wahlkämpfen, anstatt zu arbeiten.

Und jetzt zu den Theatern: in den USA werden die rein privat betrieben, in Europa müssen sie angeblich vom Staat betrieben werden. Hier ein Artikel in der Berliner Morgenpost von 2014 über die Theatersubventionen der Stadt Berlin: Wohin das Geld der Berliner Steuerzahler fließt[72]:

Der Berliner Senat fördert im Bereich der Darstellenden Künste insgesamt 27 Bühnen und Ensembles institutionell, darunter vier Opernhäuser, drei Ballett- und Tanzkompanien, drei Kindertheater und mit dem Friedrichstadt-Palast Europas größte Showbühne. Dafür stehen jährlich über 215 Millionen Euro Verfügung.

So wurde 2012 jeder der 218.179 Besucher der Deutschen Oper mit 180,78 Euro bezuschusst. Das waren immerhin rund 39,27 Millionen Euro. Der höchste Zuschuss mit 240,30 Euro kam der Staatsoper für jeden ihrer 188.926 Besucher zugute, insgesamt 45,4 Millionen Euro. Berlin bezuschusst seine Opernstiftung mit jährlich etwa 120 Millionen Euro.

---

[72] http://www.morgenpost.de/berlin-aktuell/article123452254/Wohin-das-Geld-der-Berliner-Steuerzahler-fliesst.html

Wozu braucht das laut Ex-Bürgermeister Wowereit „arme" Berlin gleich vier Opernhäuser, bei denen jedes Ticket mit 180 Euro bezuschussst wird? Damit Berlin „sexy" bleibt? Bei den österreichischen Bundestheatern ist gerade ein riesiger Finanzskandal um das Burgtheater ausgebrochen, weil man Verluste verschleiern wollte. Alle diese Theater, die fürstliche Gagen bezahlen, sollte man entweder gleich zusperren oder privatisieren – aber ohne weitere Subvention. Nicht nur Theater werden im Kulturbereich subventioniert, auch Vereine aller Art, meist aus dem linksgrünen Spektrum. Und alle Subventionsempfänger sind dankbare Wähler der jeweiligen Regierungsparteien.

> *„MAN KANN NIEMAND ZUM ARBEITEN ZWINGEN, ABER MAN MUSS AUFHÖREN, DIE FAULEN MIT DEN GELDERN DER FLEISSIGEN ZU ALIMENTIEREN, UND MAN MUSS DIE KRIMINELLEN SO BEHANDELN WIE SIE ES BRAUCHEN!" –*
> *DER GROSSSCHREIBER*

Nur mehr die Mittelschicht erhält den Staat:

Wer zahlt wirklich Steuern?

- Die Reichen & Konzerne nicht: das Kapital flüchtet in Steueroasen
- Die Unterschichten kaum: die zahlen kaum Einkommenssteuer, nur Konsumsteuern, werden selbst grossteils vom Staat erhalten
- Beamte/Politiker nicht: deren Gehälter sind Steuern

Nur die Mittelschichten zahlen sie wirklich:

- Kleinere und mittlere Unternehmen
- Mittlere und höhere Angestellte

Die einzige Methode, auf die sich die Politik noch einigen kann: Steuer/Abgaben-Erhöhungen. Eingespart wird nicht, da sich dann sofort die Lobbies aufregen.

Besonders bei den Mittelschichten wird mehrfach und massiv abkassiert:

- Sie zahlen die meisten Steuern (Einkommen, Konsum).
- Sie werden zum Konsum auf Kredit animiert, bringt noch mehr (Konsum-) Steuern.
- Die Kredite erzeugen „Sicherheitsdenken"; dadurch kann man deren Gehälter reduzieren oder die Steuern erhöhen – ohne Rebellion.
- Mit Krediten (Statuskonsum für Haus, Auto) werden sie auf „Sicherheit" getrimmt, macht sie gefügig. Wer keine Hypothek zu bezahlen hat, ist Aussenseiter! Lebenslange Kredit-Knechtschaft ist das Ziel.

Ausserdem kennen sich diese Leute im System nicht aus, bzw. wollen auch gar nichts ändern. Sie denken bei Geld nur an die Konsum-Möglichkeit. Genau gesagt ist es so: dort wo wenig Widerstand zu erwarten ist, werden die Steuern erhöht. Es traut sich in den Mittelschichten kaum jemand aufzumucken, weil sie mit Arbeit und Konsum zu beschäftigt sind und ihre Kredite nicht gefährden wollen.

> *Die Wenigen, die das System verstehen, werden dermaßen an seinen Profiten interessiert oder so abhängig von seinen Vorzügen sein, daß aus ihren Reihen niemals eine Opposition hervorgehen wird. Die große Masse der Leute aber, geistig unfähig zu begreifen, wird seine Last ohne Murren tragen, vielleicht sogar ohne je Verdacht zu schöpfen, daß das System gegen sie arbeitet. –*
> *Gebrüder Rothschild, London, am 28. Juni 1863 an US-Geschäftspartner*

Das galt damals schon und gilt heute noch viel mehr. Ich hatte einmal mit einem bekannten Interessensvertreter des Mittelstands in Deutschland ein Gespräch, bei dem es um die Steuerbelastung der mittelständischen Wirtschaft ging. Er war felsenfest der Überzeugung, dass der Mittelstand die Steuervorteile der Kapitalgesellschaften nicht nützen könnte. Der Herr ist Akademiker und Angestellter, aber kein Unternehmer, denn sonst würde er sich im Steuersystem auskennen. Das Steuersystem in Österreich und Deutschland ist so: Einzelunternehmer zahlen bis zu 50 % Einkommenssteuer auf ihre Gewinne. Kapitalgesellschaften wie GmbHs oder AGs zahlen 25 % Körperschaftssteuer (in Deutschland zusätzlich Gewerbesteuer und Solidarbeitrag). Den verbliebenen Gewinn kann man entweder in der Firma lassen oder ausschütten. Dann zahlt man noch einmal 25 % Kapitalertragssteuer.

Konzerne haben meist mehrere Bilanzen: eine mit schönen Gewinnen für die Börse, eine andere mit minimierten Gewinnen für das Finanzamt. Ich mit meiner Mini-GmbH kann auch einiges machen, aber nicht so viel wie die Konzerne. Das Wesentliche daran ist: nicht ausgeschüttete Gewinne werden geringer besteuert als ausgeschüttete Gewinne. Fast jede mittlere bis grössere Firma ist heute eine Kapitalgesellschaft, um genau das machen zu können. Wie schon Rothschild vor 150 Jahren sagte: man muss das System verstehen, heute das Steuersystem. Wer hohe Konsumausgaben hat, zahlt wirklich viel Steuern.

Die staatlichen Teufelskreise:

Das stammt aus einem Seminar von mir.

- Typisch für das Ende eines langen Kreditzyklus (70 Jahre).
- Die Politik wird hilflos und reformunfähig.
- Eine echte Strukturreform des Systems ist erst nach einer Depression/Staatsbankrott und Beseitigung der Funktionseliten möglich.
- Die bestehenden Funktionseliten sind nur mittelmässig, ohne „Leaders", rein auf eigenen Machterhalt ausgerichtet – Selbstdarsteller.
- Am Ende ist es blanker Stimmenkauf zum Selbsterhalt der Politik.
- Bestehende Lobby-Gruppen machen jede Reform unmöglich.
- Am Ende eines Zyklus standen immer BÜROKRATIE, VERSCHULDUNG, STAATSBANKROTT.

Danach muss ein neues System mit weniger Bürokratie und Staatsausgaben aufgebaut werden. Wie dieses neue System aussehen wird, beschreibe ich in den späteren Kapiteln. Auch Gold als Basis für neue Währungen muss wieder kommen.

Die Wohlfahrts-Demokratie zerstört sich selbst:

Sobald die Wähler erkennen, dass sie sich Geld in die Tasche wählen können, sind sie verloren – das ist bei uns schon lange passiert:

- Dann gibt es mehr vom Staat Abhängige als Steuerzahler.
- Es werden nur mehr Populisten gewählt, die versprechen, die alten Besitzstände zu wahren und neue Wohltaten ankündigen.
- Die Staatsdefizite und Schulden explodieren.
- Dann wird jeder echte Reformer abgewählt, da er sich Feinde bei den vom Staat Abhängigen schafft.

Daher hat es zu Zeiten des Gold-Standards kein allgemeines und gleiches Wahlrecht gegeben. So durften oft nur die Steuerzahler wählen (USA) oder die Steuerzahler bekamen mehr Stimmen (preussischer Landtag, UK). Oder es gab gar kein Wahlrecht (Absolutismus). Hier ein Artikel vom deutschen Mises-Institut: Wie die Reduzierung der Staatsausgaben Schwedens große Depression beendete[73]:

Im September 1992 erhöhte die „Riksbank", Schwedens Zentralbank, den Leitzins mit einem Schlag auf 500 Prozent, um den festgelegten Wechselkurs der Schwedischen Krone halten zu können. Diese drastische Maßnahme wurde von massiven Ausgabenkürzungen und Steuererhöhungen begleitet, um den freien Fall der Wirtschaft des Landes aufzuhalten. Die Wirtschaftskrise war der Höhepunkt zweier Jahrzehnte des Niedergangs und hat die politische Situation in Schweden grundlegend verändert.

Schweden hat seit 1992 eine auf ganzer Linie konsequente Sparpolitik bei gleichzeitig zunehmenden Beschränkungen bei den Sozialleistungen, eine Deregulierung der Märkte und der Privatisierung früherer Staatsmonopole erlebt. Das Land hat so eine neue Anreizstruktur in der Gesellschaft geschaffen, in der es sich wieder lohnt, zu arbeiten. Die Staatsverschuldung fiel von fast 80 % des BIP im Jahre 1995 auf nur noch 35 % im Jahre 2010. In anderen Worten, Schweden hat seinen unhaltbaren, aber in der Welt renommierten, Wohlfahrtsstaat erfolgreich zurückgefahren.

---

[73] http://www.misesde.org/?p=7321

Im September 1992 hatten die Finanzmärkte genug vom überbordenden Sozialismus in Schweden und stiessen die Schwedenkrone und die Staatsanleihen ab. Da gab es für die Regierung nur noch zwei Möglichkeiten: So weiter zu machen wie bisher und Geld zu drucken. Die Krone wäre sofort in die Hyperinflation übergegangen und der Staat bankrott gegangen. Eine Rückkehr an die Kapitalmärkte wäre für viele Jahre unmöglich gewesen. Den Sozialismus und den Sozialstaat musste man drastisch und schnell zurückdrehen. Der Finanzminister musste den Märkten persönlich erklären, warum sie wieder schwedische Staatsanleihen kaufen sollten. Inzwischen ist in Schweden wieder der alte Schlendrian eingetreten, so holt man etwa Massen von Asylanten herein, die alle vom Staat leben.

Schweden kam damals mit einem blauen Auge davon, ebenso Finnland und Italien, weil eben nicht der ganze Westen das gleiche Problem hatte. Diesesmal wird es überall die Staatsbankrotte geben und die staatlichen Systeme müssen viel mehr reformiert werden.

Wirkliche Strukturreformen beim Staat und beim Sozialsystem werden nur nach solchen Ereignissen gemacht – weil sonst der Staat und alle davon Abhängigen, besonders die Bürokratie mit untergehen. Nach dem Untergang von Dollar und Euro sowie dem Aufstieg des Goldes werden sie weltweit kommen müssen, zusammen mit einer Reduktion der Staatsquote auf etwa 10 %, wie es für einen neuen Goldstandard erträglich ist. Die Strukturreformen und Kürzungen werden noch viel drastischer als damals in Schweden ausfallen müssen. Man kann damit rechnen, dass die Staatsausgaben um 80 % heruntergefahren werden müssen.

Dann gibt es für Jahrzehnte für die Staaten weder die Möglichkeit, neue Kredite aufzunehmen, oder beliebig Geld zu drucken. Auch der heutige Steuerstaat wird zusammenbrechen, auch dieser wird gerade massiv diskreditiert. Wenn das passiert ist, hat der Stimmenkauf per Staatsausgaben ein Ende.

„Jede Wahl gleicht einer vorgezogenen Auktion von Diebesgut." –
H. L. Mencken

3. Änderungen sind im Gang

In diesem Kapitel beschreibe ich, was derzeit an Vorbereitungen zur Entfernung der heutigen politischen Klassen gemacht wird. Das Ganze läuft äusserst subtil, sodass im Volk zwar die Wut steigt, aber dieses nicht weiss, von wo das kommt und wer dahintersteckt.

Hier die Stimme eines Insiders, die sich die „verborgenen Eliten" nennen: *Es läuft perfide, nicht erkennbare Massenpsychologie*

Plötzlich dürfen etwa in den Medien frühere Tabuthemen gebracht werden: etwa über die negativen Konsequenzen der Massenzuwanderung aus fremden Kulturen. Ebenso werden die Sparer auf ihre kommende Enteignung vorbereitet. Verschiedene Dekadenzen werden extra zugespitzt, um den Hass der Völker auf ihre Funktionseliten zu steigern. Die ganze Führungschicht wird diskreditiert. Das hat sich in den letzten Monaten intensiviert.

Ich kann den Lesern schon vorab sagen, was vorbereitet wird: es wird ein massiver Sytemwechsel vorbereitet. Die heutigen Funktionseliten, besonders in der Politik, werden zu Sündenböcken für die betrogenen Sparer hergerichtet. Da steckt ein gewaltiger Plan dahinter, damit sich der Mob der betrogenen Sparer diese als Ziele sucht. Die wirklichen Eliten wechseln einfach die Pferde. Das heutige System der demokratischen Wohlfahrtsstaaten muss sterben, da es nach dem Crash nicht mehr finanziert werden kann. Das wird heute alles sehr subtil vorbereitet.

Das vermutliche politische Programm der Zukunft kann man bei Akif Pirincci im bereits erwähnten Buch „Deutschland von Sinnen" nachlesen. Ab Seite 99 geht es los: ich möchte einige Stellen daraus zitieren:

> *Jeder zahlt fünf Prozent seines Einkommens an den Staat. Das gilt auch für den Gewinn von Firmen. Sämtliche anderen Steuern, Abgaben, Gebühren, Vergünstigungen, Abschreibungen, vor allem jedoch die Steuerprogression werden abgeschafft. Jemand, der im Jahr eine Million verdient, entrichtet 50.000 an den Staat und derjenige, der es auf 20.000 bringt, 1.000. Selbst derjenige, der nur*

5.000 im Jahr einnimmt, drückt seine 250 ab. Warum jemand, der viel Geld verdient, prozentual mehr Steuern zahlen soll als jemand mit niedrigem Einkommen, konnte mir bis jetzt niemand erklären.

Durch diese radikale Umstellung verbleiben dem Staat nur mehr zirka 40 Milliarden im Jahr, eine Summe also, die heute nicht einmal für die Bedienung seiner Kreditzinsen ausreichen würde. Deshalb werden diese auch als erste entsorgt. Der Staat erklärt seine Schulden für null und nichtig, der Staat kann das. Pech gehabt! Daraufhin implodieren viele Banken, werden Existenzen vernichtet, finanzielle Erdbeben verursacht, Verelendung tritt ein. Scheiß drauf! Spätestens in zwei Jahren haben sich alle wieder abgeregt und auf die neue Situation umgestellt. Und die lautet: Ab jetzt macht der Staat keinen einzigen Euro Schulden mehr. In Wahrheit hat der Staat natürlich ein klein wenig mehr, weil er über eigene Unternehmen und eigenes Vermögen verfügt, aber das macht die schlanke Gans nicht zu einer fetten Sau.

Sämtliche Ausgaben für Soziales werden ersatzlos gestrichen. Familiengedöns (gegenwärtig 250 Milliarden), Hartz-IV, Kinder- und Jugendhilfe, Wohngeld, Eltern- und Erziehungsgeld, Alleinerziehendenvergottung, alle sozialen Projekte und schmarotzenden Institute von wegen Armenbericht, Frauen- und Migrantenförderung und so, Alimentierung von Wohlfahrtsorganisationen (mit einer atemberaubenden Beschäftigungszahl von vier Millionen Menschen), Asylbewerberleistungen, all dies und alles andere, von dem wir nicht einmal ahnen, daß es überhaupt existiert, gibt es nicht mehr.

Sämtliche Subventionen werden ersatzlos gestrichen, als allererstes die für die Landwirtschaft. Die reichsten Menschen sind in diesem Land weder Unternehmer noch Banker noch Manager noch Fußballer, sondern Bauern.

Sämtliche Umweltgesetze, die nach 1975 ins Gesetzbuch geschrieben worden sind, werden ersatzlos gestrichen. Alles, was danach in dieser Sache an Änderungen und Hinzufügungen folgte, beruht darauf, daß man die Panikpropaganda, vor allen Dingen jedoch die faustdicken Lügen einer einzigen und sehr kleinen Partei, nämlich der Grünen, für bare Münze nahm bzw. von linken Medien dazu genötigt wurde, es zu tun. Die abgeschalteten Kernkraftwerke werden wieder eingeschaltet, zudem sechs bis acht neue gebaut, so daß der Strompreis nurmehr ein Zehntel des heutigen beträgt (Steuern darauf existieren auch nicht mehr).

Die Beamtenschaft wird komplett abgeschafft. Beamte und öffentliche Angestellte werden nicht mehr gebraucht, weil alle Aufgaben des Staates bis auf Polizei und Justiz privatisiert und in kommerzielle Hände übergeben werden. Selbst Ausweise und Pässe erteilen dann unter gesetzlichen Vorgaben Privatfirmen.

Die Ausländerproblematik erledigt sich von selbst. Da es ja diesen magischen Geldverschenke-Apparat nicht mehr gibt, arbeiten die Ein- und Zugewanderten entweder mit uns zusammen, während sie nach ihrer eigenen Façon glücklich werden, oder sie sehen zu, wo sie bleiben. Ich vermute, zuhause.

Der Öffentliche Rundfunk und sämtliche Kultur- und Kunstförderungen, zusammengenommen immerhin 21 Milliarden, werden abgeschafft. Gute Kunst und Unterhaltung setzen sich von ganz alleine durch.

Es fällt auf, das alles was hier aufgelistet wird, in der Realität bereits diskreditiert wird. Ich erwarte, dass der Kahlschlag noch brutaler wird, so werden etwa das Bildungssystem und das Gesundheitssystem „entstaatlicht" werden. Besonders das Bildungssystem wird auch bereits massiv diskreditiert.

Meine Quellen sagen mir, dass Pirincci diese Ideen nicht selbst behabt haben kann, sondern „Einflüsterer" hatte. Man wollte offenbar das zukünftige Programm veröffentlichen, aber so, dass man es nicht sofort bemerkt. Es deckt sich mit meinen eigenen Insider-Infos. So sollen sofort nach dem Staatsbankrott alle Sozialleistungen inklusive Pensionen und alle Subventionen gestrichen werden.

Das ist die schöne neue Welt, es geht um mindestens 100 Jahre zurück, zu den guten alten Zeiten. Das Jahrhundert des Sozialismus ist dann zu Ende.

In den Medien ist derzeit überall der Vergleich mit 1914, dem Beginn des 1. Weltkriegs. Das wird offenbar bewusst gemacht, denn man hat wieder grosse Änderungen vor.

1914 und die Folgejahre standen für:

- Ausweitung des Staates generell
- Erhöhung der Steuern und des Staatseinflusses
- Allgemeines und gleiches Wahlrecht
- Vielfach die Abschaffung der Monarchien
- Real wertloses Papiergeld statt Gold- und Silbergeld
- Enormer Sozialstaat, Parasiten aller Art
- Sozialisten an der Macht

Hier ein Artikel im Standard vom Juni 2014[74]: Ein neuer Blick auf den Ersten Weltkrieg:

Auch in sozialpolitischer Hinsicht wurde der Erste Weltkrieg zum tiefen Einschnitt: Der Staat, der vielen Familien den Ernährer weggenommen oder ihn als hilflosen Krüppel zurückgegeben hatte, musste nun selbst die Aufgaben des Versorgers übernehmen. Dass er dies oft mehr schlecht als recht tat, war, auf längere Sicht gesehen, nicht entscheidend. Ausschlaggebend war vielmehr, dass im Verlauf des Krieges neue Steuern eingeführt worden waren, die zunächst der Kriegsfinanzierung gedient hatten und nun, nach Kriegsende, nicht wieder verschwanden, sondern zur Finanzierungsbasis des Sozialstaats wurden.

Die Kriegskrüppel und die ernährerlosen Familien als Kriegsfolgen haben wir heute nicht, dafür einen überbordenden Staat. Die Kriegssteuern hat man einfach weitergeführt und damit dann den Sozialstaat finanziert. Ein Jahrhundert der roten Umverteilungs-Funktionäre entstand, das inzwischen zum totalen Steuer- und Staatsterror entwickelt wurde.

Meine Insider-Quellen sagen mir, dass dieser Funktionärsstaat gleich nach dem Crash verschwinden soll. Die heutigen politischen Strukturen und Parteien werden aufgelöst. Es ist wirklich Zeit, das Rad um 100 Jahre zurückzudrehen. Auch bei den Steuern.

Nachfolgend beschreibe ich diese Änderungen im Detail.

---

[74] http://derstandard.at/2000002406020/Ein-neuer-Blick-auf-den-Ersten-Weltkrieg

3.1. Währungsreformen werden vorbereitet

Man wollte es seit 2010 schon mehrfach machen: den Abbruch des derzeitigen Finanzsystems und die Auflösung des Euro. Zuerst um den 7. Mai 2010. Es wurde immer wieder verschoben, zuletzt im Herbst 2013. Das weiss ich aus meinen Insider-Quellen.

Am Freitag, den 7. Mai 2010 gab es einen EU-Krisengipfel in Brüssel. Manche erinnern sich noch and das Bild vom Ende des Gipfels: ein strahlender Sarkozy und eine total finster dreinblickende Merkel kommen heraus. Was ist passiert? Deutschland wollte aus dem Euro aussteigen und wurde mit Hilfe von Obama in den USA daran gehindert. An diesem Tag flogen alle nichtdeutschen Staatsanleihen der Eurozone auf den Markt und wurden illiquid. Einige Tage später erfuhren wir das.

Man musste den Märkten bis zur Wieder-Öffnung der Märkte am Montag in Asien glaubhaft versichern, dass Deutschland nicht aussteigt und den Euro finanziell stützt. Die ganzen Euro-Rettungen von der Griechenland-Hilfe, über die „Rettungsschirme" EFSF und ESM dienten keinem anderen Zweck.

Ich selbst wusste über meine Insider-Kanäle schon vorher, dass eine solche Währungsreform in Deutschland geplant war, auch das Datum. Auch später wurde dieses Datum 7. Mai 2010 der Bekanntgabe der Währungsreform einen Tag danach mehrfach bestätigt. Die neue D-Mark war bereits gedruckt. Ebenso kamen neuer österreichischer Schilling, neue italienische Lire, griechische Drachme, usw., aber etwas später. Sie wurden alle nicht ausgegeben.

Wir waren seit 2010 mehrmals nur wenige Stunden von der Schliessung aller Banken der Eurozone entfernt, so etwa im November 2011 oder im Sommer 2012, als der Euro jeweils fast unterging. Hier ein Artikel in der FAZ von 2013 über ein Buch von Bruno Le Maire, dem Landwirtschaftsminister unter dem französischen Präsidenten Sarkozy: Blindflug, Selbstlob, Wortbruch, Lüge[75]:

> *Das Buch hält neben beklemmenden Endzeitbeobachtungen echte Rosinen bereit. So schreibt Bruno Le Maire, dass Sarkozy sich Mitte November 2011 ganz konkret mit der Frage beschäftigte, wo er denn Banknoten für Francs herbekommt, falls, womit er rechnete, der Euro in der folgenden Woche kollabiert. Damals hat das Sarkozy vehement dementiert. Le Maire resümiert die damalige Lage der Französischen Republik wie folgt: „Unser Schicksal entgleitet uns, es liegt nun allein in den Händen der deutschen Kanzlerin und des Präsidenten der EZB."*

Der Euro-Kollaps war also damals schon fast komplett und Frankreich hatte noch keine neuen Francs gedruckt. Im Sommer 2012 war eine ähnliche Situation, als die Konzerne ihr Geld aus dem Euro abzogen – Fast-Kollaps.

Vermutlicher Ablauf der Währungsreformen:

Grosse Teile der Welt, inklusive Europa, China, USA, Japan sind total überschuldet. Für sie gibt es nur diese Möglichkeiten, wenn der globale Finanzcrash nicht mehr vermeidbar ist:

- Den Crash zulassen und nichts tun. Das totale, unkontrollierte Chaos bricht dann aus.
- Durch weiteres Gelddrucken in die Hyperinflation gehen. Führt ebenfalls zum unkontrollierten Chaos.
- „Kontrollierte" Währungsreformen machen. Damit ergibt sich für die Eliten eine gewisse Kontrollmöglichkeit.

Wir wissen, dass man sich für die Währungsreformen entschieden hat. Damit werden die Schulden aller Art beim Sparer über Vermögensverluste abgebaut. Beispiele sind die Währungsreform in Westdeutschland 1948 oder die Währungsreformen in Österreich 1945 und 1947. Dabei verloren

---

[75] http://www.faz.net/aktuell/feuilleton/politik-vor-dem-kollaps-blindflug-selbstlob-wortbruch-luege-12092975.html

die Sparer fast alles. Es ist bekannt, dass alle Zentralbanken Reservewährungen vorhalten, für den Fall eines Währungscrashs. In der Eurozone sind das neue, nationale Währungen wie DM, Lire, Schilling. Vor etwa einem Jahr gab es Medienberichte, dass Deutschland zur D-Mark-Zeit eine solche Reserve-Mark hatte und wie sie aussah.

Es sind jetzt je nach Land zwei verschiedene Wege denkbar:

a) Falls es keine Gold- und Silbervorräte gibt, werden diese Ersatzwährungen ausgegeben – wieder als ungedecktes Papiergeld. Es ist zu erwarten, dass diese Währungen bald crashen und in eine Hyperinflation übergehen. Ein unkontrolliertes Chaos für längere Zeit ist die Folge. Es ist durchaus möglich, dass die alten Regimes solche Ersatzwährungen in Währungsreformen ausgeben, wenn der Euro crasht. Aber es wird nicht lange helfen.

b) Es werden neue Monarchien installiert, die Gold- und Silbergeld ausgeben und damit zuerst einmal ihren Sicherheitsapparat bezahlen. So soll es im Gebiet des neuen Habsburger-Reiches geschehen. Das Geld für die Masse soll Silber sein, das für die Oberschicht Gold. Gold und Silber werden dafür bereits gehortet (Stand Dezember 2014). In der Zwischenzeit können die alten Euroscheine weiterverwendet werden, falls diese noch jemand akzeptiert.

Im Fall einer Währungsreform von a) ist anzunehmen, dass laufende Zahlungen, wie Gehälter, Mieten, etc. 1:1 auf die neuen Währungen umgestellt werden. Von Guthaben über etwa 5.000 Euro wird nur mehr ein Teil umgestellt werden, oder ganz verfallen, wie in der Insider-Information oben. Darunter dürfte 1:1 umgestellt werden. Anders ist es praktisch kaum machbar.

Griechenland ist zum Zeitpunkt der Endredaktion dieses Buches kurz vor einer solchen Währungsreform und wird die bereits gedruckte Drachme wieder einführen. Die Banken sind dort bereits geschlossen. Dort kann man sich ansehen, was auch bei uns kommt. Die grossen Gewinner werden Staaten, Banken und Konzerne sein, denn deren Schulden sind in der

Form von Anleihen. Diese braucht man nur in Euro belassen, denn der Rest-Euro wird sehr schnell entwerten. Bei Bankschulden wäre das theoretisch auch möglich, aber man wird vermutlich einen Schuldenschnitt bei der Umstellung machen. In Westdeutschland wurden die Schulden 1948 auf 1/10 reduziert, für die Entlastung musste man aber eine Steuer zahlen.

Noch einmal zur Währungsreform in Westdeutschland 1948:
Hier Wikipedia zur Währungsreform 1948 am 20. Juni[76]. Hier ein Artikel in der FAZ on 2008: Das Startkapital: Sechs Milliarden D-Mark[77]:

In der deutschen Bevölkerung wucherten unterdessen die Gerüchte über den „Tag X". Immer mehr Händler boten leere Schaufenster, hielten ihre Mäntel, Schuhe und Kartoffeln zurück und warteten die neue Währung ab. Erst am 2. Juni hatten die westalliierten Militärgouverneure den 20. Juni als Termin für die Währungsreform endgültig festgelegt. Dann, 18 Tage später, an einem Sonntag, war es endlich soweit: 500 Tonnen Banknoten mit einem Nennwert von 5,7 Milliarden D-Mark wurden in Umlauf gebracht.

Die Ungewissheit in den westlichen Besatzungszonen blieb zunächst noch groß. 40 D-Mark waren schön und gut, aber was passierte mit dem übrigen Reichsmarkguthaben? Erst im Oktober gaben die Alliierten das endgültige Umstellungsverhältnis für alle Beträge bekannt, die über die 40 D-Mark und die innerhalb der folgenden zwei Monate ausgezahlte sogenannte Restgeldkopfquote von 20 D-Mark hinausgingen: 100 zu 6,5, von 100 Reichsmark auf dem Sparbuch oder in bar blieben also 6,50 D-Mark. Ursprünglich war ein Verhältnis von 100 zu 10 vorgesehen. Der starke Preisanstieg verhinderte dies.

Was sehen wir hier? Die Kaufleute haben trotz aller Geheimhaltung schon lange gerochen, dass eine Währungsreform kommen würde und hielten ihre Waren zurück. Und erst mehrere Monate später wurde das wirkliche Umtauschverhältnis bekanntgegeben. In Österreich ging es noch brutaler zu: 1945 kam die erste Währungsreform, 150 Reichsmark konnten 1:1 in den neuen Schilling umgetauscht werden, der Rest landete auf einem

---

[76] http://de.wikipedia.org/wiki/W%C3%A4hrungsreform_1948_%28Westdeutschland%29
[77] http://www.faz.net/aktuell/gesellschaft/60-jahre-waehrungsreform-das-startkapital-sechs-milliarden-d-mark-1551079.html?

Sperrkonto. Zwei Jahre lang hielt man das Volk in Unwissenheit und Bangen um ihr Geld, bis 1947 die nächste Währungsreform kam, die von den neuen Ersparnissen 2/3 wegnahm. Die alten Ersparnisse bis 1945 ließ man dabei ganz verfallen.

Hier einige Details zur deutschen Währungsreform 1948:

- Auszahlung von Kopfgeld in 2 Schritten von 40+20 DM (wurde bei Währungsumstellung angerechnet).

- Unternehmen erhielten 60 DM je Arbeitnehmer als Vorgriff auf die Währungsumstellung.

- Tausch von Verbindlichkeiten aus Löhnen, Renten, Pensionen, Pachten und Mieten 1:1.

- Tausch von Schuldverschreibungen, Hypotheken und sonst. Verbindlichkeiten von 10:1.

- Tausch der Guthaben 10:0,65 bzw. teilweise auf 10:1 bei Vermögen, die 1940 bereits bestanden.

- Darüber hinaus Lastenausgleich 50 % auf alle Vermögen zum Stand 21.06.1948 auf 30 Jahre – allerdings begründet durch die Kriegsschäden und Vertriebene.

Diesesmal wird es wieder so sein, denn der Sparer zahlt am Ende immer – mit seinem Vermögen.

Es sollte niemand sagen, er wäre auf die kommenden Vermögensverluste bei der Währungsreform nicht vorbereitet worden. Seit etwa einem Jahr erscheint „Enteignungspropaganda" in den Medien, wo den Sparern gesagt wird, dass sie bei Bankenpleiten jetzt zahlen werden, zumindest wenn sie über 100.000 Euro auf dem Konto haben.

In letzter Zeit wird das intensiviert, wie dieser Artikel in Focus zeigt: Attacke aufs Vermögen: 500.000 Euro sind bald nur noch 300.000 Euro[78]. Der Übertitel: „Weil der Staat Geld braucht".

Eine Vielzahl solcher Artikel ist 2013 und besonders 2014 erschienen, die alle die Sparer auf ihre kommende Enteignung vorbereiten sollen. Auch die derzeitigen Nullzinsen oder gar Negativzinsen gehören dazu. Seit Sommer 2014 schickt man die „Crash-Botschafter" Matthias Weik und Marc Friedrich durch die deutschsprachigen Redaktionen. Diese Autoren haben das Buch „Der Crash ist die Lösung: Warum der finale Kollaps kommt und wie Sie Ihr Vermögen retten"[79] geschrieben. Aus den vielen Interviews und Berichten entstehen dann solche Artikel, wie hier in der Wirtschaftswoche: Bestsellerautoren Matthias Weik und Marc Friedrich „Uns muss das Finanzsystem um die Ohren fliegen"[80].

Ja, es ist genauso: der Crash des Finanzsystems und der Staaten ist die Lösung für die derzeitigen Probleme und es ist eine weitere Vorbereitung der Sparer. Vermutlich deshalb bekommt dieses Buch auch so enorme Promotion von den Medien. Die wirklichen Eliten möchten diese haben.

Diese Promotion möchte ich für dieses Buch auch gerne haben.

---

[78] http://www.focus.de/finanzen/altersvorsorge/attacke-auf-vermoegen-attacke-auf-vermoegen-aus-500-000-euro-werden-bald-300-000_id_3861587.html
[79] Eichborn Verlag, ISBN-10: 3847905546
[80] http://www.wiwo.de/finanzen/geldanlage/bestsellerautoren-matthias-weik-und-marc-friedrich-uns-muss-das-finanzsystem-um-die-ohren-fliegen/10177482.html

Hier noch einige Zahlen aus der westdeutschen Währungsreform 1948:

Letzte Reichsmark- und erste DM-Kurse 1948:

Anlageklasse	Letzter RM-Kurs	Erster DM-Kurs	Veränderung in %
Aktien:			
Offizielle Kurse	161,78	30,53	-81,13
Schwarzmarktkurse	305,68	30,53	-90,01
Verzinsliche Wertpapiere:			
Öffentliche Anleihen	154,25	12,25	-92,06
Pfandbriefe	95,92	7,96	-91,70
Industrieanleihen	105,27	7,39	-92,98
Gold pro kg	3600	3600	0,00

Man sieht, alle Wertpapier-Besitzer wurden kräftig geschoren, nicht nur die Besitzer von Sparkonten. Nur die Goldbesitzer verloren nichts, nur hatte fast niemand Gold. So wird es wieder sein.

Praktisch alle Papierwerte und auch die Immobilienwerte sollen beim Crash untergehen. Das will man dann als „Enteignung" der politischen Klasse anlasten. Eine Quelle sagt es so: „alles, wovon der Staat weiss, wird von diesem enteignet": also Bankkonten, Wertpapier-Depots, Immobilien. Die medialen Vorarbeiten dafür sehen wir seit einiger Zeit: da werden Steuerparadiese ausgeräuchert, europäische Banken von den USA bestraft, usw. Damit soll der Hass der bald Enteigneten auf den Staat geschürt werden. Dieser Hass wird unvorstellbar gross sein.

Das mit der Enteignung durch den Staat, bzw. unsere politische Klasse ist natürlich symbolisch zu sehen: die Papierwerte und Immobilien werden den Besitzern nicht vom Staat weggenommen, sie sind einfach fast oder gar nichts mehr wert.

3.2. Das heutige System wird diskreditiert:

Die ganzen Diskreditierungen der politischen Klasse, die man derzeit sieht, dienen nur, um den Systemwechsel zu „erleichtern". Alle Dekadenzen werden im Moment zugespitzt. Mehr dazu später.

Meine Quellen sagen: „Die meisten Dinge, die heute passieren, sind reine Diskreditierung der politischen Klasse. Es wird nichts dem Zufall überlassen, ein Riesen-Apparat arbeitet dafür im Hintergrund". Das geht primär über die Medien.

Noch einmal eine Insider-Stimme aus den „verborgenen Eliten":

„Es kommen sämtliche Schweinereien ans Tageslicht, sodass die ganze Welt sich übergeben wird. Die verborgenen Eliten haben alle relevanten Informationen gesammelt, die sie brauchen, um die benutzten Politiker, gierigen und fehlgeleiteten Wirtschaftskapitäne sowie korrupten Wissenschafter allesamt zu diskreditieren. Das ist ein vorgegebenes Drehbuch und wird sich vor aller Augen peu a peu eröffnen. Der Kampf wird schmerzhaft und grausam sein."

Auch hat in den Medien eine Diskreditierung der Politik und der Geheimdienste eingesetzt: Der NSA-Skandal, die Pädophilie-Vorwürfe gegen die Grünen, die offenere Berichterstattung über die Probleme mit Migranten, etc. Alle diese Themen waren bis 2012 noch tabu. Das ist alles kein Zufall, man will Sündenböcke speziell in der Politik schaffen, auf die die betrogenen Sparer dann losgehen sollen.

Wenn dieses Buch erscheint, sollten diese Aufdeckungen schon laufen. Man sieht auch sehr schön, wie die USA durch Aufdeckungen (NSA-Skandal) gerade aus Europa hinausgeworfen werden.

Das sind die bisherigen, angestellten Funktionseliten. Grosse Teile der Journalisten kann man auch dazunehmen. Vermutlich wurden viele Dekadenzen der letzten Zeit extra dafür zugespitzt, um den Hass der Bevölkerung auf diese Eliten zu steigern:

- ❋ Der Klima-Unsinn dürfte nur dafür erfunden worden sein und wird besonders von der EU getragen.
- ❋ Gender-Wahn und Verherrlichung der Homosexualität.
- ❋ Bevorzugung der Moslems und Zigeuner – erzeugt besonders viel Hass.
- ❋ Ausräucherung von Steuerparadiesen und Kauf von Steuer-CDs.
- ❋ Glühbirnenverbote und anderer Unsinn aus der EU, zum Abbruch der EU.
- ❋ Elektroauto-Unsinn, zur Diskreditierung der Autobosse.
- ❋ Überwachungswahn – fliegt gerade mit dem NSA-Skandal auf.

Meine Quellen nennen es auch so: „Hassaufbau". Dieser wird gerade zugespitzt. Am Ende wird es uns dann so dargestellt werden: die heutige Politik in Europa und den USA ist genauso sozialistisch wie der untergegangene Ostblock. Sie wird genauso wie der Ostblock in Revolutionen untergehen müssen. Was damals die Sowjetunion als Führungsmacht und Oberdiktator des Ostblocks war, sind heute die EU und die USA. Die EU wird abgebrochen, daher spitzt man deren Unsinn gerade zu. Wenn Sie dieses Buch lesen, haben sie vermutlich schon viele veröffentlichte Schweinereien, besonders rund um die EU gesehen.

Die „Hauptwaffe" werden die Pädophilie-Vorwürfe gegen hohe Politiker sein. So werden die Fälle Maddie in Portugal, Peggy in Deutschland und Kampusch in Österreich fortlaufend in den Medien massiv getrommelt. Ohne das aufdecken zu wollen, würde man es verheimlichen, und nicht in den Medien massivst trommeln.

Auch hier wird mit den übelsten Tricks der Massenpsychologie gearbeitet. Man kann annehmen, dass bestimmte Personen auf hohe Positionen gebracht wurden, weil sie einiges am Kerbholz haben. Man kann sie mit ihrer Vergangenheit wunderbar erpressen. Über Pädophilie bei den Grünen wird immer wieder geschrieben.

Zu diesen Pädophilenringen gehören immer auch Zeugenmorde. Beim Fall Dutroux in Belgien sollen es 27 gewesen sein. Dafür gibt es im Fall einer Verurteilung lange, bis lebenslange Haftstrafen, die so hohen Tieren wirklich nicht schmecken.

Dass der Fall Fritzl in Österreich, der seine Tochter jahrzehntelang als Sexsklavin gehalten hatte, so enorm in den Medien europaweit getrommelt wurde, dürfte auch kein Zufall sein, sondern Vorbereitung auf solche Aufdeckungen. Das zeigt, dass hier die Hauptwaffe beim Abbruch der derzeitigen Funktionseliten eingesetzt werden dürfte, denn solch abscheuliche Verbrechen werden von der Bevölkerung universell abgelehnt. Noch einmal der Insider:

„Es kommen sämtliche Schweinereien ans Tageslicht, so dass die ganze Welt sich übergeben wird."

Die bereits laufenden Diskreditierungen der Politik, insbesondere der EU und auch der USA, die Aufdeckung der Schweinereien, der Terrorismus durch ins Land gelassene Asylanten und besonders die Vermögensverluste beim Crash sowie die Pleite der Staaten mit dem Ausfall der Sozialleistungen werden dafür sorgen, dass die heutige Politik und damit auch die Wohlfahrts-Demokratie total verpönt sein werden. Nach einiger Zeit des Chaos wird der Ruf nach neuen Herrschern, die wieder Ordnung schaffen, laut werden. Man wird sie uns vorsetzen. Mehr dazu später.

Was mit der heutigen Politik dann passiert, wissen wir noch nicht. Möglicherweise kommt sie in Straflager zum Steineklopfen oder Ähnlichem. Sie wird auf jeden Fall komplett entfernt.

3.3. Die reale Umdrehung aller Werte wird kommen:

Hier noch eine Insider-Information von den „verborgenen Eliten":

Die „verborgenen Eliten" erwarten eine sehr tiefe und lange Depression. Grosse Teile der Bevölkerung werden auf Subsistenzwirtschaft heruntersinken, Staaten werden zerfallen und regionale Fürstentümer und Monarchien werden sich bilden. Die „alten Werte" sollen wiederkommen. Ebenso die Wiedereinführung von Gold- und Silbergeld.

Es wird danach alles radikal umgedreht, die bisherigen Eliten in Politik, Wirtschaft und Wissenschaft werden grossteils entfernt. Diese sind Anhänger der heutigen Dekadenzen, egal ob diese Genderwahn, Political Correctness, Klimaschwindel oder Elektroauto heissen. Die „alten Werte" sollen wiederkommen.

Derzeit spitzt man alle Dekadenzen zu, um die Volkswut auf die heutigen Funktionseliten zu steigern. Das Conchita Wurst Spektakel war so eine Zuspitzung. Dann kommt der Abbruch des Finanzsystems, für den man eine plausibel wirkende Erklärung finden wird. Mit Garantie werden die heutigen Politiker für die Vermögensverluste für schuldig erklärt.

Man kann es auch so sagen: das politische und gesellschaftliche Rad wird um gut 100 Jahre zurückgedreht – in die Zeit der Monarchien. Damals gab es:

- Anstand statt Dekadenz
- Patriotismus statt Multikulti
- Familienzusammenhalt statt Wohlfahrsstaat
- Niedrige Steuern statt heutiger Raubsteuern
- Kleiner Staat statt hypertropher Staat
- Gold- und Silbergeld statt wertlosem Papiergeld
- Sparen statt Verschulden
- Bescheidenheit statt Konsumwahn
- Regionale Strukturen statt globale Strukturen

Um dorthin zu kommen, müssen unsere Gesellschaften einmal durch einen massiven Transformationsprozess in einer harten Depression.

Wer sind diese „verborgenen Eliten"?

Es sind altes Geld, Industriellenfamilien, Teile von Adel und hohen Funktionären aus dem Sicherheits- und Staatsapparat, hohe Banker, Verleger. Sie sind primär Patrioten, so wollen sie etwa, dass die Herrschaft der USA und der EU über Europa, speziell Deutschland endet. In Wirklichkeit sind sie diejenigen, die bereits heute hinter den Kulissen das Sagen haben. Sie tauschen gerade die Pferde aus, die man vor den Kulissen sieht.

In den nachfolgenden Kapiteln werde ich beschreiben, was sie vermutlich vorhaben. Leider äussern sie ihre Ziele nicht öffentlich, aber ich weiss einiges.

„Nichts ist stärker als eine Idee, deren Zeit gekommen ist." –
Victor Hugo

Genauso soll es dann für die Masse erscheinen, diese weiss nicht, dass es im Hintergrund per Massenpsychologie vorbereitet wurde.

3.4. Ein neuer Goldstandard muss kommen

Bis 1914 hatten wir in Österreich, Deutschland und vielen Staaten Europas einen Goldstandard. Durch den 1. Weltkrieg wurde das Goldgeld durch Papiergeld ersetzt. Nachfolgende Versuche, den Goldstandard wieder einzuführen, schlugen real fehl. Grossbritannien versuchte es 1925, musste aber die Goldbindung des Pfunds 1931 wieder aufgeben. In den USA gab es bis 1933 Goldgeld, bis das unter dem Präsidenten Franklin D. Roosevelt verboten wurde. Nur gegenüber Zentralbanken im Ausland hatten die USA bis 1971 eine Goldeinlösungspflicht zu $35/oz. Als einer der letzten Staaten hob die Schweiz 1997 die Goldbindung auf. Wikipedia hat einen guten Artikel zum Goldstandard[81]:

---

[81] http://de.wikipedia.org/wiki/Goldstandard

In der 2. Hälfte des 19. Jahrhunderts wurde der klassische Goldstandard eingeführt und ersetzte den bis dahin dominierenden Bimetallismus. Der Goldstandard existierte zunächst als Goldumlaufwährung, das heißt die im Land kursierenden Kurantmünzen waren ausschließlich Goldmünzen.

Später ging man zur Goldkernwährung über. Es wurden Banknoten und Scheidemünzen ausgegeben, welche bei der nationalen Währungsbehörde gegen Gold getauscht werden konnten. Im Deutschen Reich galt mit Einführung der Goldmark das Proportionalsystem mit Dritteldeckelung, d.h. die Notenbank musste einen Goldvorrat halten, der 1/3 des Wertes der umlaufenden Geldmenge (Münzen und Banknoten) entsprach.

Am Anfang gab es nur Gold- und Silbermünzen, kleinere Münzeinheiten gab es mit Billigmetallen. Ab ca. 1900 wurden dann auch Geldscheine aus Papier ausgegeben. Diese konnte man aber auf der Bank in Gold- und Silbermünzen umtauschen.

Hier als Beispiel die Hundert Kronen Banknote aus der österreichisch-ungarischen Monarchie von 1912. Am Geldschein ist aufgedruckt „In gesetzlichem Metallgelde". Das war der Hinweis auf die Konvertierbarkeit in Gold.

Man konnte entweder mit Goldmünzen zahlen oder mit Geldscheinen.

Darunter die 100-Kronen-Goldmünze.

Diese hat ein Gold-Feingewicht von 30.48 Gramm, also rund eine Feinunze.

Die meisten Staaten hatten damals ähnliche Systeme. Grosse Geldeinheiten gab es als Goldmünzen oder Geldscheine, mittlere Geldeinheiten als Silbermünzen, und kleine Geldeinheiten als Billigmetall-Münzen.

Goldstandard und Kredit:
Es gibt Verfechter eines 100-prozentigen Goldstandards, das sind aber Theoretiker. In der Realtiät war das umlaufende und im Bankensystem gelagerte Gold immer nur ein Teil der gesamten Geldmenge, der Rest war Kredit, wie heute auch. Denn jede Kreditvergabe erzeugt neues Geld und erhöht dadurch die Geldmenge.

Man konnte sich aber, falls es im Bankensystem kritisch wurde, die Bankguthaben in Goldmünzen auszahlen lassen. Das geschah in grossem Umfang etwa in der Depression der 1930er Jahre in den USA. Wenn die Bank kein Gold mehr hatte, war sie pleite und die Sparer verloren ihre dort deponierten Guthaben. Das war der wahre Grund, warum in den USA ab 1933 der Goldbesitz verboten wurde, denn Papiergeld konnte man beliebig nachdrucken. In der derzeitigen Bankenkrise macht man es elektronisch.
Kredite gab es auch damals und diese wurden auf Wunsch bar in Goldmünzen ausbezahlt. Zurückgezahlt mussten sie auch in Form von Goldmünzen oder Papiergeld werden. Fatal war es nur, wenn die Kredite reihenweise umfallen, wie es in einer Depression der Fall ist. Gleichzeitig

hoben die Sparer ihre Einlagen in Form von Gold ab. Bald hatten die Banken kein Gold mehr.

Auch Anleihen waren in der Form von Gold-Bonds in Gold zahlbar. Grosse Teile der Oberschicht lebten am Ende des 19. Jahrhunderts von den Zinsen der Staatsanleihen, die sie hielten.

Aber es wird einige Zeit dauern, bis überhaupt wieder Kredite vergeben werden, sehr lange nicht für Konsum.

Ein neuer Goldstandard wird erzwungen werden:
Sobald die Masse durch den Crash um ihre Ersparnisse betrogen wird, während gleichzeitig die Goldbesitzer ihr Vermögen erhalten und vermehren, wird die Masse wieder werthaltiges Geld in der Form von Gold- und Silbermünzen haben wollen. Das war nach dem Untergang jedes Papiergeldsystems so.

Wer immer danach an die Macht kommt, egal ob Präsidenten, Fürsten oder Könige, sie werden werthaltiges Gold- und Silbergeld ausgeben müssen, um selbst an der Macht zu bleiben. Im Notfall werden sie eben das notwendige Gold gegen Zinsen borgen oder aus Verkäufen von Staatseigentum erlösen müssen.

Goldstandard und Staatsgrösse:
Jetzt kommen wir zum wirklichen Kern des Problems: mit einem Goldstandard lässt sich ein Staat der heutigen Grösse, der 50 % des BIP ausmacht, nicht erhalten. Denn Staatsausgaben gehen primär in den Konsum, davon wieder ein guter Teil ins Ausland für Importe. Damit fliesst in einem Goldstandard das Gold aus dem Land ab, denn Importe müssen dabei in Gold oder eigenen Exporten bezahlt werden. Damit steigen dann die Zinsen, denn Gold = Geldknappheit entwickelt sich. Niedrigzinsen wie heute mit gleichzeitiger Importflut sind dann nicht mehr möglich.

„Der Gold Standard war der Weltstandard im Zeitalter des Kapitalismus, des steigenden Wohlstandes, der Freiheit und Demokratie... Es war ein internationaler Standard, wie ihn der internationale Handel und die Kapitalmärkte der Welt brauchten... Er trug westliche Industrialisierung, Kapital und Zivilisation in die hintersten und verlassensten Ecken dieser Welt, dabei unerhörte Reichtümer schaffend... Er begleitete den nie da gewesenen Fortschritt des westlichen Liberalismus, um alle Staaten zu einer Einheit von freien Nationen zu schmieden, welche friedlich zusammenarbeiteten... Der Gold Standard ist bestimmt nicht perfekt. In menschlichen Angelegenheiten gibt es sowieso nicht Perfektes... Aber niemand war in der Lage etwas Befriedigenderes zu finden als den Gold Standard." –
Ludwig von Mises

Ein neuer Goldstandard ist in Vorbereitung. Dazu muss der Staat massiv zurechtgestutzt werden. Auch wenn es wie Frevel an der heutigen Demokratie wirkt: das allgemeine und gleiche Wahlrecht muss beseitigt werden, genauso wie die Wohlfahrtsdemokratie im Allgemeinen. Die Wähler haben leider entdeckt, wie sie sich Geld in die Tasche wählen können. Das ist mit einem neuen Goldstandard nicht vereinbar.

Die heutige politische Klasse muss weg, da sie nur diese Dinge kann: Horror-Steuern erpressen, Schulden machen, Geld verprassen. Und durch Geldverprassen fliest bei einem Goldstandard das Gold ins Ausland ab. In diesem Artikel von März 2015 habe ich es genau beschrieben: „Konsequenzen eines Goldstandards"[82]:

Die neuen Monarchen werden an das Gold und Silber zur Geldausgabe auf verschiedene Arten kommen: durch Verkauf von Staatseigentum und durch Gold-Kredit.
Diese Geldgeber, die den Monarchen das Gold und Silber zur Geldausgabe geben, haben ein primäres Interesse daran, dass dieses Gold nicht durch übermässige Importe ins Ausland abfliesst. Das ist speziell dann der Fall, wenn das Gold als Kredit (Goldbond) an die Monarchien verliehen wird. Es darf nicht vorkommen, dass der Kaiser zu seinen Geldgebern pilgern muss, um zu gestehen: das geliehene Gold ist weg.

---

[82] http://www.hartgeld.com/media/pdf/2014/Art_2015-222_Goldstandard.pdf

Die neuen Kaiser und Könige haben das zur Geldausgabe nötige Gold und Silber nicht selbst. Sie müssen es sich über Verkäufe von Staateigentum holen oder es sich gegen Zinsen borgen. Daher wird striktest darauf geachtet werden, dass dieses Gold nicht ins Ausland abfliesst. Ebenso müssen die Monarchen für Wirtschaftswachstum sorgen, so dass das mit Gold erworbene frühere Staatseigentum seinen Wert für die Investoren steigert. Diese sind gleichzeitig die „Königsmacher": sie haben sich die zukünftigen Monarchen ausgesucht.

Das ist der wahre Hintergrund für die dramatischen, politischen Umwälzungen, die kommen werden. Es wird zugleich den grössten Vermögenstransfer zu den heutigen Goldbesitzern geben. Ja, das Volk bekommt wieder Gold und Silber als werthaltiges Geld, aber zu einem sehr hohen Preis. Arbeit und heutige Vermögenswerte werden dann in Gold und Silber sehr billig sein.

3.5. Die Staaten und die Bürokratie müssen drastisch schrumpfen

In einem Goldstandard darf der Staat maximal 15 %, besser nur 10 % des BIP beanspruchen, sonst fliesst zu viel Gold ins Ausland ab. Heute liegen wir zwischen 35 % und 60 %.

Das ist der wahre Grund, warum die politischen Klassen gerade von allen Seiten diskreditiert werden, man muss sie entfernen, zusammen mit einem Grossteil des Staatsapparats und des Wohlfahrtsstaats. Ohne das kann kein neuer Goldstandard aufgebaut werden.

Hier die Liste aus „Stimmenkauf" noch einmal und was dabei getan werden muss. Staatsausgaben, die eindeutig dem Konsum zuzurechnen sind und die massiv reduziert werden müssen:

* Die Ausgaben für die meisten Beamten: Der Staat muss sich auf seine alten Kernkompetenzen zurückziehen. Das sind innere und äussere Sicherheit, Hoheitsverwaltung, Steuerverwaltung. Auch hier muss die Komplexität drastisch reduziert werden. Schät-

zungsweise werden 80 % der Beamten entlassen werden müssen. Vieles wird privatisiert, auch in der Sicherheit, etwa über Bürgerwehren.

* Die Ausgaben für die Schulen und Universitäten: wozu muss der Staat das Schulsystem und Universitätssystem erhalten? Die Oberschicht geht ohnehin auf Privatschulen. In den staatlichen Schulen gibt es heute hauptsächlich staatsgläubige Indoktrinierung, Bildung wird kaum mehr vermittelt. Nachdem die Akademikerquote ohnehin massiv reduziert werden muss, soll sich der Staat auf die Regulierung der entstehenden Privatschulen konzentrieren und dort Qualitätsstandards vorgeben. Die Universitäten können gänzlich privatisiert werden. Diese staatlichen Systeme werden verschwinden. Die Schulpflicht auch; die Bürger müssen dann selbst Lösungen finden. Höhere Bildung wird teuer werden.

* Die Ausgaben für einen Grossteil der Forschung: was es derzeit an unnötiger und dekadenter Forschung gibt, ist unglaublich. In den USA etwa kommt die Spitzenforschung von privaten Universitäten. Für die Reichen ist es dort eine Ehre, dafür zu spenden oder ganze Universitäten zu stiften, Stanford ist so ein Fall und gehört nicht nur zur Ivy League der Spitzenuniversitäten. Diese Universität in Kalifornien war auch der Inkubator für das Silicon Valley.

* Alle Sozialausgaben, wie Kindergeld, Hartz-4, Pensionen, Renten: hier wird es die drastischesten Einschnitte geben müssen. Ob davon überhaupt noch etwas übrig bleiben wird, wird sich zeigen. Es geht nicht an, dass Millionen von Asylanten ins Land geholt werden und dann von Sozialhilfe leben – auf Kosten der Steuersklaven. Arbeit muss sich wieder lohnen, das staatliche Faulbett muss viel schwieriger zu erreichen sein. Dazu müssen nicht nur die Abgaben auf Arbeit drastisch gesenkt werden, auch die Bürokratie rund um Arbeit, wie der Kündigungschutz muss weg. Dann wird auch wieder gerne angestellt. Derzeit lohnt es sich nicht, zu arbeiten, man geht lieber in Frühpension oder auf Hartz-4.

* Die Ausgaben für alle Prestigeprojekte: Politiker, egal wo, haben die unangenehme Eigenschaft, sich in solchen Projekten verewigen zu wollen. Wenn das Geld in der Staatskasse knapp ist und die Politiker persönliche, finanzielle Verantwortung für Verschwendung übernehmen müssen, wird sich das ändern.

* Ein Grossteil der Ausgaben für Strassenprojekte wegen Umweltauflagen: So kostet etwa alleine die Bürokratie für einen Autobahn-Kilometer in Deutschland inzwischen mehr, als der Bau selbst. Das muss alles drastisch reduziert werden. Ebenso die unsinnigen Lärmschutztunnels in Österreich, die wegen ein paar grünen Querulanten gebaut werden. Wenn die das selbst zahlen müssten, würden sie es nicht fordern. Man wird speziell die hochrangigen Strassennetze wie Autobahnen privatisieren und Maut verlangen, viele Staaten machen es bereits.

* Der Grossteil der Subventionen: das ist die Lieblings-Spielwiese der heutigen Politiker, um Wahlgeschenke zu verteilen. Weltmeister dabei ist sicher die EU, die alles von Palästinensern bis zu Strassenhunden in Rumänien subventioniert. Aber auch die nationalen Politiker von Kommunal- bis Bundesebene stehen ihr nicht nach. Lieblingskinder sind die staatlichen Eisenbahnen und die Landwirtschaft. Der Geldmangel wird die ersatzlose Streichung bis brutale Reduktion verlangen. Ausnahmen sollte es höchstens noch für die Forschungsförderung geben, denn damit wird meist Mehrwert geschaffen.

* Alle Ausgaben für internationale Organisationen wie EU oder UNO: mit dem Untergang der EU wird sich ein Problem erledigen. Dann bleiben noch Organisationen wie UNO, Weltbank, Internationaler Währungsfond. Diese sind sehr grosszügig im Verteilen von Geld unserer Steuerzahler rund um die Welt. Diese gab es vor 1945 auch nicht, also soll man daraus austreten. Die werden auch verschwinden.

- Alle Ausgaben für Entwicklungshilfe: diese ernährt nur nationale Bürokratien und Despoten in den Empfängerländern. Komplett abschaffen.

- Und so weiter. Es gibt noch viel anderen Speck am Staat, wo das Messer angesetzt werden muss. Bei richtigem Geldmangel geht das.

Am Ende entscheiden die Finanzmärkte, ob sie einem Staat Geld leihen. Wenn sie es nicht mehr tun, sind drastische Einsparungen notwendig. Der Bondmarkt ist mächtiger als US-Präsident und Papst zusammen:

> *"I used to think if there was reincarnation, I wanted to come back as the president or the pope or a 400 baseball hitter. But now I want to come back as the bond market. You can intimidate everybody."* –
> James Carville

Diese Reduktion wird vermutlich so ablaufen: man lässt die Staaten zusammen mit dem Bankensystem pleite gehen. Dann sind keine Überweisungen mehr möglich, mit denen der Staat die Steuern einhebt und selbst Gehälter und Sozialleistungen zahlt. Alle Beamten bekommen dann kein Gehalt mehr, sie sind sozusagen kollektiv entlassen.

Die neuen Herrscher, die nach einigen Monaten von solchem Chaos installiert werden, werden sich aus der Konkursmasse der bisherigen Staaten die Teile herausnehmen, die gebraucht werden. Also Teile des Sicherheitsapparats wie Polizei und Militär, sowie der allgemeinen Verwaltung. Der grosse Rest der Beamten bleibt entlassen, deren Gebäude und Ausrüstung werden meistbietend versteigert. Auch der heutige, riesige, staatliche Besitz an Firmen wie Eisenbahnen wird so verkauft werden – gegen Gold natürlich.

Was definitiv nicht mehr aufgebaut wird, sind die heutigen grossen Geldfresser: das Bildungssystem, das Gesundheitssystem und das Sozialsystem. Die neuen Staaten sind dann „Nachtwächterstaaten", also nur für die Sicherheit nach Innen und Aussen zuständig, so wie es bis 1914 war. Die neuen Staaten sollen max. 10 % des Umfangs der heutigen Staaten haben.

4. Nach dem Untergang von Euro und Ersparnissen

Dass dieser Untergang unvermeidlich ist, wurde schon beschrieben. Der Kondratieff-Zyklus gilt, in dessen „Winter", also jetzt werden die Schulden bei den Sparern abgebaut. Das ist bestimmten Kreisen schon lange bekannt und sie haben sich vorbereitet. Das „Systemabbruch-Drehbuch" dürfte bereits in seinen Ursprüngen 30 Jahre alt sein. Die Detailplanung steht auch schon einige Jahre, vermutlich seit der Finanzkrise in 2008.

Für den Untergang des Euro gibt es noch eine besondere, psychologische Wirkungskette:

Der Euro geht unter und nimmt die Lebensersparnisse mit → der Euro ist die Währung der EU, also muss die EU daran schuld sein → der EU treu ist die nationale Politik, also muss die schuld sein. Das wird uns eingetrichtert werden, wenn es soweit ist. Die EU eignet sich besonders gut als Sündenbock, da sie auch heute schon alle Schlechte verkörpert. Ausser für die nationalen Politiker, die bis vor kurzer Zeit ihre Treue zur EU schworen. In jeder Depression geht der Fokus der Masse zurück zum eigenen Stamm, man will sich nicht mehr von fremden Blutsaugern regieren lassen. Also hat dann die EU keine Existenzberechtigung mehr und wird abgebrochen, vermutlich durch Massenaustritte von Staaten.

Diese „Pferde" werden jetzt von ihren Hintermännern ausgewechselt:

„Diejenigen, die entscheiden, sind nicht gewählt und diejenigen, die gewählt werden, haben nichts zu entscheiden." –
Horst Seehofer, CSU

Hier noch eine meiner Quellen: „Es kommt eine massive Reinigung von unermesslichem Ausmass. Es wird beim derzeitigen System komplett Tabula Rasa gemacht. Das wird echt „mind blowing".

Konkret wird das sozialistische Jahrhundert mit allen seinen Verwerfungen und Dekadenzen in relativ kurzer Zeit ausgelöscht.

4.1. Die Wut der Sparer und die vorbereiteten Sündenböcke

Das Ziel der „verborgenen Eliten" ist es, nach dem Massenbetrug an den Sparern sich selbst aus der Schusslinie zu bringen. Man erwartet Revolutionen in Europa und sieht, dass die Lunte bald brennt. Gleichzeitig hat man Angst davor, dass das ausser Kontrolle geraten kann.

Also versucht man mit zwei Massnahmen die Wut zu dämpfen bzw. umzulenken. Die derzeit laufende „Enteignungspropaganda" in den Medien soll die Sparer darauf vorbereiten, dass sie bei Bankpleiten ihr Erspartes verlieren können. Gleichzeitig versucht man offenbar, möglichst viele Schafe in die Aktienmärkte zu treiben, denn bei einem Aktiencrash ist die Wut wegen der Verluste kleiner, als wenn die Sparbücher untergehen.

Man baute langfristig Sündenböcke, speziell in der Politik auf, aber auch bei den anderen Funktionseliten. Dazu diente die Political Correctness wirklich – um Wut auf die Eliten in Politik und Medien, sowie Verwaltung zu schüren. Nebenbei hat man auch unliebsame Einwanderergruppen wie Moslems oder Zigeuner dafür vorgesehen.

Aufgebauter Stereotyp: Politiker = dekadenter, krimineller Räuber und Drangsalierer:
Ich habe bereits zuvor die Vermutung geäussert, dass man den Steuerterror der letzten Zeit bewusst zugespitzt hat, um die Politiker als Räuber darzustellen, die die arbeitenden Leistungsträger ausrauben und dann das hart erarbeitete Steuergeld verschenken.

Dazu noch die Drangsalierung durch alle möglichen irrwitzigen Gesetze, die nur Bürokratie und Kosten verursachen. Ebenso die Zuspitzung von allerlei Dekadenzen wie frühkindliche Homo-Sexualisierung etc.

Politiker wie deutsche Bundespräsidenten müssen offenbar dauernd für Toleranz gegenüber Zuwanderern aller Art öffentlich werben. Das steht wahrscheinlich in deren Teil des Drehbuchs. Die Politiker werden auch für die Masseneinwanderung auf Staatskosten verantwortlich gemacht werden. Sie werden sicher den grössten Teil des „Fetts" abbekommen.

Wir warten noch auf die Aufdeckung grosser Skandale rund um Korruption und Pädophilie bei westlichen Politikern. Dann geht es richtig los. Dann werden leider auch die sauberen Politiker ihr Fett abbekommen, denn das Ziel ist, die heutige, politische Klasse zu entfernen. Denn diese kann nur Steuern eintreiben, Schulden machen, Geld verprassen, alles komplex machen.

Aufgebauter Stereotyp: Moslem = Terrorist:
Da steckt ein langfristiger Plan dahinter, begonnen hat es 2001 mit 9/11. Die Türme des World Trade Centers in New York hat man mit Atombomben im Fundament gesprengt[83]. Das weiss jeder, der es wissen will, aber in den Medien darf diese Tatsache nicht berichtet werden. Nicht irgendwelche arabische Terroristen, die ihre Flugausbildung an einem Flugsimulator gemacht haben, haben Flugzeuge entführt und in diese Türme geflogen. Kurzzeitig hat man damals die Volksseele in den USA richtig kochen lassen, aber dann wieder beruhigt.

9/11 war nur der Startschuss. Danach gab es weitere Attentate, auch angeblich von Moslems verübt in Madrid und London. Die dort gezeigte Präzision schafft aber nur westliches Militär. Weiter ging es mit einigen „in letzter Sekunde verhinderten Anschlägen" durch Moslems in den USA. Man gab sogar offen zu, dass diese Idioten vom FBI zu ihren Taten angestiftet wurden. Psychologischer Effekt: jeder Moslem in einem westlichen Land ist ein potentieller Terrorist.

Einige Terrorattentate kamen vermutlich auch ohne solche „Hilfe" zustande. In jüngster Zeit gab es Attentate durch Moslems auf Juden in Frankreich und in Brüssel. Ob das auch Anstiftungen oder gar Fakes waren, wissen wir nicht.

Aktuell hat man es mit den islamischen ISIS-Dschihadisten, die aus dem Syrien-Krieg nach Europa zurückkommen. Der Attentäter von Brüssel soll so einer gewesen sein. Durch laufende, Artikel dieser Art prägt man uns das ein: Terroristische Einzelkämpfer sind „Albtraum deutscher Si-

---

[83] http://donaldfox.wordpress.com/2013/04/20/mystery-solved-the-wtc-was-nuked-on-911/

cherheitsdienste"[84]. Es wird in den Medien schon offen geschrieben, dass einheimische Salafisten und als Asylanten eingeschleuste Terroristen bei uns Attentate begehen können. Sie werden auch bei uns Sebstmordattentate verüben und Köpfe abschneiden, wie in Syrien. Einige solcher Taten gab es bereits.

Jetzt braucht es nur einen Grossanschlag wie 9/11 durch angebliche islamische Terroristen, sowie die Anfachung der Volkswut. Dann geht die Hetzjagd in Europa und den USA auf die Moslems los. Das Volk ist schon aufgeheizt, indem man ihm Kritik an den Moslems über PC verboten hat. Man konnte besonders in Führungsfunktionen dafür entlassen oder gar strafrechtlich wegen Volksverhetzung verurteilt werden. Das ist eine klassische Doppelstrategie, die hier gefahren wurde: einerseits diese Volksgruppe dämonisieren und auf der anderen Seite unangreifbar machen.

Inzwischen läuft die Terrorwelle bereits, wird aber von der Politik noch vertuscht. Der Aufschrei wird enorm sein, wenn rauskommt, wie viel Terror es wirklich gibt. So werden etwa Menschen bewusst von Moslems mit dem Auto überfahren.

Die Zigeuner, die man derzeit auch in Massen herein lässt, sollen nur die Wut auf die Politik anfachen, man schreibt ihnen keine terroristische Bedrohung zu.

Darüber, wie der Volkszorn aussehen wird, schreibe ich später.

---

[84] http://www.focus.de/politik/ausland/terrorismus-experte-im-interview-terroristische-einzelkaempfer-sind-alptraum-der-europaeischen-sicherheitsbehoerden_id_3889829.html

4.2. Das Ende von Konsumwahn, Grossstrukturen und Kredit

Man braucht sich nur im Land der Depression, Griechenland, anzusehen, wie es dort mit dem Konsum heute aussieht. Dieser ist drastisch geschrumpft. Auch gibt es kaum mehr Kredite, da die Kreditwürdigkeit von Firmen und Konsumenten nicht mehr gegeben ist.

Auch in Griechenland ist der Boden der Depression noch lange nicht erreicht, da der Staat vom Ausland mit unseren Steuergeldern gestützt wird. Die Beamtengehälter und Renten wurden zwar gekürzt, aber Entlassungen gab es im öffentlichen Dienst noch kaum. Sobald der Euro zusammenbricht, kommt auch das. Aber ansonsten ist Griechenland ein gutes Anschauungsbeispiel, wie es in einer echten Depression zugeht.

Nicht nur ist in Griechenland der Immobilienmarkt zusammengebrochen, weil es kaum mehr Kredite zu deren Finanzierung gibt, auch der Staat sorgt mit absurden Steuern und Bürokratie dafür, dass keine Transaktionen möglich sind. In der Praxis heisst das, dass man Immobilien nicht einmal für lächerliche Niedrigpreise verkaufen kann, um etwas zum Leben zu haben. Das Problem ist leider überall, dass die Mittelschicht den Grossteil ihres Vermögens in Immobilien hält. Diese sind im Krisenfall illiquide.

Hier auch eine typische Depressions-Erscheinung aus dem Griechenland-Blog: Griechenland: 600.000 Arbeitnehmer über 3 Monate lang unbezahlt[85]:

> *600.000 Arbeitnehmer in Griechenland haben für Zeiträume von mehr als 3 Monaten und in speziellen Fällen sogar für mehr als 1 Jahr ihren Lohn nicht erhalten. Sie sind Arbeitnehmer, schaffen es jedoch nur mit Müh und Not, ihre Grundbedürfnisse zu decken. Es sind nicht so sehr die Lohnkürzungen oder die hohe Besteuerung, die sie in die Knie zwangen. Es ist vielmehr die Tatsache, dass sie zwar arbeiten, jedoch über einen sehr langen Zeitraum unbezahlt bleiben.*

---

[85] http://www.griechenland-blog.gr/2014/05/griechenland-600000-arbeitnehmer-ueber-3-monate-lang-unbezahlt/111384/

> *In nicht wenigen Fällen sind Arbeitnehmer sogar über Zeiträume von bis zu einem Jahr und mehr unbezahlt geblieben, wobei sie jedoch offiziell als „Beschäftigte" geführt werden und somit nicht nur keinerlei Anspruch auf irgendwelche Beihilfen haben, sondern obendrein auch noch für „Einkommen" besteuert werden, die sie niemals hatten.*

Die Firmen haben einfach kein Geld, um ihre Angestellten zu bezahlen. Das sind jene, die offiziell noch einen Job haben, offiziell gibt es 27 % Arbeitslose, real vermutlich weit über 40 %.

Hier in der Presse: Endstation Waisenhaus: Arme Griechen geben ihre Kinder ab[86]:

> *Die Krise in Griechenland hat dazu geführt, dass immer mehr Väter und Mütter ihre eigenen Kinder nicht mehr ernähren können.*

Das kann man nur mehr als tiefstes Elend bezeichnen. Es gibt auch Berichte, dass die kleine Rente der Grossmutter das gesamte Familieneinkommen ist.

Hier in der Süddeutschen Zeitung: Jung, frustriert, chancenlos[87]:

> *Alltag in Thessaloniki: Junge Menschen betteln andere junge Menschen um Geld an. Die Lage in Griechenland hat sich zwar gebessert. Doch gut ausgebildete Griechen stecken in Pseudo-Jobs fest, in denen sie kein Geld verdienen.*

Die Jugendarbeitslosigkeit liegt in diesem Land schon offiziell bei 60 %. Alle akademischen Grade nützen nichts mehr, da niemand einstellt, sondern nur entlässt. Viele Junge ziehen aus den Städten auf das Land zurück. Denn bei diesen Pseudo-Jobs, falls man einen ergattert, werden nur Löhne bis zu etwa 500 Euro im Monat gezahlt.

Auch den Alten geht es kaum besser, DWN: Folge der Euro-Rettung: Griechische Rentner verarmen[88]:

---

[86] http://diepresse.com/home/wirtschaft/eurokrise/1577486/Endstation-Waisenhaus_Arme-Griechen-geben-ihre-Kinder-ab?_vl_backlink=/home/index.do
[87] http://www.sueddeutsche.de/politik/krise-in-griechenland-jung-frustriert-chancenlos-1.1897708

Weil die Renten in Griechenland so niedrig sind, müssen 56 Prozent der alten Leute hungern. Mehr als ein Drittel von ihnen erhält weniger als 500 Euro Rente pro Monat. Eine wachsende Zahl bettelt um Essen.

Nur den Politikern und Teilen der Oberschicht geht es noch gut. Man könnte Griechenland auch als Beispiel für ein „Depressions-Experimentierlabor" sehen. Einfach um zu sehen, wie es zugeht, wenn man die „innere Abwertung" durch Senkung der Löhne realisiert – und was eine Bevölkerung aushält, bis sie richtig revoltiert. In der Realität sind die Generalstreiks in Griechenland inzwischen verschwunden, da alle um ihr eigenes Überleben kämpfen und jeder, der noch einen Job hat, diesen unbedingt behalten möchte.

Das neueste iPhone zu haben, kann sich in Griechenland nur mehr eine Minderheit leisten, ähnlich in Spanien oder anderen Krisenstaaten der Welt.

Ein anderes Beispiel für Crash und Verarmung liefert Argentinien in den Jahren 2001-2003. Aus dem Wikipedia-Artikel dazu[89]:

Mit dem Kaufkraftverlust ging ein hoher Anstieg der Armutsquote von Werten um 15 % in den mittleren 90er Jahren über 25,9 % im Jahr 1998 auf ein Höchstniveau von 57,5 % Mitte 2002 einher. Gleichzeitig hatten 27,5 % der Bevölkerung laut dem Statistikamt INDEC nicht genügend Einkünfte, um den Lebensmittelwarenkorb zu decken, was in Argentinien mit dem Begriff tasa de indigencia (Elendsrate) bezeichnet wird.

In den Medien wurden vor allem die sogenannten cartoneros – Sammler von Karton und anderen recycelbaren Materialien – thematisiert, doch daneben gibt es eine große Anzahl von ambulanten Verkäufern und nicht registrierten Dienstleistern aller Art, den sogenannten changueros (etwa: Tagelöhner). Weiterhin ist ein Großteil der in kleinen Einzelhandelsbetrieben (zum Beispiel Kiosken) Angestellten informell beschäftigt.

---

[88] http://deutsche-wirtschafts-nachrichten.de/2014/02/05/folge-der-euro-rettung-griechische-rentner-verarmen/
[89] http://de.wikipedia.org/wiki/Argentinien-Krise

Ausgelöst wurde diese Krise durch hemmungslosen Konsum auf Kredit und Import. Als Argentinien dann aus dem Ausland kaum mehr Kredit bekam, begann auch noch eine massive Kapitalflucht. Im Dezember 2001 war dann das Ende da, die Banken schlossen, der Peso wurde vom US-Dollar abgekoppelt und sank auf 40 %. Es gab Massenarbeitslosigkeit, frühere Mittelschichtler mussten sich jetzt als Cartoneros verdingen, um Essbares und Verkaufbares im Müll der Oberschicht zu finden. Die Oberschicht hatte ihr Geld schon auf Konten in Florida überwiesen.

Noch etwas zeigt dieser Artikel: die „informelle Wirtschaft" explodierte, diese zahlt keine Steuern und Sozialabgaben. Die Regierung konnte sich eigentlich nur mehr durch Exportsteuern finanzieren, denn der Export von landwirtschaftlichen Produkten lief weiter und boomte wegen der niedrigen Preise durch die Abwertung.

Inzwischen ist Argentinien wieder in einer ähnlichen Krise, weil in diesem Land seit 1945 ständig linke Populisten gewählt werden, die das Land von einem der reichsten Länder der Welt zu einem Armenhaus machten. Die Wähler lernen leider nie.

Die internationalen Konzerne zogen inzwischen zu einem grossen Teil aus Argentinien ab, weil ständig die Gefahr von Enteignungen und anderen bürokratischen Eingriffen droht. Ausserdem ist dort nichts mehr zu verdienen, es gibt massive Importbeschränkungen und Devisenkontrollen.

Vor allem für die internationalen Konzerne wird es viel schwieriger, da sie mit geringer Kaufkraft, geschlossenen Grenzen und unkonvertierbaren Währungen zu kämpfen haben werden. Sie werden massenhaft ihre regionalen Vertriebsniederlassungen aufgeben oder billig verkaufen.

„Alles Unheil auf der Welt stammt von Menschen, die glauben, sie müßten etwas Gutes tun." –
Arthur Koestler

4.3. Statt Karriere die Arbeit am Kartoffelacker

Über den heutigen Karrierewahn wurde am Anfang des Buches bereits geschrieben, auch über die Zustände in einer Depression am Beispiel Griechenlands wurde im Kapitel über „Das Ende des Konsumwahns" bereits geschrieben.

Auch Griechenland ist noch nicht „ganz am Boden", weil es immer noch von der EU erhalten wird und der Staatsapparat noch kaum verkleinert wurde.

Ahnungen von dem, wie es „ganz am Boden" aussieht, geben Einblicke in die Zustände nach dem Ende der Sowjetunion. Alleine in Russland sind in den 1990er Jahren ca. 3 Millionen Menschen verhungert oder erfroren. Erfroren deswegen, weil in den Städten grossflächig im Winter die Fernheizungen ausgefallen sind, es war einfach kein Geld für Brennstoff oder Reparaturen da oder es wurde von Korruptionisten gestohlen.

Man kann davon ausgehen, wenn die Staaten 85 % ihres Personals enlassen müssen und die Firmen-Bürokratien ebenfalls, dann fliegen Massen von meist Akademikern auf den Markt, die üblicherweise nur zwei linke Hände für praktische Arbeiten, aber hohe Ansprüche haben. Den gewesenen Expertinnen für Genderismus und Experten für das Marketing der 161ten Joghurtsorte wird dann nichts anderes übrigbleiben als jede angebotene Arbeit anzunehmen, auch wenn sie sehr schlecht ist und rein informell ist, also ohne irgendeine soziale Absicherung. So erging es etwa auch den Lehrern für Maxismus-Leninismus nach dem Fall des Ostblocks. Man konnte sie am Arbeitsstrich von Berlin oder Wien für Tagelöhnerarbeiten am Bau anheuern.

Man kann annehmen, dass ein guter Teil der entlassenen Bürokraten einfach verhungern wird. Das Beispiel Argentinien lässt grüssen. Dort explodierte die Zahl der Strassenverkäufer und der Cartoneros, der Müllstierer.

Wenn die ganze Bürokratie runterkommt, wird es diejenigen am meisten treffen, die bisher von ihr sehr gut gelebt haben. Leider sind sie Spezialisten für ein Fach, das es dann nicht mehr gibt. Karriere wird dann keine

Rolle mehr spielen, dafür der Kampf um das reine Überleben. Auch wird eine Auswanderung, wie im Fall des untergehenden Ostblocks, kaum möglich sein, denn der ganzen Welt wird es ähnlich ergehen.

Einen Lichtblick gibt es aber: das Volk muss weiter essen und die heute hochmechanisierte Landwirtschaft plus Nahrungsmittelindustrie wird sicher Probleme mit der Wartung der Maschinen und der Beschaffung von Treibstoff haben. Also, was liegt näher als der Einsatz von Menschen anstatt von Maschinen? Arbeitslose als Landwirtschaftshelfer gibt es dann genügend.

Hier eine Leserzuschrift an Hartgeld.com aus Österreich aus dem Jahr 2010:

> *„Mir reicht´s! Hilfe! Ich halte das einfach nicht mehr aus!*
> *Ich hab diese grüne Gutmenschen-Sch*?§e so etwas von satt! Einst liebte ich das Leben, heute darf man allerdings wirklich gar nichts mehr tun und sagen, weil es böse ist, weil es politisch unkorrekt ist, weil es irgendwelche außerdirdischen vertrottelten Bürokraten verbieten, jedes kritische Wort einer verfehlten Einwanderungspolitik gegenüber sofort von irgendwelchen Gift-Mambas oder Pseudo-Intelektuellen-Künstlern mit der berühmten Nazi-Keule geahndet wird, weil man laufend von irgendwelchen Subjekten selber linker Art bedroht oder gemobbt wird, weil das Fernsehen nur noch solchen Dreck sendet, leider in die verkehrte Richtung (Staatsfunk, eh klar), weil einem einfach alles unnötig kompliziert und teuer gemacht werden muss, egal, wohin man schaut, weil ich permanent Angst um meinen kleinen Sohn und dessen Zukunft haben muss …*
>
> *Leute, ich schwöre: Ich habe vorgesorgt und wenn es kracht, dann hab auch ich meinen 5,5 m langen V8-Gelände-Pick-Up, mit großem Rammschutz vorne drauf (derzeit angeblich wegen Fußgängerschutz verboten) und fahre Patrouille über meinen Acker im Waldviertel und überwache per Knarre all diese halbseidenen Vollidioten, die mir heute das Leben dermaßen erschweren, wie sie meine Gemüse- und Obst-Ernte einbringen. Meinen Nachbarn, der nebenberuflich Jäger ist, engagiere ich, denn auch das reine Vegan-Leben dürfte die Menschen ziemlich vertrotteln, und Kartoffeln und raffinierte Gemüsevariationen schmecken außerdem noch immer mit einer knusprigen Wildsau oder Hirschragout am besten.*
> *Bitte Herrgott, lass es scheppern – aber bald!"*

Aus dieser Zuschrift sind zwei wichtige Dinge zu entnehmen:

- Das normale Volk dürfte alle Dekadenzen und die Bürokratie ziemlich satt haben.
- Bei den neuen „Arbeitgebern" werden diese heute arroganten Dekadenzler kein leichtes Leben haben.

In Notzeiten war es immer üblich, dass angeheuerte Feldarbeiter nur den Abfall als Lohn bekamen, alle guten Früchte mussten sie an den Landwirt abliefern. Handwerker werden es besser haben, wenn sie etwas reparieren können, denn Neuanschaffungen von Geräten, besonders aus dem Ausland, werden zu teuer oder gar unmöglich sein. Auch der Nachbau von Ersatzteilen wird gut gehen. Laut meinen Quellen wird der Reparateur der beste Beruf überhaupt werden.

Diese Information über das Leben in Notzeiten stammt von einem Taxifahrer in Wien, der die damalige Zeit der Hyperinflation um 1993 in Serbien erlebt hat:

- Wer in der Stadt lebte, dem ging es wirklich dreckig: Die Regierung schloss die unrentablen staatlichen Fabriken, zahlte aber die Löhne aus der Gelddruckmaschine weiter. Fast alle lebten auf diese Weise vom Staat. Der Dinar war fast wertlos, kaum etwas gab es dafür zu kaufen. Viele Leute lebten vom Schwarzhandel – Benzin etwa gab es nicht für Dinar an der Tankstelle, aber für D-Mark an jeder Strassenecke. Es wurde aus Rumänien geholt.

- Wer am Land lebte und etwas anbauen konnte, dem ging es besser. Er hatte zumindest keinen Hunger: Er hatte aber auch kein reales Geld, um etwas zu kaufen, tauschen war möglich.

- Wer D-Mark oder Schilling hatte, war König: 10 DM oder 100 ATS waren bereits ein kleines Vermögen. Man konnte alles, was es gab damit kaufen, denn jeder wollte dieses Geld. Man konnte eine Woche hervorragend davon leben.

Man sollte klarerweise die Königsrolle anstreben, diesesmal mit Gold/Silber.

Noch etwas zur Karriere in solchen Krisenzeiten:
Diese ist für Aussenstehende so gut wie ausgeschlossen, denn jeder, der in einer Organisation ist, die noch einstellt, wird versuchen, die eigenen Verwandten und Bekannten unterzubringen. Ausserdem wird jeder, der noch einen Job hat, an diesem mit allen Mitteln festhalten. Überall wird fortlaufend entlassen werden, oder Betriebe werden ganz zugesperrt. Die heutige Situation in Griechenland ist eine Kostprobe.

Wie bereits in Griechenland, Spanien oder auch in den USA zeigt sich, dass ein staatliches Studium nichts mehr bringt, ausser vielleicht einen miesen Job am Feld oder bei McDonalds.

Das wird ein unglaublich brutales Stahlbad, durch das unsere Gesellschaft durch muss. In jeder richtigen Depression reduzieren sich Arbeitsteilung und Bürokratie massiv. Ganze Lieferketten werden zerreissen, etwa weil Lieferanten pleite gegangen sind, oder deren Produkte mangels Devisen nicht mehr importiert werden können. Es wird wieder viel mehr lokal produziert werden müssen, das gibt neue Chancen. Es ist auch so, dass viele Fähigkeiten, etwa in der Landwirtschaft, wieder erlernt werden müssen. Nachdem es so viele Leute mit zwei linken Händen geben wird, die entlassen werden, ist auch mit einer signifikanten Bevölkerungsreduktion zu rechnen. Diese wird durch Flucht von Ausländern, Auswanderung und schlichtem Verhungern zustande kommen.

Seit einigen Monaten gibt es eine Vorausschau darauf auf deagel.com, einer US-Website: List of Countries Forecast 2025[90]. Meine Quellen sagen, dass das die Prognosen der Planer des Umbruchs sind.

Hier eine übersichtlichere Darstellung mit Übersetzung:

---

[90] http://www.deagel.com/country/forecast.aspx

Land	Einwohneranzahl (in Mio.)		Veränderung
	2013	2025	
USA	316.0	69.0	-78.16%
China	1.400.0	1.400.0	0.00%
Japan	127.0	125.0	-1.57%
BRD	81.0	80.0	-1.23%
Frankreich	66.0	42.0	-36.36%
Großbritannien	63.0	32.0	-49.21%
Brasilien	201.0	221.0	9.95%
Russland	143.0	135.0	-5.59%
Italien	61.0	42.0	-31.15%
Indien	1.200.0	1.400.0	16.67%
Australien	22.0	12.0	-45.45%
Spanien	47.0	26.0	-44.68%
Niederlande	17.0	9.1	-46.47%
Schweiz	8.0	2.8	-65.00%
Schweden	9.7	3.5	-63.92%
Norwegen	5.1	1.9	-62.75%
Österreich	8.2	6.4	-21.95%
Iran	80.0	85.0	6.25%
Thailand	68.0	69.0	1.47%
VAE	5.5	2.2	-60.00%
Israel	7.7	4.4	-42.86%
Ägypten	85.0	82.0	-3.53%
Griechenland	11.0	2.9	-73.64%
Portugal	11.0	6.8	-38.18%

Was dabei auffällt, ist, dass westliche Staaten, die bisher Nettoimporteure waren, wie Spanien oder Grossbritannien, ganz schlecht wegkommen. Besonders arg trifft es die USA, die von 316 Millionen auf nur 69 Millionen Einwohner schrumpfen sollen. Deutschland soll es fast nicht treffen, dafür die Schweiz sehr stark. Österreich soll von 8 Millionen auf 6,5 Millionen Einwohner schrumpfen. Manche Staaten legen sogar noch an Bevölkerung zu.

Staaten, die besonders stark schrumpfen sind hoch im Ausland verschuldet, sind Nettoimporteure auf Kredit, haben ein grosses Sozialsystem und wenig Industrie, dafür einen riesigen Dienstleistungs- und Verwaltungssektor. Insoferne könnte die Liste stimmen.

Der gesamte Dienstleistungssektor auch abseits der staatlichen Verwaltung dürfte massivst schrumpfen.

4.4. Massenarmut und das Ende der Anspruchsgesellschaft

Es wurde in den vorigen Kapiteln bereits angesprochen, es wird eine enorme Arbeitslosigkeit und Armut geben. Ich rechne zumindest mit 50 % Arbeitslosigkeit für mehrere Jahre.

Es wird auch eine Bevölkerungsreduktion geben, Eine Schrumpfung auf 2/3 von heute ist in den besseren Staaten Europas wahrscheinlich, in den Südstaaten um mehr – siehe Deagel-Liste. Diese wird erfolgen wie in der untergegangenen Sowjetunion durch Verhungern und Erfrieren, aber auch durch Flucht und Vertreibung von unerwünschten Ausländern. Die Grosstädte werden sich besonders stark leeren, auch durch Flucht auf das Land. Einfach, weil es in der Stadt kaum mehr etwas zum Essen gibt (gegen Gold schon, aber das werden nicht mehr viele haben). Ich erwarte, dass etwa Wien von heute 1,8 Millionen Einwohnern auf 1 bis 1,2 Millionen schrumpfen wird. In Städten wie Berlin wird es noch ärger werden.

Daneben wird ein grosser informeller Sektor mit Strassenhandel, Tauschringen und Schwarzarbeit entstehen. In Argentinien ab 2002 war es so, heute auch in Griechenland oder Spanien.

Hier Wikipedia über die Definition von Subsistenzwirtschaft[91]:

Die Nahrungsmittelproduktion in der Subsistenzwirtschaft dient primär der Reproduktion der einzelnen Haushalte und zielt nicht auf das Erwirtschaften von Profiten ab. Häufig geht die Subsistenzwirtschaft mit Naturalwirtschaft einher und unterscheidet sich von der Verkehrs- oder Marktwirtschaft, in welcher der einzelne Güter und Dienstleistungen in der Regel gegen Geld auf dem Markt tauscht, um mit seinem Einkommen andere Güter oder Dienstleistungen zu beziehen. Dies schließt nicht aus, dass auch in der Subsistenzwirtschaft auf lokalen Märkten Überschüsse verkauft werden, um Einnahmen für notwendige Investitionen zu erzielen (z.B. für Werkzeuge, Salz o.ä.)

Das gilt nicht nur für die Nahrungsmittelproduktion, auch für die Produktion von Kleidung, etc. Ich bin selbst am Land aufgewachsen, wo meine Eltern eine Kleinlandwirtschaft betrieben. Die Mutter stellte selbst Teile der Bekleidung für die Familie her, strickte, nähte, etc. Nur Stoffe und Knöpfe wurden zugekauft.

In Notzeiten, wie in den ersten Jahren nach dem 2. Weltkrieg war es gut, so etwas zu haben, aber ab ca. 1960 rentierte es sich nicht mehr. Danach war es ertragreicher, arbeiten zu gehen und vom Lohn alles zu kaufen, was man brauchte.

Was die damalige Zeit massiv von heute unterscheidet? Damals waren Fähigkeiten wie Landwirtschaft, Viehzucht, Hausschlachtung, Nähen, Stricken noch weit in der Bevölkerung verbreitet, heute kann es fast niemand mehr. Sogar die Landwirte kaufen die Nahrungsmittel im Supermarkt ein und liefern ihre Produkte an Grossverteiler. Das wird sich in der kommenden Krise als schwerer Nachteil erweisen. Eine schon öfters zitierte Insider-Quelle erwartet, dass grosse Teile der Bevölkerung auf eine Subsistenzwirtschaft absinken werden. Sie müssen sich diese Fähigkeiten wieder aneignen.

---

[91] http://de.wikipedia.org/wiki/Subsistenzwirtschaft

Hier die Zusammenfassung eines Artikels aus 2005 von Dmitry Orlov, einem in den USA lebenden Russen, der die Zusammenbruchszeit in Russland ab 1990 miterlebt hat: Post-Soviet Lessons for a Post-American Century[92]:

> *"I went back a year later, and found a place I did not quite recognize. First of all, it smelled different: the smog was gone. The factories had largely shut down, there was very little traffic, and the fresh air smelled wonderful! The stores were largely empty and often closed. There were very few gas stations open, and the ones that were open had lines that stretched for many blocks. There was a ten-liter limit on gasoline purchases."*

Das war in 1990, da hatte der Untergang der Sowjetunion wirtschaftlich schon richtig begonnen. Die Fabriken waren grossteils geschlossen, wenig Verkehr und im Erdölland Russland war das Benzin rationiert. Es gab wenig zu kaufen.

> *„St. Petersburg was a shock. There was a sense of despair that hung in the winter air. There were old women standing around in spontaneous open-air flea markets trying to sell toys that probably belonged to their grandchildren, to buy something to eat. Middle-class people could be seen digging around in the trash. Everyones savings were wiped out by hyperinflation. I arrived with a large stack of one-dollar bills. Everything was one dollar, or a thousand rubles, which was about five times the average monthly salary. I handed out lots of these silly thousand-ruble notes: "Here, I just want to make sure you have enough." People would recoil in shock: "That's a lot of money!" "No, it isn't. Be sure to spend it right away." However, all the lights were on, there was heat in many of the homes, and the trains ran on time."*

Das war jetzt in 1992, die Hyperinflation hatte schon voll eingesetzt. Diese hat nicht nur die Ersparnisse geraubt, sie hat auch die Gehälter auf lächerliche Realwerte gedrückt: ein US-Dollar waren fünf Monatsgehälter. Die Russen hungerten und verkauften alles, was sie hatten auf neu en-

---

[92] https://docs.google.com/document/d/1M56LtVzVcYJSMGKm5CV2RcePETqK1BwvF-Pb5AkdTXM/preview?pli=1

standenen Flohmärkten, um Nahrung zu kaufen oder sie durchsuchten, wie einige Jahre später in Argentinien, die Mülltonnen nach Essbarem.

"Three years later, I was back again, and the economy had clearly started to recover, at least to the extent that goods were available to those who had money, but enterprises were continuing to shut down, and most people were still clearly suffering. There were new, private stores, which had tight security, and which sold imported goods for foreign currency. Very few people could afford to shop at these stores. There were also open air markets in many city squares, at which most of the shopping was done. Many kinds of goods were dispensed from locked metal booths, quite a few of which belonged to the Chechen mafia: one shoved a large pile of paper money through a hole and was handed back the item.

There was a great divide between those who were unemployed, underemployed, or working in the old economy, and the new merchant class. For those working for the old state-owned enterprises – schools, hospitals, the railways, the telephone exchanges, and what remained of the rest of the Soviet economy - it was lean times. Salaries were paid sporadically, or not at all. Even when people got their money, it was barely enough to subsist on."

In 1995 waren schon neue Strukturen entstanden, zumindest für jene, die Geld in Fremdwährung hatten. Die Kriminaliät war gewaltig, ebenso die Sicherheitsvorkehrungen der Händler. Diesen ging es viel besser, als jenen, die von einem sehr mageren Staatsgehalt leben mussten, falls das Gehalt überhaupt eintraf. Genauso schlecht erging es den Rentnern, die Renten wurden oft monatelang nicht ausbezahlt.

Den Dollar als Währung hat man in Russland lange nicht weggebracht, denn dem neuen Rubel traute man nicht und 1998 kam wieder eine Finanzkrise, die den Menschen das Ersparte raubte.

Was auch im Artikel vorkommt, und was den Russen wirklich half, das waren die privaten Gärten, in denen schon zu Sowjetzeiten Lebensmittel produziert wurden. Diese Struktur fehlt bei uns fast komplett. Wir sind viel abhängiger als die Russen damals von einem Einkommen aus Arbeit oder Sozialtransfers, da wir alles im Supermarkt kaufen müssen. Ebenso müssen die meisten von uns Schulden abzahlen, was damals in Russland auch nicht der Fall war. Sobald solche Zustände eintreten, ist es mit der Konsum- und Anspruchsgesellschaft vorbei. Nicht mehr der Besitz des neuesten iPhone zählt, sondern, wie man überlebt. Das ist eine Phase durch die auch wir durch müssen.

Hier noch ein Auszug aus einer Leserzuschrift an Hartgeld.com über die Verhältnisse damals:

> *„Mein Vater (heute Weißrussland) hat immer viel gearbeitet. Meine Mutter auch. Sie haben fleißig gespart. Als die Sowjetunion uns zu verlassen schien, zeichnete sich Inflation ab. Meine Eltern hatten über 50.000 Rubel (ca. 5 Jahresfamilieneinkommen, d.A.) gespart. Ich bat meinen Vater inständig das Geld gegen Dollar, DM oder Ware zu tauschen. Er blieb hartnäckig dabei, dass dieses Geld auf dem Sparbuch verbliebe. Zum Schluss der Inflation konnte er davon nicht einmal eine Schachtel Streichhölzer kaufen, es war zu wenig Geld."*

Das ist auch charakteristisch für solche Krisenzeiten: die Menschen wollen nicht sehen, dass ihre Ersparnisse untergehen werden. Selbst Warnungen aus der eigenen Familie nützen nichts, selbst wenn die Anzeichen klar zu sehen sind. Am Ende stehen die Leute dann ohne Ersparnisse und Einkommen da und müssen die Mülltonnen nach Essbarem durchwühlen.

Hier noch der Bericht eines Russland-Kenners, der die Finanzkrise von 1998 in Russland erlebt hat:

Die Finanzkrise in Russland 1998: Ein Erlebnisbericht[93]:

> *Wir schreiben das Jahr 1998. Es ist August. Die Straßen in St. Petersburg sind voller Menschen. Der kurze Sommer wird in vollen Zügen genossen. Ich arbeite nun schon im vierten Jahr in dieser Stadt.*
>
> *An einem schönen Augusttag gehe ich mir morgens ein Brot holen. Direkt neben dem Lebensmittelgeschäft befindet sich eine Wechselstube. Ich schaue auf den Kurs und halte inne: Eine DM ist mit dem Gegenwert von sechs Rubeln ausgezeichnet. Ich werde stutzig. Kann das sein? Gestern lag der Kurs doch noch bei eins zu drei.*

---

[93] http://www.hartgeld.com/media/pdf/TO2009/Beyer_Russland-Krise-1998.pdf

Sicher, ich hatte davon gelesen, dass es Probleme mit dem Rubel gibt, aber was wusste ich schon von diesen Dingen; geboren in Westdeutschland und aufgewachsen mit der harten D-Mark.

In der Mittagspause gehe ich zur nächstgelegenen Wechselstube. Eine DM wird mit neun Rubel bewertet. Am Abend ist die DM bei 12 Rubel. Und so geht es wochenlang weiter. Die Rubel-Ersparnisse der Bürger verdampfen wie Eis in der Sonne. Es gibt Tränen, Wut und das Gefühl der Ohnmacht.

Wieder einmal sind die Bürger pleite und nicht der Staat. Die russische Regierung wird nach einigen Monaten drei Nullen auf den Geldscheinen streichen. Die Russen hatten bereits Erfahrungen mit diesem Phänomen gesammelt. Sie waren nicht vollkommen unvorbereitet. Das Land war schon 1990/91 in eine Hyperinflation hineingeschlittert. Es ging mit Inflationsraten von 1526 Prozent im Jahre 1992, 875 Prozent im Jahre 1993 und 311,4 Prozent im Jahre 1994 weiter.

Was war geschehen? Die damalige Jelzin-Regierung verschuldete sich stark im In- und Ausland, dann begann eine Kapitalflucht. An einem einzigen Tag stürzte der Rubel von 1:3 zur DM auf 1:12 ab. Schon damals hielten viele Russen aus den Erfahrungen mit der Hyperinflation einige Jahre vorher ihre Ersparnisse in Dollar oder DM. Viele tun es weiter, denn der Rubel ist in der Realität eine Weichwährung geblieben.

Bei uns kommt dieser Tag des Zusammenbruchs noch: an diesem Tag werden die Konten geschoren, die Lebensersparnisse sind weg, die Börsen crashen, die Immobilien werden fast wertlos. Danach kommen die grossen Entlassungwellen und der Zusammenbruch der Realwirtschaft. Massivste Verarmung wird die Folge sein.

Nehmen wir das Beispiel aus der Leserzuschrift, wo der Vater 50.000 Rubel gespart hatte. Hätte er dieses Geld rechtzeitig in Dollar oder DM umgesetzt, dann wäre er in der Hyperinflation ein Krösus gewesen, denn ein US-Dollar waren fünf Monatsgehälter. Ausserdem hätte er Auslandwaren kaufen können, die es nur für Dollar gab. Ebenso hätte er damit billigst Firmen erwerben können, die damals privatisiert wurden. So wurden die russischen Oligarchen reich, indem sie damals billigst einstiegen.

Jetzt ist wieder so eine Zeit, aber bei uns, man muss sein Vermögen in Gold und Silber retten, um nach dem Zusammenbruch billig investieren zu können. Die Masse will das auch jetzt nicht verstehen, wird arm werden und in eine Subsistenzwirtschaft absinken. Selbst Schuld.

Zum Abschluss des Kapitels noch ein Thema, das viele vermutlich nicht lesen möchten: Bevölkerungsreduktion durch Hunger. Meine Quellen sagen, dass das eine signifikante Rolle spielen wird. Heute ist es so, dass ein Grossteil der Bevölkerung von einem Gehalt oder einer Sozialleistung lebt. Denjenigen, die von Sozialleistungen leben, geht es oft besser als den steuerzahlenden Verdienern.

Sobald die Gehälter und die Sozialleistungen weg sind, sowie die Banken und Supermärkte geschlossen, geht es ums Überleben. Es ist zu erwarten, dass ein grosser Teil dieser Kategorien von Menschen wegsterben werden, besonders dann, wenn sie keine Familie haben, oder diese ihnen nicht helfen kann:

- Alte, Rentner, Pensionisten
- Behinderte
- Chronisch Kranke
- Jüngere Personen mit „zwei linken Händen", die nichts ausser ihrer beruflichen Spezialisierung können oder machen wollen

Nicht das Alter wird entscheiden, ob man nicht verhungert, sondern das Vorhandensein von krisensicherem Geld, die persönliche Flexibilität und das Vorhandensein von Vorräten. Das neueste iPhone oder die Karriere spielen dann keine Rolle mehr.

Reparieren zu können wird laut meinen Quellen der beste Job von allen werden, da nicht alles neu gekauft werden kann. Das Handwerk bekommt wieder goldenen Boden.

4.5. Die Vertreibung der unerwünschten Ausländer

Die öffentliche Meinung wird total kippen, wenn die Terroranschläge bei uns beginnen. Das wurde alles so geplant, um die politische Klasse leichter zu entfernen. Die unerwünschten Ausländer werden dann grossteils von selbst fliehen, wobei sie selbst dabei nur Manövriermasse sind.

Mir persönlich als Journalist ist das Thema eigentlich ziemlich egal. Ich beschreibe nur, was ich sehe und was meine Quellen erzählen. Und natürlich was in der Vergangenheit in solchen Krisen passierte. Ich persönlich stehe jeglicher Form von Gewalt ablehnend gegenüber.

Wenn die Arbeitslosigkeit, wie ich erwarte, 50 % erreicht, dann wird überall der Ruf erschallen: „Jobs nur für unsere Leute!" Die Stimmung wird total gegen die Ausländer aus mehreren Gründen kippen, nicht nur wegen der jetzt fehlenden Jobs.

- Weil medial das Steuer herumgerissen wird. Die Medien werden nach dem Terror von Multikulti auf National schwenken, weil es ihnen befohlen wird, und auch weil die Stimmung in der Bevölkerung total dreht.
- Es hat sich in der Bevölkerung eine unvorstellbare Wut auf bestimmte Ausländergruppen aufgebaut. Das wurde bewusst gemacht, um Sündenböcke zu schaffen.
- Weil grosse Teile dieser Einwanderer von unserem Steuergeld leben.
- Weil besonders die Moslems extrem arrogant gegenüber uns geworden sind; bei diesen waren dazu vermutlich Agitatoren am Werk.
- Weil man mit der Masseneinwanderung in unsere Sozialstaaten die bisherige politische Klasse diskreditiert hat, die jetzt entfernt wird.

Hier ein Artikel von Thomas M. Pfefferle aus 2012, der ein Buch darüber geschrieben hat: Der Backlash geht los – Teil 2; Der kommende Kreuzzug gegen den radikalen Islam[94]:

> *Der US-amerikanische Trendforscher Gerald Celente hatte für das Jahr 2012 in Europa dementsprechend bürgerkriegsähnliche Zustände vorausgesagt – vor allem nach einem wirtschaftlichen Zusammenbruch. Dabei werde es auch zu Pogromen gegen zugewanderte Moslems kommen. Wörtlich sagte Celente hierzu: „For Muslims, the need to develop escape plans is by no means far-fetched and is already being considered by many."*
>
> *Gerald Celente rät bestimmten Bevölkerungsgruppen, vor allem den Moslems, knallhart, Europa zu verlassen. Migranten sollten sich darauf einstellen, dass sie bald in Massen aus dem Abendland vertrieben werden könnten. Für die kommenden ethnischen Säuberungen in Europa veranschlagt Celente einen Zeitraum zwischen 2012 und 2016.*

Hier ein Artikel zu Celentes Prognose: Ab 2012 Kriege wieder mitten in Europa![95] Celente hat den Zusammenbruch des Finanzsystems schon früher erwartet, als er diese Aussage machte. Inzwischen wurde die von ihm prognostizierte Vertreibung noch viel besser „vorbereitet", indem man seit Anfang 2013 alles nach Europa reinholt, was laufen kann. Sollte ein terroristischer Grossanschlag wie 9/11 passieren, dann wird man es wie damals den Moslems in die Schuhe schieben. Dann lässt man die Stimmung total kippen und die Jagd beginnt.

Wer wird vertrieben (in dieser Priorität)?

1. Zuerst einmal die Moslems wegen Terror und deren Arroganz.
2. Vermutlich einmal alle Unangepassten, etwa Roma/Zigeuner.[96]
3. Dann alle Auffallenden, wie Afrikaner.
4. Dann alle, die von unseren Steuergeldern leben.
5. Dann alle arbeitslosen Ausländer.

---

[94] http://www.hartgeld.com/media/pdf/Pfefferle-Backlash2.pdf
[95] http://forum.vol.at/showthread.php?t=10135
[96] Zum Wort "Zigeuner": diese Volksgruppe nennt sich selbst so. Also wird es wohl erlaubt sein, dieses Wort zu benützen.

Wie weit das gehen wird, wissen wir noch nicht. Es dürfte wahrscheinlich wenig Rolle spielen, ob Personen an der Spitze der oberen Liste einen europäischen Pass besitzen – der wird ihnen einfach weggenommen. Es kann auch alle Kategorien gleichzeitig treffen.

Wer darf bleiben? Vermutlich Europäer, die noch einen Job haben und angepasst sind. Nicht vergessen: herausstehende Nägel werden eingeschlagen.

Die Beamten und Angestellten im öffentlichen Dienst, die solche Ausländer zu betreuen haben, dürften voll vor Wut sein. Sobald man denen sagt, „rauswerfen!", werden sie mit Freude losstürmen. Hier ein Beispiel aus einer Leserzuschrift aus Deutschland an Hartgeld.com:

„Ich arbeite in einem Sozialamt einer größeren Stadt in NRW.

Letztens wurde von mir der Hinweis eines islamischen Hilfeempfängers mit großer Abscheu entgegengenommen. Der Hilfeempfänger sprach über seinen Vermieter, der ihm eine Mietkürzung auferlegen wollte, sinngemäß wie folgt:

„Dieser dreckige Jude soll büßen, dass meine Familie (derzeit 6 Kinder) in diesem schimmligen Loch vegetieren muss. Kürzen Sie dem die Miete, weil dieser Ungläubige meinen kleinen Kindern keine Heizung bietet."

Der „dreckige Jude" ist allerdings ein Deutscher, nicht-jüdischer Herkunft. Dass die Heizkosten dem Asylbewerber in Rechnung gestellt worden sind, ist richtig. Allerdings ist es nicht nachvollziehbar, wie man mit 100 m² Wohnfläche im Durchschnitt monatlich 250 Euro Heizkosten verursachen kann. Ich habe mich persönlich bei einem Ortsbesuch davon überzeugen können (Flachbildfernseher, Wii-Konsole, I-Pad und drei Handys habe ich dabei auch gesehen), dass die Fenster und Türen den modernen Isolationskriterien genügen. Vermutlich hat man die Raumtemperatur über geöffnete Fenster reguliert. Von Schimmel war weit und breit nichts in Sicht.

Darauf angesprochen erwiderte mir der Hilfeempfänger, dass ich ein Jude sei, der mit diesem schweinefressenden Vermieter gemeinsame Sache mache. Er werde den Integrationsrat einschalten, um dieser Ungerechtigkeit ein Ende zu bereiten. Wie ich meinen Arbeitgeber kenne (der Stadtrat ist durch und durch rot gefärbt), wird er wohl die vollen Heizkosten nachgezahlt bekommen, und ich darf mich auch um eine schöne neue Wohnung für ihn und seine Familie (Frau ist schon wieder schwanger) kümmern.

Wacht auf, Ihr Wählerinnen und Wähler. Wir an der Sozialhilfefront brauchen Politiker mit Eiern in der Hose und nicht solche Waschlappen, die jedem Schmarotzer, der freche Sprüche auf Lager hat und dabei heftigst die Diskriminierungskeule schwingt, alles zusprechen, was er verlangt."

Überall auf den Sozialämtern, Ausländerämtern, im Polizeiapparat werden massenhaft solche Erfahrungen gemacht. Um zu zeigen, was das Personal dort erdulden muss, wurde diese Zuschrift exemplarisch für viele ähnliche gebracht. Sobald man den „Schalter umlegt" kommt alles zurück, dann wird das Leben für solche arroganten Ausländer wirklich hart. Ein großer Teil wird dann vermutlich von selbst verschwinden, besonders dann, wenn sie keine Sozialleistungen mehr bekommen.

Die Arroganz ist besonders unter den Moslems enorm und wird bei denen zu gewaltigen Fehleinschätzungen führen, wenn es soweit ist. Hier die Leserzuschrift von 2012 eines Türken aus Deutschland an Hartgeld.com:

„Den ganzen kommentierenden Eingeborenen, die sich da bei Ihnen austoben und unseren gewalttätigen Austrieb herbeifabulieren, darf ich mal folgendes ins Stammbuch schreiben: Viele von uns (ich spreche für die Türken) sind mindestens genauso lange hier wie ihr. Während ihr verhätschelt und verweichlicht wurdet, haben wir trainiert. Wir können uns auf eine funktionierende Alarmierungskette verlassen. Bei uns gilt das gesprochene Wort noch etwas. Wir sind noch hungrig... Ihr seid satt, verweichlicht, mit feisten Bäuchen und zarten Händen ausgestattet. Und ihr wollt gegen uns antreten? Das wird ein Rauschefest... aber nicht für Euch. Allerdings habt ihr mehr Geld als wir. Ihr könntet Euch also Verstärkung ankaufen. Selbst und aus eigener Kraft seid ihr sowas von harmlos, dass man bei den ganzen marktschreierischen Kommentaren aus der Seite nur belustigt ist. Waffengeklirr vom sicheren Stubentisch aus. Was seid ihr nur für Weicheier! Man sieht sich."

Eine totale Fehleinschätzung der Lage. Sobald „die da oben" (damit sind nicht die heutigen Politiker gemeint) der Meinung sind, dass der islamische Sündenbock aktiviert werden muss, dann helfen auch das körperliche Training und die Alarmketten nichts mehr. Dann haben sie die Staatsmacht und die Mehrheitsbevölkerung gegen sich. Gegen deren Organisation haben sie keine Chance. Sie sind total verblendet und wie geschaffen für die Sündenbock-Rolle. Alleine der Entzug der Sozialhilfe wird schon in vielen Fällen ausreichen.

Hier die Antwort eines Deutschen zur Zuschrift des größenwahnsinnigen Türken:

„Stellt sich der wirklich vor, daß deutsche Rentner mit der Mistgabel in den Häuserkampf ziehen? Dass ich nicht lache! Das große Problem für die Türken ist, dass sie sich eben nicht integriert haben und z.B. auf dem Land wohnen. Sie wohnen fast ausschließlich in ihren Ghettos in den Großstädten. Und das macht die Vertreibung umso einfacher. Es werden Strom und Wasser abgestellt und an den Ausfallstraßen Maschinengewehrnester positioniert. Nach einigen Stunden bis Tagen (je nach Temperatur) werden die Türken winselnd nach Allah blöken und auf allen vieren rausgekrochen kommen. Was nützen da antrainierte Muckis und Alarmierungsketten? Und richtig: die Deutschen an den Maschinengewehren sind übergewichtig, mampfen Chips und saufen Cola.

Es ist bekannt, daß der Deutsche sehr leidensfähig ist. Aber irgendwann ist das Maß voll und dann wird gründlich gearbeitet. Zur Not wird das Umspannwerk zerschossen, die Straße aufgebuddelt und die Hauptwasserleitung gekappt."

Sehr richtig geschrieben: Organisationsmacht geht vor Alarmketten & Co. Sobald deren Unterstützer aus Politik, Medien und Justiz weg sind, sind diese Ausländer völlig hilflos, da sie ja großteils von Sozialhilfe leben. In den Firmen, die noch arbeiten, werden dann garantiert diese Ausländer zuerst hinausgeworfen, denn die Stimmung hat sich generell gegen sie gedreht.

Hier noch eine Leserzuschrift aus Deutschland zum Türken:

"An den Lineardenker und seine alten Dorfpolizisten. Wenn der Tanz endlich beginnt, werden gerade die Polizisten und Soldaten RICHTIG Butter bei die Fische machen, seien Sie sich dessen gewiss! Die durften sich seit Jahrzehnten von der Mischpoke anspucken, schlagen und abstechen lassen und wehe man wehrte sich ... die grünroten Bastarde in den Führungsstäben „rammten den Dolch in den Rücken".

Es wurde schon ausgeführt, wir sind hier in DEUTSCHLAND, nicht in einem arabischen Höllenloch. Wir haben hier organisierte Kräfte (Vereine, THW, FFw usw.) ohne Ende, in der Bevölkerung sind mehr als genug Männer, die gedient haben und auch heute sicher noch ein G36 oder eine MP2 bedienen können.

Soll der Musel-Mob doch seine „Alarmketten" abrufen, eine entschlossene Schützengruppe mit Knochensäge und vernünftig Mumm wird sich durchzusetzen wissen. Die türkische Sackpfeife hat eben nur so peinliche Sozi-Schwätzer kennengelernt, die am liebsten direkt in seinen Arsch gekrochen wären. Eine Kolonne Gerüstbauer oder Zimmerleute hingegen...

Wer hier regelmäßig liest, weiß was er vorzubereiten hat und kann dem Spektakel dann bei einem Glas (oder Krug) kalten alkoholischen Getränks den Jägergruppen vom Balkon aus zuprostend zusehen. Dran denken: Die Kameraden werden „nach Dienst" einen ordentlichen Schluck zu schätzen wissen!"

So denkt das Volk inzwischen und nach dem Terror wird dessen Wut richtig rasen. Die Volkswut überall in Europa ist dann unendlich gross. Die Moslems und deren unterstützende Poltiker wurden bewusst zu Sündenböcken für den Mob der betrogenen Sparer aufgebaut. Ob es bei dieser Vertreibung zu Pogromen kommen wird, wissen wir nicht. Es ist durchaus möglich, dass unerwünschte Minderheiten zu „vogelfrei" erklärt werden. Man kann dann ohne Strafverfolgung alles mit ihnen machen.

Als Beispiel könnte die Vertreibung der Sudetendeutschen aus der Tschechoslowakei in 1945 gelten, die sehr brutal ablief und viele Tote forderte. Mit den Benes-Dekreten wurden diese Taten nachträglich legalisiert. Diese gelten heute noch in Tschechien als nationales Heiligtum[97]. Ja, ein Bündel von administrativen Massnahmen und ein feindliches, öffentliches Klima werden die meisten Moslems und andere unerwünschte Gruppen zur Ausreise veranlassen. Vermutlich muss man kostenlose Heimflüge für diese Massen organisieren. Unbenutzte Grossflugzeuge sollte es in einer Depression mehr als ausreichend geben. Die Amerikaner in ihren Kriegen machen ganze Truppenverlegungen mit hunderttausenden Soldaten, indem sie Zivilflugzeuge anmieten. Alternativ bleiben noch Landungsschiffe, um etwa Afrikaner an der nordafrikanischen Küste abzusetzen.

Zum Abschluss noch ein Artikel aus der Presse vom 16. Juni.2014, wie einfach eine Massendeportation geht: „Säuberung": Thailands Militärjunta vertreibt 140.000 Kambodschaner[98]:

Das thailändische Regime hetzt gegen illegale Wanderarbeiter aus Kambodscha. Nach Verhaftungen und Berichten über Todesopfer setzt eine Massenflucht über die Grenze ein.

Sie erreichen den Grenzübergang Poipet in voll gestopften vergitterten Transportern der thailändischen Polizei, auf Lastwagen und in Bussen. Ihr Hab und Gut haben die kambodschanischen Wanderarbeiter in großen Plastiktaschen zusammengepackt. 140.000 von ihnen sind seit Anfang der vergangenen Woche aus Thailand geflohen, teilte Kambodscha mit. „Unser Arbeitgeber hat uns befohlen zu gehen. Er warnte, sonst könnte auf uns geschossen werden", wird ein Wanderarbeiter von der Menschenrechtsorganisation Adhoc mit Sitz in Phnom Penh zitiert. Der Massenansturm am Grenzübergang Poipet wirke, „als seien alle Dämme gebrochen", sagt ein Anwohner.

Auslöser der Massenflucht war die Ankündigung von Thailands Militärjunta, die „Gesellschaft von Kriminellen, Glücksspielern und illegalen Wanderarbeitern zu säubern".

---

[97] http://www.badische-zeitung.de/ausland-1/die-vergangenheit-holt-tschechiens-wahlkampf-ein--68488965.html
[98] http://diepresse.com/home/panorama/welt/3822147/Saeuberung_Thailands-Militaerjunta-vertreibt-140000-Kambodschaner?from=gl.home_panorama

So einfach geht das: die Arbeitgeber beinflussen, solche Einwanderer zu entlassen, dann Angst verbreiten und Transportmittel bereitstellen. Dabei zeigten diese Kambodschaner sicher nicht ihr Eroberungsgehabe wie die Moslems bei uns, sie wurden offenbar nur als lästige Konkurrenz am Arbeitsmarkt empfunden. Das derzeitige Militärregime wollte sich wohl bei der eigenen, arbeitenden Bevölkerung einschmeicheln.

4.6. Laternenorden statt Politikerpension?

Im Jahr 2009 schrieb ich einen Artikel mit dem Titel: Backlash, Die Umkehr der Werte[99]:

> *Ein Backlash ist eine negative Reaktion des Volkes auf eine Erscheinung, die einmal populär war (oder dem Volk aufoktruiert wurde). Man könnte es auch als Abwehrreaktion bezeichnen – meist spontan. Es gibt kein passendes deutsches Wort dafür.*

Darin zählte ich einiges auf, was abgebrochen werden muss und wird:

* Das heutige Geldsystem
* Der Euro
* Die EU
* Die Globalisierung
* Der Klimaunsinn
* Der sozial-industrielle Komplex
* Der medizinisch-industrielle Komplex
* Der asyl-industrielle Komplex
* Der ökologisch-industrielle Komplex
* Der Komplex der Political Correctness

An jedem dieser Komplexe hängen unzählige Arbeitsplätze und viel Macht. Ein Grossteil dieser Komplexe wird heute schon diskreditiert und madig gemacht. Unsere Funktionseliten, egal ob in Politik, Universitäten, Verwaltung, Medien und Konzernen hängen daran. Und die Minorität der

---

[99] http://www.hartgeld.com/media/pdf/TO2009/Art_2009-148_Backlash.pdf

wirklichen Steuerzahler zahlt sich dafür dumm und dämlich. Der Hass auf diese Eliten, und besonders die Politikerkaste, steigt. Dieser Hass wurde in jüngster Zeit noch extra zugespitzt, etwa durch Masseneinwanderung oder Steuerterror.

Weiter im Artikel:

> *Sobald die Volksvermögen sichtbar weg sind, egal ob durch Bankencrash oder Hyperinflation, wird das eine Ablehnung und Verfolgung aller dafür Verantwortlichen im eigenen Land sowie eine brutale Ablehnung von allem was mit EU und Euro zu tun hat auslösen.*
> *Der resultierende Backlash wird nationalistisch sein – weg von der EU.*

Genau dazu hat man die EU so ab 2013 total verrückte Sachen wie ein Staubsaugerverbot beschliessen lassen. Das deutsche Handwerk mit dem Meister möchte die EU auch abschaffen, das sind nur wenige Beispiele. Die EU steht auch ganz stark hinter dem Klimaschwindel. Dass man korrupte Armuts-Staaten wie Rumänien und Bulgarien in die EU gelassen hat, ist Zufall oder Berechnung. Inzwischen fluten Zigeunermassen aus diesen Staaten die Sozialsysteme von Westeuropa, Einbruchs-Touristen aus diesen Staaten rauben, was zu holen ist. Alles Zufall? Ich meine nicht, sondern Berechnung von Leuten, die die Volkswut gegen die heutigen Funktionseliten aufheizen wollen.

Überall in der EU regt sich jetzt Widerstand, bei der letzten EU-Wahl im Mai 2014 wurden in mehreren Staaten die EU-feindlichen, nationalistischen Parteien wie der Front National in Frankreich an die erste Stelle gewählt. Grossbritannien will aus der EU austreten, nachdem dort die EU-feindliche Partei UKIP von Nigel Farange an die erste Stelle kam.

Hier ein interessanter Artikel in den Deutschen Wirtschaftsnachrichten kurz nach der EU-Wahl: Brot, Spiele und Lügen: Die EU taumelt in Richtung Untergang[100]:

---

[100] http://deutsche-wirtschafts-nachrichten.de/2014/06/02/brot-spiele-und-luegen-die-eu-taumelt-in-richtung-untergang/

> *Europa erlebt Zerfallserscheinungen, die an den Niedergang der Republik im alten Rom erinnern. Die EU und die Nationalstaaten brechen Recht und Gesetz. Den Bürgern werden Brot und Spiele geboten. Rom ist an dieser Entwicklung zerbrochen. Die EU könnte, wenn sie die Demokratie weiter mit Füßen tritt, ein ähnliches Schicksal ereilen.*

Das ist nur einer von vielen ähnlichen Artikeln, die in letzter Zeit erscheinen. Ich habe diesen genommen, weil die Zusammenfassung sehr gut passt. Die EU und der Euro werden inzwischen auch von vielen Mainstream-Medien massiv kritisiert. Genauso ist es in der EU und auch in den meisten westlichen Nationalstaaten selbst auch. Weiter aus dem Artikel zu den Vergleichen mit dem alten Rom:

> *Um das Volk bei Laune zu halten, wurden die Gladiatoren-Spiele verstärkt. Eine massive Geheimpolizei machte Jagd auf Steuerflüchtlinge. Schließlich wurde das Recht auf staatliche Hilfe zu einem vererblichen Recht erklärt: Der Wohlstand auf Pump sollte nahtlos innerhalb der Familien weitergegeben werden. Kaiser Aurelian (270 - 275) nahm den Bürgern die Arbeit ab und baute die Staatswirtschaft aus. Statt des freien Getreides gab es nun Gratisbrot, hergestellt in staatlichen Bäckereien. Dazu wurden kostenlos Salz, Schweinefleisch und Olivenöl abgegeben. Eine Inflation entwertete das Geld, bis zum bitteren Ende: „Rom hatte moralischen und wirtschaftlichen Selbstmord begangen."*

Da sind wir heute auch ungefähr: der Steuerterror terrorisiert die verbliebenen Steuerzahler, immer grössere Klassen an Sozialleistungsempfängern leben davon. Nur, diesesmal läuft es viel schneller ab. Ich bin der Meinung, dass man den Vergleich mit dem alten Rom bewusst in das Systemabbruch-Drehbuch eingebaut hat, da viele Menschen diese Geschichtskenntnisse haben.

Noch einmal das bereits gebrachte Insider-Zitat:

„Es kommen sämtliche Schweinereien ans Tageslicht, so dass die ganze Welt sich übergeben wird.

Die verborgenen Eliten haben alle relevanten Informationen gesammelt, die sie brauchen, um die benutzten Politiker, gierigen und fehlgeleiteten Wirtschaftskapitäne sowie korrupten Wissenschafter allesamt zu diskreditieren. Das ist ein vorgegebenes Drehbuch und wird sich vor aller Augen peu a peu eröffnen.

Der Kampf wird schmerzhaft und grausam sein..."

Was geplant ist, ist eine grossflächige Beseitigung der heutigen Funktionseliten und deren Apparate. Das ist notwendig, weil es nicht mehr bezahlbar sein wird. Der kommende Kaiser verlangt das als Bedingung für die Übernahme der Krone. Ebenso verlangt er ein solides Währungssystem auf der Basis von Gold und Silber.

Was im Drehbuch über die wirkliche Beseitung der Funktionseliten genau steht, weiss ich leider nicht, aber es soll „schmerzhaft und grausam" sein, sie sollen bestraft werden.

Die unheimliche, von allen Seiten anlaufende Diskreditierung der heutigen Politik zeigt, dass da etwas ganz Grosses kommt. Politikerpensionen in der heutigen üppigen Höhe dürfte es für die Verantwortlichen dann nicht mehr geben. Vermutlich gibt es auch keine ordentlichen Strafprozesse für diese Verbrechen, sondern Standgerichte wie beim Diktator Ceausescou in Rumänien 1989 mit anschliessender Hinrichtung oder Einweisung in ein Straflager. Oder der Mob knöpft alle Verantwortlichen gleich an der nächsten Strassenlaterne auf – der „Laternenorden".

Jeder Leser sollte auf jeden Fall für seine persönliche Sicherheit sorgen. Man sollte kein Politiker sein und auch nicht in einem der oben beschriebenen Komplexe arbeiten.

Hier ein interessanter Artikel von Michael Winkler über die Revolution, die kommen wird: Evolution[101]:

---

[101] http://www.michaelwinkler.de/Pranger/Pranger.html

So eine Revolution ist übrigens weniger spektakulär als die meisten Menschen glauben. Hollywood zeigt uns die Hinrichtungen in Großaufnahme und Zeitlupe, da spritzt das Blut der Erschossenen, da zappeln die Erhängten, da ragen die Klingen aus den Leibern der Abgestochenen heraus. In der echten Revolution stehen nur Wenige in der ersten Reihe. Die meisten Angehörigen der Lynchmobs kommen gar nicht an die Opfer heran, sie können ihre Wut nur herausschreien. Wer jedoch weiß, wo ein Günstling des alten Systems wohnt, kann die Menge führen und bekommt so seinen Logenplatz.

Wir leben in Deutschland. Hier sind die Menschen nicht nur sparsam und fleißig, sondern auch von Natur aus friedlich und geduldig. Rassismus gibt es kaum und Fremdenfeindlichkeit erst, seit die Fremden die Feindseligkeiten eröffnet haben. Die Deutschen sind äußerst langmütig, es sieht so aus, als haben sie sich mit der Evolution zu ihrem Nachteil abgefunden. Es gibt aber noch eine Eigenschaft in den Deutschen, die gerne übersehen wird: die Konsequenz. Wenn Deutsche wütend werden, dann werden sie konsequent und kollektiv wütend. Wenn in Deutschland die Revolution ausbricht, wird in anderen Ländern bereits der Bürgerkrieg wüten. Die deutsche Revolution wird nicht lange dauern, sie wird jedoch alles gründlich beseitigen, was die Deutschen in die Revolution getrieben hat. Der Lynchmob wird keine Gnade kennen, nur Konsequenz.

Nach Terrorwelle und Vermögensverlusten durch den Crash wird es diese Lynchmobs tatsächlich geben. So sagen es meine Elite-Quellen:

„Jeder, der als Politiker im TV auftaucht, wird eine Zielscheibe für den Mob sein. Gilt auch für Unternehmer und andere. Sie werden sich in Erdhöhlen verkriechen oder freiwillig in die Gefängnisse gehen. Der Furor des Mobs wird unvorstellbar sein."

Welche Form das wirklich annehmen wird, wird sich zeigen. Man sollte aber nicht in der Stadt leben, sondern eine Fluchtburg am Land haben. Auch wird es in den Städten nach dem Crash unvorstellbaren Hunger geben, Lebensmittel sollen nur für Gold und Silber zu bekommen sein.

4.7. Das Ende des Kommunismus

Wir leben seit 1914 in einer Art von „sozialistischem Jahrhundert". Dieses wird jetzt enden, denn der Sozialismus in allen seinen Ausprägungen wie Kommunismus, Sozialdemokratie, etc. bedeutet die Macht der Funktionäre und lebt von hohen Steuern und Papiergeld-Drucken.

"The problem with socialism is that, sooner or later, you run out of other people's money." –
Margaret Thatcher

Konkret geht es darum: wer hat die Verfügungsmacht über die Arbeit und das Einkommen des Volkes? Beim harten Kommunismus ist es rein die staatliche Funktionärskaste, die ihren Verfügungsanspruch mit Hilfe einer harten Diktatur durchsetzt. Reste davon sehen wir in Staaten wie Kuba, Nordkorea und teilweise in China.

Ja, irgendwann geht der Funktionärskaste einfach das Geld anderer Leute aus, das sie bisher verteilte. Beim Ostblock geschah das in den Jahren 1989 bis 1991, worauf diese Regime zusammenkrachten.

Bei unseren sozialistischen Regimen im Westen passiert es jetzt. Eine wirtschaftliche Depression und ein Abschneiden der Staaten vom Anleihemarkt genügt dafür.

„Die stärkste Kraft im Universum ist nicht die Liebe – es sind die Bondmärkte." –
Ash Bennington (ex UBS)

Sobald der Bondmarkt kein Geld mehr zur Verfügung stellt und Gelddrucken die Währung crashen lässt, ist es Zeit für einen Regimewechsel.

Fast alle von unseren politischen Parteien können als wirtschaftspolitisch links eingestuft werden. Auch die angeblich „konservativen" Parteien wie ÖVP oder CDU/CSU. „Links" heisst: mehr Funktionärsmacht und mehr Umverteilung von den Leistungsträgern zu der vom Staat alimentierten Masse an Beamten, Pensionisten, Sozialtransfer-Empfängern. Es ist kein Wunder, stand doch an der Spitze der ÖVP der Beamtenvertreter Michael

Spindelegger und an der Spitze der CDU die frühere kommunistische Funktionärin Angela Merkel. Selbst an die Spitze einer „bürgerlichen" Partei schafft es kein Unternehmer mehr, nur mehr Funktionäre aus dem sozialistischen Umverteilerstaat.

Dass SPD, SPÖ, etc. noch weiter links stehen und ständig nach Millionärssteuern rufen, ist selbstverständlich. Diese früheren Arbeiterparteien inklusive angeschlossener Gewerkschaften sind inzwischen zu reinen Funktionärsparteien geworden, die sich als Arbeiter-Verräter betätigen. Denn sonst würden sie nicht der arbeitenden Bevölkerung so viel Geld mittels Steuern herausreissen und sie gleichzeitig durch Masseneinwanderung unter Lohndruck setzen.

Ganz links sind die Grünen, die total dekadente Verbotspartei. Das ist die Partei des Staatsapparats und der Lehrer. Mit ihren Rauchverboten, Autoverboten, etc. versuchen sie die Bevölkerung noch mehr zu drangsalieren als die Roten, die sich primär auf die ökonomische Ausbeutung beschränken.

Noch linker ist etwa die deutsche Linkspartei, ein Haufen aus früheren SED-Funktionären und westdeutschen Kommunisten-Desperados. Diese Linksparteien versuchen sich gegenseitig damit zu übertrumpfen, wer raubt noch mehr Steuern und wer lässt noch mehr Ausländer rein.

Ich bin inzwischen davon überzeugt, man hat alle diese Linksparteien inzwischen zur Selbstvernichtung aufgesetzt. Sie rauben nicht nur im Wettbewerb die arbeitende Bevölkerung aus, sie versuchen sich bei allen Dekadenzen wie Homowahn oder Einwanderung gegenseitig zu übertrumpfen. Das geschah primär über die auf links getrimmten Medien, denen diese Politiker gefallen wollen. Ab und zu ist sicher auch persönliche Erpressung im Spiel.

Die Politik wird diskreditiert:
Im Hintergrund läuft seit Anfang 2013 und teilweise früher ein ungeheuer raffiniertes Spiel ab. Man diskreditiert die heutigen Funktionseliten und besonders die politische Klasse von allen Richtungen, die es gibt. Vermutlich bemerken es die Betroffenen gar nicht, da sie alle mit Scheuklappen

ausgestattet sind und immer in den Medien gut dastehen wollen. Die Medien werden von relativ wenigen Leuten kontrolliert.

Ein Leser von Hartgeld.com hat das Ziel so formuliert:

„Als schlechtes Beispiel für Demokratie wird es in den nächsten 500 Jahren in den Geschichtsbüchern zu stehen. Ihre ganzen Idiotien werden dann aufgelistet: Geldsystem, Windmühlen, Multi-Kulti, Gender, Homo-Ehe, EU-Gurkenkrümmung, etc. ..."

Ja, genau so ist es. Alle hier aufgeführten Dinge hängen den Völkern schon einige Zeit zum Hals heraus, da sie dafür auch noch zahlen müssen. Nach dem Crash des Finanzsystems wird in den Medien der Schalter voll umgelegt und all das wird als „böse" gebrandmarkt. Die Steuermänner im Hintergrund wollen für Jahrzehnte, wenn nicht für Generationen, neue Tatsachen schaffen.

Diese Diskreditierungen sind nur ein 1. Schritt. Der nächste, viel folgenschwerere Schritt sind dann die Enteignungen durch den kommenden Finanzcrash. Diese Verluste schiebt man garantiert der heutigen Politik in die Schuhe. Die Wut der betrogenen Sparer wird grenzenlos sein.

Die Enthüllungen:
Die wahrscheinlich dritte und für die Politik fatale Stufe dürften dann verschiedene Enthüllungen über Politiker sein. Da kommt der NSA-Überwachungsskandal gerade recht. Denn damit kann man rechtfertigen, dass man über diese Personen alles weiss.

Hier eine Leserzuschrift an Hartgeld.com über mögliche Erpressungspotentiale:

> *„Das Ergebnis der Überwachung/Ausspähung/Aushorchung der Politiker wird vermutetermaßen folgende Ergebniskategorien (und/oder) zur Folge haben:*
>
> - *... hat Hochverrat begangen.*
> - *... hat sich bestechen lassen.*
> - *... hat bestochen.*
> - *... nimmt regelmäßig Drogen zu sich.*
> - *... hat Unwahrheit über Schulabschluß / Studienabschluß / Berufsausbildung gesagt.*
> - *... hat Ehefrau / Ehemann betrogen.*
> - *... ist verdeckt schwul / lesbisch / zoophil / sonstwie pervers veranlagt.*
> - *... es existieren Fotos / Videos, wie er/sie sich an Kindern vergeht.*
> - *... hat Morde begangen/beauftragt (Ritualmorde, Sexmorde, Zeugenmorde).*
>
> *Und kann mit einer einzigen lancierten Pressemeldung komplett abserviert werden.*
> *Hahaha, ihr dummes Politikergesindel! Ihr seid ERPRESSBAR!"*

So, und wir im Publikum warten jetzt auf die Enthüllungen. Diese dürften reichlich fliessen, man denke nur an die umfangreiche Medien-Trommelei in den Fällen *Maddie* und *Kampusch*. Es sollen noch brisante Aufdeckungen über diverse Sexualdelikte an Minderjährigen kommen.

Man kann noch weitergehen und sagen, dass in bestimmte Positionen Personen befördert wurden, die erpressbar sind. So etwa Merkel mit ihrer Stasi-Vergangenheit. Das ist ein altes Spiel und wurde von den wirklich Mächtigen im Hintergrund schon vor 150 Jahren angewendet.

Ich gehe noch weiter und sage, dass die grünen Parteien in verschiedenen Staaten Europas womöglich nur dazu aufgebaut wurden, um einige Jahrzehnte später damit die ganze politische Klasse zu desavouieren und zu entfernen. Denn die „Grün-Ideologie" ist inzwischen in alle Parteien eingedrungen. Pädophilie dürfte dabei eine grosse Rolle gespielt haben, wie immer wieder auftauchende Meldungen aus der Frühphase der deutschen Grünen zeigen.

Das alles lässt darauf schliessen, dass zumindest die linken Teile des Parteienspektrums auf diese Art mit allen ihren dekadenten „Werten" radikal entfernt werden. Denn nach dem Systemcrash gibt es das Geld für den Sozialismus nicht mehr.

Von meinen Quellen weiss ich, dass multiple Redundanzen eingebaut wurden, damit sich die heutige, sozialistische politische Klasse keinesfalls an der Macht halten kann oder bald wieder dorthin zurückkommen kann. Daher diese umfassenden Diskreditierungen, von denen wir derzeit erst den Anfang sehen. Das soll noch im Sommer 2015 ablaufen.

Wo geht die politische Reise hin?
Hier ein Artikel im Schweizer Tagesanzeiger über ein Treffen von russischen Funktionären und nationalpopulistischen Parteien in Wien Ende Mai 2014: Gipfeltreffen mit Putins fünfter Kolonne[102]:

In Wien berieten die Führer der russischen Eurasien-Bewegung mit westeuropäischen Rechtspopulisten, Aristokraten und Unternehmern über die Rettung Europas vor Liberalismus und Schwulenlobby.

Vergangenen Samstag in Wien: Rund um das Rathaus feierten Zehntausende den Life Ball, das grösste Benefizfest zugunsten HIV-Infizierter und Aidskranker in Europa. Auf der Bühne sang Conchita Wurst, davor tanzten Schwule und Lesben in burlesken Kostümen im „Garten der Lüste", so das diesjährige Motto des Balls. Zur selben Zeit aber berieten nur wenige Meter entfernt, im Stadtpalais des Fürsten Liechtenstein, Nationalisten und christliche Fundamentalisten aus Russland und dem Westen, wie sie Europa vor Liberalismus und der «satanischen» Schwulenlobby retten, und wie sie die alte, gottgegebene Ordnung wiederherstellen könnten. Die Versammlung fand unter strengster Geheimhaltung

---

[102] http://www.tagesanzeiger.ch/ausland/europa/Gipfeltreffen-mit-Putins-fuenfter-Kolonne/story/30542701

hinter verschlossenen Türen und zugezogenen Gardinen statt. Sie wurde jedoch dem TA von zwei voneinander unabhängigen Quellen bestätigt.

Offizielles Thema war der historische Wiener Kongress, der vor genau 200 Jahren mit Gründung der „Heiligen Allianz" dem Kontinent «ein Jahrhundert der relativen Ruhe und des geopolitischen Gleichgewichts» gebracht habe, wie es in der Einladung hiess. Tatsächlich wurde aber im prunkvollen Festsaal des Palais wenig über Geschichte und viel über die Zukunft gesprochen. Denn heute stünden Europäer und Christen vor historischen und geopolitischen Bedingungen, die es notwendig machten, „den Geist der Heiligen Allianz aufleben zu lassen".

Man lässt über die Zukunftspläne etwas raus. Neben der FPÖ war auch der Front National aus Frankreich anwesend. Man will das Rad politisch um 200 Jahre auf die Zeit des Wiener Kongresses zurückdrehen. Der Homo-Kult wurde vermutlich nur zur Diskreditierung des heutigen Systems aufgebaut – man kann damit schön zeigen, wie abscheulich unser System ist. Das sieht aus wie eine Versammlung eines Teils der "verborgenen Eliten": russische Intellektuelle, Aristokraten, Industrielle, nationalpopulistische Parteien in Europa.

Hier Wikipedia zur Heiligen Allianz[103]:

Der Ausdruck Heilige Allianz bezeichnet das Bündnis, das die drei Monarchen Russlands, Österreichs und Preußens nach dem endgültigen Sieg über Napoléon Bonaparte am 26. September 1815 in Paris abschlossen. Frankreich trat der Allianz 1818 bei.

Die Unterzeichner des Bündnisses bekannten sich zum Gottesgnadentum der Herrscher und bezeichneten die christliche Religion als Fundament der herrschenden politischen Ordnung. Sie verpflichteten sich zu gegenseitigem Beistand zum Schutz dieser Ordnung gegen alle bürgerlichen und nationalstaatlichen Umwälzungen. Dem Vertrag traten in den folgenden Jahren fast alle europäischen Monarchen bei.

Das zeigt ungefähr, wohin es gehen soll.

---

[103] http://de.wikipedia.org/wiki/Heilige_Allianz

Zurück zur praktisch absolutistischen Monarchie. Wie viel davon realisiert werden wird, werden wir sehen. Mehr dazu später. Der heutige Kommunismus wird ganz sicher ausradiert.

Die Zeit von 1815 bis 1914 war für uns eine Zeit des steigenden Wohlstands, der Industrialsierung, des guten Gold-Geldes, usw. Und nicht vergessen, es gab wenig Kriege. Wahlrecht gab es die meiste Zeit keines. Eine solche goldene und friedliche Zeit soll nach dem Crash-Chaos wieder kommen – ein neues Biedermeier.

Zum Abschluss ein Interview von 2005 mit Hans-Hermann Hoppe[104]:

Ihre These lautet, die Demokratie ist eine politische Ordnung, die nicht die Herrschaft des Volkes garantiert, sondern seine Ausbeutung.

Hoppe: Das Wesen der Demokratie ist die Umverteilung, die sich entsprechend der Verteilung der politischen Macht vollzieht. Das heißt, diejenigen, die an der Macht sind, verteilen zugunsten der eigenen Klientel und auf Kosten der Klientel der anderen Partei um. Mit Gerechtigkeit hat das nichts zu tun, und Grundrechte wie das auf Eigentum sind im Zweifelsfall schnell perdu. Verschärfend kommt hinzu, daß die Partei, die gerade herrscht, dazu nur vier Jahre Zeit hat – bis wieder gewählt wird. Umso schneller und verantwortungsloser vollzieht sich diese Umverteilung. In der Monarchie dagegen, als deren „glückliche" Überwindung die Demokratie zu Unrecht gilt, war der Staat potentiell für immer in den Händen ein und derselben Dynastie. Dementsprechend schonend geht ein Monarch mit seinem „Besitz" um. In der Demokratie gehört der Staat dagegen keinem, dementsprechend hemmungslos saugt ihn die gerade herrschende Partei aus.

Demokratie hat eben nichts mit Freiheit zu tun. Demokratie ist eine von Demagogen angereizte und unsicher gesteuerte Herrschaft des Mobs. Insbesondere die deutsche Demokratie trägt Züge eines weichen, durch weitgehende und als solche oft kaum mehr wahrgenommene Selbstzensur gekennzeichneten Totalitarismus.

---

[104] http://jungefreiheit.de/service/archiv/?www.jf-archiv.de/archiv05/200526062409.htm

Der sogenannte Sozialstaat - eigentlich handelt es sich bei dem, was wir sozial nennen um „Stehlen und Hehlen", aber nicht um echte, freiwillige und nur darum moralisch zu nennende Sozialpolitik - wird ebenso sicher zusammenbrechen, wie der Kommunismus zusammengebrochen ist. Das ganze Sozial- „Versicherungssystem", der Generationen-„Vertrag", ist wie ein Kettenbrief zum Absturz verurteilt. Jeder private Geschäftsmann, der ein solches „Versicherungssystem" anbieten wollte, würde sofort als Gauner verhaftet. Daß man in Deutschland immer noch, selbst angesichts steigender Lebenserwartungen und sinkender Geburtenraten, so tut, als habe man es mit einer großen Erfindung zu tun, zeugt deshalb nur davon, wie verantwortungslos, ja geradezu gemeingefährlich die gesamte Politikerklasse hierzulande ist.

Man muss nicht so radikal-libertär wie Prof. Hoppe sein, aber unsere derzeitigen Wohlfahrtsdemokratien sind Systeme zur totalen wirtschaftlichen Ausbeutung der Leistungsträger. Dieses System ist zum Untergang verurteilt, da nicht mehr finanzierbar und der Steuerwiderstand wird auch schon aufgestachelt. Die Zukunft mag zwar vielleicht weniger politische Freiheiten bieten, aber diese kommunistische Diktatur der raubenden Funktionäre wird der Vergangenheit angehören. Mehr über mögliche Nachfolgersysteme in einem späteren Kapitel.

5. Eine Zeit des Chaos

Der Schock durch das untergehende Finanzsystem wird unmittelbar nach dem Tag-X starten. Die Banken sind gesperrt, die Konten geschoren. Die Börsen werden ins Bodenlose fallen, eine Schliessung der Börsen für Wochen oder gar Monate ist möglich. Kredite wird es keine mehr geben. Der Goldpreis wird explodieren. Das soll an diesem Crash-Tag innerhalb weniger Stunden ablaufen.

Vermutlich werden die derzeitigen Politiker noch die Währungsreformen und deren Bedingungen ankündigen müssen – falls dieser Weg gewählt wird. Der Schock bei den heute Besitzenden über die Vermögensverluste wird gewaltig sein, die Wut der betrogenen Sparer ausserordentlich.

5.1. Der Zusammenbruch der Realwirtschaft

Unmittelbar nach der Schliessung der Banken dürften die Supermärkte und Tankstellen gestürmt werden. Wer da nur mit Plastikkarten bezahlen kann, dürfte Pech haben, denn elektronische Zahlungen dürften auch gestoppt werden. Nachdem der Grossteil der Bevölkerung unmittelbar aus dem Supermarkt lebt und dazu oft auf Überziehungskredite angewiesen ist, dürfte bald der Hunger ausbrechen. Vermutlich wird das alles noch in 2015 ablaufen.

Es gibt Informationen, wonach in Österreich und auch in Deutschland Lebensmittelmarken vorbereitet sein sollen. Zumindest in Deutschland soll es staatliche Nahrungsmittellager geben. Wieweit das funktionieren wird, muss sich erst zeigen.

Viel problematischer ist der Untergang der Lieferketten durch unkonvertierbare Währungen und der Ausfall der Kredite. Man darf nicht vergessen – von der Landwirtschaft über die Transportunternehmen bis zu den Handelsketten hängt heute alles von Kredit ab. Man wird kleinräumige, regionale Versorgungsstrukturen aufbauen müssen, aber das dauert.

Wenn die Lieferketten zusammenbrechen, dann gibt es gleich Massenentlassungen. Ich rechne mit mindestens 50 % Arbeitslosigkeit in der Zeit des Chaos. Die Städte werden sich leeren.

Hier ein Leserbericht an Hartgeld.com von 2008 über Russland:

„So wie Sie es in Ihrer Prognose beschreiben, genau so ist die Krise in der UdSSR abgelaufen: totale Verarmung der Massen, Aufstieg der neuen Eliten, das Schrumpfen des Staates in allen Bereichen. Und diejenigen, die am stärksten indoktriniert waren, so genannte Inteligenzia, die haben fürchterlich gelitten...

Z.B. die Familie meiner Tante in St. Petersburg hat ÜBERLEBT, ist also buchstäblich nicht VERHUNGERT in deren riesiger Wohnung im Zentrum von St. Petersburg, nur weil der ältere Sohn, ehemals KGB-Offizier, als Nachtwächter in einem Lebensmittellager jobbte und stahl ab und dann etwas Lebensmittel für die Familie. Vor dem Kollaps gehörte die Familie zu sowjetischer „Oberschicht"... Dagegen Freunde, die in der lokalen Versorgung tätig waren, sind heute extremely well off..."

Was sehen wir da?

Nur der Zugang zu Lebensmitteln zählt, egal wie. Die frühere berufliche Position ist unerheblich, Fertigkeiten daraus sind vielleicht noch verwertbar, hier aus dem Sicherheitsbereich. Die Intelligenz hat es am Schwierigsten, denn sie will von ihrem Status und von ihren hohen Ansprüchen nicht runter, hat zwei linke Hände. Viele Landwirte und diejenigen Händler, die es wagen mit Lebensmitteln in die Städte zu fahren, werden reich werden.

Hier eine Leserzuschrift aus Paraguay an Hartgeld.com zur Argentinien-Krise 2002:

„In Argentinien wurden in den ersten Monaten nach dem Crash Katzen (!!!) gegessen und über 500.000 Menschen haben in Buenos Aires taeglich aus den Mülltonnen gelebt! Konnte man alles im Fernsehen sehen."

Alles, was an Tieren verfügbar ist, wird aus Hunger gegessen. So wurden etwa in der Ukraine die Wälder leergeschossen, Waffen gab es genug, aber nicht genug erschwingliches Fleisch.

Hier eine Leserzuschrift aus Deutschland an Hartgeld.com über die Jahre nach 1945:

„Hierzu eine Geschichte, die mir meine Mutter mal erzählte:

Meine Mutter arbeitete 1945 in einem Wirtshaus am Stadtrand von Würzburg als Köchin. Dem Gasthof war auch eine Metzgerei angegliedert. Das einzige Fleischgericht, das Sonntags zu erschwinglichen Preisen und ohne Lebensmittelmarken auf der Speisekarte stand, war „Molli mit Klöß". Was sich hinter dem Begriff „Molli" verbarg war jedem Gast klar, geschmeckt hat's trotzdem.
Doch woher kamen alle diese Mollis?
Das waren Hundehalter, die ihren Hund dem Metzger und Gastwirt, gegen Zubereitung eines warmen Fleischgerichtes, eintauschten. Was übrig blieb, wurde an andere Gäste verkauft."

Merke: Hunde und Katzen sind nicht nur Fleischlieferanten. Durch deren Verzehr entfällt auch die Fütterung mit in solchen Zeiten kostbarem Fleisch.

Auf Hartgeld.com gibt es eine Themenseite „Historische Depressionen"[105]; diese ist voll mit solchen Berichten.

Hier noch ein Artikel in der Presse von 2011: Argentinien: Eine Anleitung zum Staatsbankrott[106]:

Zuerst wurden die Supermärkte in Buenos Aires geplündert, dann griffen die Unruhen auf die Provinzen über. Die Banken schlossen ihre Schalter und sperrten tagelang nicht mehr auf. Solche Szenen spielten sich vor zehn Jahren in Argentinien ab. Wegen der explodierenden Verschuldung schlitterte das südamerikani-

---

[105] http://www.hartgeld.com/historischedepressionen.html
[106] http://diepresse.com/home/wirtschaft/international/718006/Argentinien_Eine-Anleitung-zum-Staatsbankrott?_vl_backlink=/home/wirtschaft/index.do

sche Land im Dezember 2001 in die Pleite. Die Vorgänge zeigen, wie ein Staatsbankrott abläuft und was einigen hoch verschuldeten Ländern in Europa bevorstehen könnte. Mit einem Verlust von 102,5 Milliarden Dollar handelt es sich bei Argentinien um die bisher größte Pleite eines Staates.

In der Hauptstadt Buenos Aires eskalierte die Situation am 20. Dezember 2001: Zehntausende Demonstranten marschierten trotz des Ausnahmezustands zur historischen Plaza de Mayo. Die meisten trommelten mit Löffeln und Deckeln auf die mitgebrachten Töpfe. „Das Geld ist alle", erklärte ein Regierungssprecher.

Die Polizei konnte die Straßenschlachten nicht stoppen. Präsident Fernando de la Rua trat zurück und flüchtete mit dem Hubschrauber aus dem Präsidentenpalast. Am 23. Dezember erklärte das Land offiziell, zahlungsunfähig zu sein. Bis Ende 2001 kamen bei Straßenschlachten 27 Menschen ums Leben.

Das Land hat damals gleich vier Präsidenten in wenigen Wochen „verbraucht". Ausgelöst wurde die Krise durch eine massive Kapitalflucht. Wenige Stunden vor der Schliessung der Banken wurden die Politiker davon informiert, damit sie selbst ihre Vermögen retten konnten. Nur wer sein Geld rechtzeitig ins Ausland überwies oder bar in US-Dollars abhob, konnte sich retten. Da half auch später das Getrommel auf die leeren Kochtöpfe nichts. An diesem Beispiel sieht man, wie schnell die öffentliche Ordnung zusammenbrach und die Supermärkte geplündert wurden. Weiter im Artikel:

Im ganzen Land entstanden 4000 Tauschmärkte. Für Pelzmäntel und Möbel wurden Lebensmittel verlangt. Einige Provinzregierungen druckten eigene Schuldscheine.

Als die Argentinier später wieder auf ihre Ersparnisse zugreifen konnten, hatten diese im Zuge der Peso-Abwertung zwei Drittel an Kaufkraft verloren. Ein Großteil des Mittelstands stürzte in die Armut. Wer sein Geld auf der Bank liegen hatte, gehörte zu den Verlierern. Immobilien- und Grundbesitzer überstanden die Krise relativ unbeschadet.

Dass die Immobilienbesitzer nichts verloren hätten, stimmt nicht. Nachdem es plötzlich keine Kredite mehr gab, stürzten die Wohnungspreise ins Bodenlose. Wichtig ist der Satz: „*Ein Großteil des Mittelstands stürzte in die Armut*". Das sind diejenigen, die dem Staat vertrauten, ihre Jobs und ihr Vermögen verloren. Wer US-Dollars in bar oder Gold hatte, war König und konnte alles billig aufkaufen. So gab es etwa eine Eigentumswohnung in der Hauptstadt um $ 10.000 in bar, die früher $ 250.000 gekostet hatte. Die Argentinier hatten Krisenerfahrung, in Russland hatten viele Menschen ihre Kleingärten und Deutschland nach 1945 auch. Wir haben das nicht. Der Zusammenbruch wird daher bei uns noch viel brutaler ablaufen. Manche Beobachter erwarten bis zu 80 % Tote durch Seuchen, Hunger, Mord, Wahnsinn. Das glaube ich nicht, aber 30 % können es schon werden. Zur Kriminalität noch später.

5.2. Die alten Werte kommen zurück

Ja, die alten Werte des Fleisses, der Redlichkeit, der Familie, der Bescheidenheit, der Patriotismus werden zurückkommen. Das wird massiv propagiert werden.

Wir können uns das so vorstellen: ein Zurück in die 1950er Jahre oder gar um die Zeit um 1900. Es läuft im Hintergrund eine gigantische Vorbereitung zur Diskreditierung der heutigen „Werte" im Westen. Das volle Programm kommt: Anti-Homosexualität, Anti-Zuwanderung, Anti-Sozialstaat, Anti-Denkverbote. Nur ganz wenige erkennen das, kennen gleichzeitig die Schieflage des Finanzsystems und können daraus ungefähr ableiten, wie es in Zukunft abläuft.

Die Diskreditierung läuft derzeit über die Zuspitzung dieser Dekadenzen, das Conchita Wurst Festival ist ein gutes Beispiel dafür. Die Wut der Normalbevölkerung darauf soll wachsen. Nach dem Verlust der Massenvermögen wird man in den Medien den Schalter radikal in die Gegenrichtung umlegen.

Erste Anfänge dazu sieht man schon.

Hier einige Beispiele von dem, was kommen wird. Alles ist von realen Notwendigkeiten getrieben:

* *Statt Homowahn und Feminismus: die Wiedererstarkung der Familie:*
  Die reale Notwendigkeit dahinter ist eindeutig die niedrige Geburtenrate im Westen, unsere Völker sterben aus, wenn nichts gemacht wird. Die Familie mit vielen Kindern wird idealisiert werden. Dies auch deshalb, weil unsere heutigen Pensionssysteme grossteils untergehen werden. Das Patriachat kommt wieder, der Mann ist wieder Chef in der Familie.

* *Statt Zuwanderung: Fokus auf die eigenen Leute:*
  Es wird genügend Arbeitslose unter den eigenen Leuten geben, die JEDE Arbeit annehmen werden. Ausserdem können wir uns dann die Einwanderung in unsere Sozialsysteme nicht mehr leisten. In jeder echten Depression steigt die Xenophobie und geht der Fokus der Bevölkerung auf den eigenen Stamm zurück.

* *Statt Konsum auf Kredit: Bescheidenheit lernen:*
  Kredit für Konsum wie Autoleasing oder Ratenkredite wird es für lange Zeit nicht mehr geben. Nachdem ein Grossteil der Bevölkerung einige Jahre mit dem Überleben beschäftigt sein wird, wird der heutige Konsumwahn verschwinden. Nicht mehr das neueste Auto oder iPhone wird wichtig sein, sondern das tägliche Brot. Es wird am Anfang eine Situation wie nach 1945 sein, wo alle extrem sparen müssen.

* *Fleiss statt sozialem Faulbett:*
  Man wird nicht nur jede Arbeit annehmen müssen, man wird auch selbst vieles herstellen oder reparieren müssen, etwa Bekleidung. Stichwort Subsistenzwirtschaft. Einkaufen im heutigen Stil wird sich nur mehr die wirkliche Oberschicht leisten können und jene, die ihr Vermögen über die Finanzkrise gebracht haben. Ausserdem werden die Sozialsysteme auf ein Minimum hintergefahren werden müssen oder ganz ausfallen – weil sie nicht mehr leistbar sind.

* *Selbst vorsorgen statt Sozialstaat:*
Unsere Sozialstaaten wurden in den letzten Jahrzehnten extrem überdehnt. Jeder der kann, geht in Frühpension. Zusätzlich gibt es in vielen Staaten eine Masseneinwanderung in die Sozialsysteme. Das wird alles nicht finanzierbar sein und die Steuerzahler werden es auch nicht mehr zahlen können und wollen. Man wird über Ansparen und eigene Kinder für das Alter vorsorgen müssen. Die heutigen Luxus-Behandlungen auf Kosten der Allgemeinheit im Medizinsystem wird es auch nicht mehr geben. Das wird die Lebenserwartung massiv reduzieren. Solche Behandlungen wird es nur mehr für jene geben, die privat zahlen können oder eine entsprechende Versicherung haben.

* *Sparen statt Verschwenden:*
Das gilt nicht nur für Privatpersonen, die zu einem Grossteil kein richtiges Einkommen mehr haben werden, auch für Firmen und Organisationen. Die heutigen Firmenbürokratien wird man sich nicht mehr leisten können.

* *Einfach statt kompliziert:*
In einer Depression sinken generell die Komplexität und die Bürokratie. Beides ist zu teuer und kann nicht mehr finanziert werden. Auch die Lieferketten werden drastisch schrumpfen. Man braucht dann auch nicht mehr 160 Joghurtsorten im Supermarkt, einige genügen, diese müssen aber billig sein, um leistbar zu sein.

* *Regional statt global:*
Importe werden wegen unkonvertierbarer Währungen, Devisenmangel, untergehender Lieferanten und Transportwege generell schwieriger und sehr viel teurer. Man wird wieder regionale Industrien aufbauen müssen – eine Chance für Unternehmer.

* *Reparieren statt neu kaufen:*
Man wird etwa Ersatzteile für Autos und Maschinen nachbauen müssen, da entweder die Lieferanten untergegangen sind oder die Devisen für ihren Import fehlen. Wer solche Sachen machen kann, dem wird es relativ gut gehen.

* *Handwerk statt Akademisierung:*
  Mehr als 6 bis 8 % Akademiker brauchen wir nicht. Mit der Schrumpfung der Bürokratien und der Staaten werden unzählige Akademiker arbeitslos. Man kann die Universitäten ruhig einige Jahre ganz zusperren. Wenn einige davon später wieder aufsperren, werden sie private Träger haben. Dagegen wird das Handwerk wieder einen Aufschwung erleben – siehe den vorigen Punkt. Die Prestige-Skala wird sich weit verschieben müssen.

* *Ehrliche Politiker statt Stimmenfänger:*
  Es wurde schon öfters gefordert: Politiker sollen für Verschwendung persönlich haftbar sein. Wir werden sehen, ob das kommt. Es wird wieder eine Art von Adelsherrschaft kommen, wo jeder Graf oder Fürst persönlich für sein Land verantwortlich ist. Heutige Stimmenfänger-Politiker wird es nicht mehr geben.

Wir werden politisch um gut 100 Jahre zurückgeworfen. Schlimm treffen wird es alle, die von den heutigen überbordenden Staaten leben, oder in einer der grossen Bürokratien beschäftigt sind.

Die Technik von heute wird aber bleiben.

5.3. Eine Zeit der Unsicherheit und Kriminalität

Mit jeder Depression kommt eine Welle der Kriminalität. Man hat es in Argentinien ab 2002 oder in Russland ab 1990 gesehen. Kriminelle aus Ost- und Südosteuropa überschwemmen derzeit Westeuropa mit Einbrüchen, Raub, Diebstählen, etc.

Von meinen Quellen weiss ich, das man das totale Chaos nach dem Staatsbankrott nicht allzu lange wird andauern lassen, damit nicht vom bestehenden und zukünftigen Eigentum (heutiger Staatsbesitz) der wirklichen Eliten allzuviel durch Plünderung zerstört wird. Vermutlich nach etwa 3 Monaten wird man beginnen, neue Herrschaftsstrukturen zu installieren, die die öffentliche Ordnung nach insgesamt etwa einem Jahr wieder aufgebaut haben.

Hier ist eine Serie auf Gerhard Spannbauers Krisenvorsorge.com-Website über die Zustände in Argentinien nach dem Crash:

Serie Teil 1: Der Kollaps Argentiniens 2001 – wie sich die Bilder gleichen[107]

Serie Teil 2: Der Kollaps Argentiniens 2001: Die Zeichen einer nahenden Krise – und geeignete Sicherheitsmaßnahmen in einer Stadtwohnung[108]

Serie Teil 3: Der Kollaps Argentiniens 2001: Hunger nach dem Zusammenbruch – und was wir daraus lernen können[109]

Serie Teil 4: Der Kollaps Argentiniens 2001 – ein Wasservorrat ist unverzichtbar[110].

Teil 2 beleuchten wir genauer:

Wen man auch immer heute in Argentinien fragt, was während des Zusammenbruches in Argentinien das Schlimmste war, wird man fast immer die Antwort erhalten: Die Kriminalität. Die zweithäufigste Antwort heißt: Geld. Neben sehr vielen anderen Problemen waren diese beiden die größten Schwierigkeiten, mit denen der Durchschnittsargentinier zu kämpfen hatte.

Gerade die Leute, die schon vor der Krise zu Brutalität und Kriminalität neigten, waren die Ersten, die Mitbürger überfielen und ausraubten, nachdem alle Geschäfte geplündert waren. Die Kriminalität wurde zu einem massiven Problem in Argentinien.

---

[107] http://www.krisenvorsorge.com/serie-teil-1-der-kollaps-argentiniens-2001-wie-sich-die-bilder-gleichen/
[108] http://www.krisenvorsorge.com/serie-teil-2-der-kollaps-argentiniens-2001-die-zeichen-einer-nahenden-krise-und-geeignete-sicherheitsmassnahmen-in-einer-stadtwohnung/
[109] http://www.krisenvorsorge.com/serie-teil-3-der-kollaps-argentiniens-2001-hunger-nach-dem-zusammenbruch-und-was-wir-daraus-lernen-koennen/
[110] http://www.krisenvorsorge.com/serie-teil-4-der-kollaps-argentiniens-2001-ein-wasservorrat-ist-unverzichtbar/

Die Sicherheit der eigenen Wohnung stand zusammen mit dem Kampf gegen den Hunger an erster Stelle. Die Erfahrungen aus Argentinien zeigen, dass manches anders funktioniert als man es sich in der Theorie ausdenkt.

Die gleichen Erfahrungen wurden auch in Osteuropa und in Russland nach dem Kollaps gemacht. Es wurde gestohlen, geraubt, was nur möglich war. Sogar Entführungen hat es gegeben. Man sollte nur bewaffnet aus dem Haus gehen. Weiter im Artikel:

Krisenvorsorge und Überleben in der Krise wird oft mit einem Haus auf dem Land, einem großen Garten mit Gemüsebeeten, Obstbäumen, einem Bach hinterm Haus und einem großen Stapel Brennholz an der Hauswand gleichgesetzt. Bedeutet das, dass es für Stadtbewohner in Etagenwohnungen schlecht aussieht? Erstaunlicherweise zeigen die Erfahrungen in Argentinien, dass das keinesfalls so ist.

Eine Stadtwohnung im Mehrfamilienhaus hat einige Vorteile:

- *Meistens ist eine Wohnung kostengünstiger, ein wichtiger Faktor während Krise und Inflation, insbesondere, wenn das Einkommen kaum ausreicht. Sie kostet normalerweise weniger an Wasser, Elektrizität und Heizung. Ein freistehendes Haus verschlingt mehr Nebenkosten.*

- *In ein Mehrfamilienhaus einzubrechen ist für Diebe riskanter. Dort ist fast immer irgendjemand zu Hause und wenn die Räuber gesehen werden, könnte eine ganze Hausgemeinschaft ihnen zu Leibe rücken. In Zeiten von Not und Krise hat man in Argentinien nicht unbedingt auf die Polizei gewartet. Dort wurden Einbrecher oft gleich vor Ort bestraft.*

- *In Mehrfamilienhäusern können alle Bewohner gemeinsam ein paar Sicherheitsleute einstellen, das kostet den einzelnen dann nicht viel. In Krisenzeiten mit hoher Arbeitslosigkeit gibt es in der Stadt viele junge Männer, die arbeitslos sind und für wenig Geld eine solche Arbeit gern übernehmen – und manchmal auch für Naturalien und/oder Kost und Logis Wache halten.*

❋ *Stadtwohnungen sind fast immer näher am Arbeitsplatz, so man einen hat. Man findet in der Stadt auch eher einen Aushilfsjob. Die Löhne konnten in Argentinien aber nicht mit der Inflation Schritt halten. Längere Anfahrten zu einer Arbeitsstelle waren unbezahlbar, und fraßen den kargen Lohn gleich wieder auf. Kleine Wohnungen in der Innenstadt ermöglichten ein Überleben auch mit Minijobs, weil man teilweise zu Fuß hingehen konnte oder mit preiswerten öffentlichen Verkehrsmitteln. Das stellte sich damals als großer Vorteil heraus.*

Ja, Arbeitslose, die gerne Wachdienste übernehmen, wird es genügend geben. Es zeigt sich in solchen Krisen, dass am Land von Bauernhöfen alles gestohlen wird, von Feldfrüchten über Landmaschinen und Tieren bis zum Hausrat. Ein freistehendes Haus oder gar ein Bauernhof sind schwierig zu bewachen und zu sichern. Man wird viel mehr in Sicherheit investieren müssen, als heute. Man kann schon heute damit beginnen. Eine einbruchshemmende Eingangstüre installieren lassen, die Fenster im Erdgeschoss mit Gittern sichern, usw. Man sollte sich auch Waffen zulegen und damit umgehen lernen.

Es empfiehlt sich aber für Stadtbewohner, die mit Edelmetallen finanziell und mit Lebensmittel-Vorräten für Versorgungsausfall vorgesorgt haben, sich eine „Fluchtburg" am Land zuzulegen. Die „Wissenden", die wissen was kommt, haben sich zum Teil abgelegene Almhütten gekauft, die für die Eigenversorgung mit Wasser und Energie ausgebaut wurden sowie Bewachungspersonal haben.
Was außerdem gefragt ist, ist Organisationstalent. Man muss vieles organisieren, von Wachdiensten, den eigenen Sicherheitsvorkehrungen, Tauschhandel auf den Tauschmärkten bis zu diversen Jobs. Auch hier werden die heutigen Karriere-Akademiker mit den hohen Schulden am Haus draußen vor der Stadt, die aber außer ihrer beruflichen Spezialität nichts richtig können, massiv im Nachteil sein.

Jetzt noch zu einer anderen Form vom Kriminalität: die Korruption. Diese ist überall in Osteuropa nach dem Kollaps massiv gestiegen und bis jetzt kaum zurückgegangen. Beamte verdienten zeitweise real sehr wenig und besserten ihr Einkommen mit Schmiergeldern auf. Das wird auch zu uns kommen. Wir wissen kaum, wie man richtig schmiert.

5.4. Ausbeutung statt Arbeitnehmerrechte

Im Sommer 2014 geisterte eine Story über entsetzliche Ausbeutung auf thailändischen Sklavenschiffen durch unsere Medien: Shrimps-Geschäft baut auf Sklaverei, Hinrichtungen[111]:

> Das weltweite Geschäft mit Garnelen basiert laut eines monatelang recherchierten Berichts der angesehenen britischen Zeitung „The Guardian" auf systematischer Sklaverei. Dominiert wird der Weltmarkt von einem thailändischen Produzenten, auf dessen Sklavenschiffen Menschen wie Tiere gehalten und grausame Hinrichtungen durchgeführt würden, so Augenzeugen.

Das ist sicher ein Extremfall, wo Arbeiter etwa aus Kambodscha so behandelt werden. Überall auf der Welt gibt es die Sweatshops der Bekleidungsindustrie, wo meist Fabriksherren aus Taiwan oder Südkorea die Näherinnen extrem ausbeuten. Auch bei uns geht es etwa in der Gastronomie hart her. Da wird gerne mal wegen einer Kleinigkeit entlassen, manche Chefs gefallen sich darin, einen richtigen Terror zu veranstalten. Aber wir haben noch Arbeitsgerichte, wo man sich wehren kann. Wenn die Arbeitslosigkeit einmal 50 % erreicht hat und die Staaten kollabieren, dann wird es auch vermutlich keine Arbeitsgerichte mehr geben. Man kann sich dann gegen Arbeitgeberschikanen kaum noch wehren. Alles, was zählt, ist irgendein Job, von dem man notdürftigst leben kann.

Derzeit gibt es diese Formen der sozialen Absicherung für Arbeitnehmer:

- Unkündbare Beamte: Das wurde gemacht, um in der Hoheitsverwaltung loyale und bestechungsresistente Mitarbeiter zu haben. Leider wurde es auch auf Lehrer und andere ausgedehnt. Massenentlassungen sind auch hier notwendig.

- Fast unkündbare Arbeitnehmer, etwa in Italien oder Frankreich: Das ist eine der Hauptursachen für die hohe Arbeitslosigkeit dort. Wer niemanden entlassen kann, stellt auch niemanden ein. In

---

[111] http://www.krone.at/Welt/Shrimps-Geschaeft_baut_auf_Sklaverei._Hinrichtungen-Zeitung_deckt_auf-Story-407804

Deutschland gibt es den Sonderfall der „Sozialauswahl" bei Kündigung. Das wird alles verschwinden.

* Arbeitnehmer mit ordentlichen Dienstverträgen, etwa in Österreich: Diese kann man mit bestimmten Kündigungsfristen kündigen und muss ihnen bei Altverträgen eine Abfertigung zahlen.

* Leiharbeiter und solche mit Zeitverträgen: Leiharbeiter sind für die Firmen zwar teurer, können aber jederzeit „abbestellt" werden. In Staaten wie Spanien mit starkem Kündigungsschutz gibt es fast nur mehr Zeitverträge. Das wird ein Modell der Zukunft

* Informeller Sektor, auch Schwarzarbeit genannt: Diesen gibt es auch bei uns trotz aller Bekämpfung durch den Staat. Diese Arbeit ist einfach viel billiger, da die hohen Steuern wegfallen. Darunter fällt alles, von der Schwarzarbeit durch Handwerker bis zu den Tagelöhnern vom Arbeitsstrich. Wenn man den Arbeiter nicht mehr braucht, schickt man ihn einfach weg, ganz einfach. Daher wird dieser Sektor in der Depression richtig explodieren.

Es ist zu erwarten, dass etwa die Bekleidungsindustrie wieder nach Österreich und Deutschland zurückkommt. Diese wurde ins Ausland verlagert, weil sie zu teuer wurde: Lohnkosten, Lohnnebenkosten, Bürokratie. Man kann annehmen, dass die routinierten Fabriksbetreiber aus Taiwan, China oder Südkorea auch hier solche Fabriken übernehmen. Dann Gnade Gott, wer da drinnen arbeiten muss. Es wird ein Paradies für Arbeitgeber aller Art sein, aber diese müssen aufpassen, dass sie nicht überall bestohlen werden, so wie es in Osteuropa nach dem Umbruch geschah. Auch das Züchtigungsrecht der Arbeitgeber dürfte wieder kommen.

Noch etwas wird kommen müssen: eine drastische Reduktion der Steuern und Abgaben auf Arbeit. Der explodierende informelle Sektor, der vom Staat nicht mehr zu kontrollieren ist, wird dafür sorgen. So wurde in Osteuropa flächendeckend auf eine Flat Tax umgestellt: Russland 13 %, Tschechien 15 %, Rumänien 10 % Einkommenssteuer. Wenn der Staat noch etwas haben möchte, muss er die Steuersätze drastisch reduzieren.

6. Neue Strukturen entstehen

Nach einer Zeit des Chaos wird die Sehnsucht nach stabilen Verhältnissen unendlich gross werden. Viele Staaten werden zerfallen sein.

Ich weiß von schon öfters zitierten Insider-Quellen, dass wieder Monarchien kommen sollen. Zumindest gilt das für Österreich und Deutschland, die zusammen ein Kaiserreich werden. In anderen Staaten mag es andere Pläne geben. So soll Frankreich ein Königreich werden. Oder es putscht sich jemand an die Macht, wie es in Afrika so oft vorkommt.

In Österreich sollen wieder die Habsburger an die Macht kommen, wahrscheinlich auch in einigen früheren Kronländern wie Norditalien. Und sie sollen absolutistisch, also ohne Parlament regieren. Das Adelsverbot in Österreich wird aufgehoben, für besondere Verdienste wie den Kauf von Firmen gegen Gold und Silber soll es sogar Adelungen geben. So kommen Gold und Silber in den Umlauf. Ebenso für die unbezahlte Übernahme von öffentlichen Ämtern.

Die USA werden sich vermutlich in Teile auflösen, dort dürften Militärdiktaturen an die Macht kommen.

Die bisherigen Monarchien Europas dürften wieder absolutistisch werden.

Auf jeden Fall sollen die Völker nach den neuen Herrschern schreien, da sie das Chaos, die Kriminalität und den Hunger nicht mehr ertragen. Das ist der Plan. Gleich nach dem Crash wird die Werbung für die neuen Systeme beginnen.

6.1. Echte Republiken, Monarchien oder Diktaturen

Schauen wir uns einmal an, was da kommen kann. Es gibt zwar Extrem-Libertäre wie Hans Hermann Hoppe, die sagen, wir brauchen keinen Staat, man kann alles über Verträge regeln. Leider ist das eine Utopie. Eine Art von Zentralgewalt ist notwendig, die die Verteidigung nach außen, die Bekämpfung der Kriminalität im Inneren und die Rechtssicherheit von Verträgen garantiert – der Rechtsstaat. Wenn es kein Gewaltmonopol durch einen Staat gibt, herrscht die Anarchie, so wie in Failed States wie Somalia. Im schlimmsten Fall fallen dann die lokalen Machthaber übereinander her.

Die wesentliche Voraussetzung für jede Art von neuem Staat ist die Abschaffung des allgemeinen und gleichen Wahlrechts. Wenn man sich die Geschichte des Wahlrechts ansieht, dann war dieses vor 1914 grossteils beschränkt. So durften etwa in den USA früher nur weisse Männer bestimmter Religionen wählen, die Property Tax zahlten, also Land besassen. Nicht vergessen, das ist die älteste Republik der Welt.

Dieser Wikipedia-Artikel: Geschichte des Wahlrechts[112] zeigt die Einschränkungen, die es früher gab:

In Preußen, dem wichtigsten Einzelstaat, wurde nach dem Steueraufkommen des Einzelnen unterschiedlich gewichtet (siehe Dreiklassenwahlrecht). Auch andere deutsche Staaten hatten diskriminierende Regeln.
Es ist zu berücksichtigen, dass 1871 34 % der deutschen Gesamtbevölkerung jünger als 15 Jahre alt war (1933 24 %, Bundesrepublik 1980 18 %). Ein Wahlalter von mindestens 25 Jahren schloß also einen großen Prozentsatz der Bevölkerung aus. So kam es, dass 1871 de facto nur knapp 20 % der Gesamtbevölkerung wählen durften.

Österreich:
1873: Reichsratswahlreform in der österreichischen Reichshälfte der Monarchie (Kurienwahlrecht): Die Mitglieder des Abgeordnetenhauses wurden aufgrund des Zensuswahlrechts in vier Kurien (adlige Großgrundbesitzer, Stadtgemeinde, Handel und Gewerbe, Landgemeinden) gewählt. Wahlberechtigt waren nur etwa 6 % der männlichen Bevölkerung ab 24 Jahren; die erforderliche jährliche Mindeststeuerleistung war örtlich verschieden geregelt und betrug etwa in Wien 10 Gulden. In der Großgrundbesitzerkurie waren auch „eigenberechtigte" Frauen, d. h. Frauen, die sich selbst vertraten, wahlberechtigt.

---

[112] http://de.wikipedia.org/wiki/Wahlrecht#Geschichte_des_Wahlrechts

Grossbritannien:
Es wurden in England noch sehr viel länger (bis zum Ersten Weltkrieg) große Teile der Bevölkerung ihrer finanziellen Situation wegen ausgeschlossen wurden. Bis 1918 durften etwa 52 % der Männer wählen.

Niederlande:
In den Niederlanden war ungefähr seit 1866 das parlamentarische Prinzip durchgesetzt. Wählen durfte, wer bestimmte „Anzeichen von Wohlstand und Befähigung" vorweisen konnte. Nach dem Wahlgesetz von 1896 war dies ungefähr die Hälfte der erwachsenen Männer, und durch eine Gesetzesänderung von 1901 und wachsenden Wohlstand waren es bei den Wahlen von 1913 68 %.

Diese Einschränkungen wurden mit der Zeit aufgeweicht und nach dem 1. Weltkrieg wurde fast überall das allgemeine und gleiche Wahlrecht für Männer und Frauen eingeführt. Es gab damals überall Gold- und Silbergeld. Die Staaten waren im Vergleich zu heute sehr klein. Meist waren die Einschränkungen des Wahlrechts auf die Finanzkraft der Wähler oder Steuerleistung ausgerichtet: wer arm war und eventuell vom Staat lebte, durfte nicht wählen. In einem Goldstandard war das notwendig, damit nicht die Staatsausgaben explodieren, indem sich die Wähler Geld in die Tasche wählen sowie nicht die Mehrheit vom Staat lebt, so wie es heute geschieht.

Die damaligen Systeme sorgten auch dafür, dass die Staaten nicht zu den Steuer-Raubtieren werden konnten, die sie heute sind. Da müssen wir unbedingt wieder hin. Es ist unerheblich, ob Frauen wählen dürfen oder nicht, alle jene, die vom Staat leben, sollten es nicht dürfen: das schliesst Beamte, Sozialleistungsempfänger und Pensionisten und Rentner vom Wahlrecht aus.

Um es kurz zu sagen: ein Goldstandard und das allgemeine und gleiche Wahlrecht vertragen sich nicht. Wie die Staatsform selbst aussieht, ist weniger wichtig. Sehen wir uns mögliche, neue Staatsformen im Detail an:

Die echte Republik:

Hier die Definition auf Wikipedia: Republik[113]:

Nach modernem, westlichem Verständnis ist die Republik eine Herrschaftsform, „bei der das Staatsvolk höchste Gewalt des Staates und oberste Quelle der Legitimität ist" (vgl. auch das Prinzip der Volkssouveränität).

Heute wird Republik allgemein als Nicht-Monarchie und Nicht-Despotie gesehen, obwohl viele nominelle Republiken aus westlicher Sicht als Diktaturen qualifiziert und despotisch regiert werden. Im engeren Sinne kennzeichnet sie einen Staat mit gewähltem, also gemeinschaftlich bestimmtem, nicht notwendigerweise demokratischem Staatsoberhaupt – in der Regel bezeichnet als Staatspräsident –, nach dessen Amtszeitablauf mit denselben Mitteln ein Nachfolger zu bestimmen ist (personelle Diskontinuität). Hierbei steht es dem scheidenden Amtsinhaber nicht zu, einen Nachfolger zu benennen. Dies definiert die Republik vor allem formell und personell.

Die meisten unserer Staaten, wenn sie nicht Monarchien sind, sind formal Republiken. Das Problem dieser Republiken ist die Anreicherung mit unzähligen Dingen wie dem Wohlfahrtsstaat. Das führt dazu, dass die Mehrheit der vom Staat Lebenden die Wahlen bestimmt und alle Leistungsträger zu deren Steuersklaven macht. Die echte Republik kümmert sich dagegen nur um die Kernaufgaben des Staates wie Sicherheit und Rechtsordnung.

Um dorthin zurückzukommen ist wahrscheinlich eine monumentale Krise notwendig – und dass die richtigen Leute an die Macht kommen. Diese müssen dann nicht nur den Staat radikal verschlanken, den Wohlfahrtsstaat abbauen und das Wahlrecht ändern. Ob das überhaupt machbar ist, bezweifle ich inzwischen stark. Ausgeschlossen ist nichts, besonders bei Kleinstaaten.

---

[113] http://de.wikipedia.org/wiki/Republik

Die Monarchie:
Hier die Definition in Wikipedia: Monarchie[114]:

Der Begriff Monarchie bezeichnet eine Staats- bzw. Herrschaftsform, bei der ein Monarch oder eine Monarchin das Amt des Staatsoberhauptes innehat (und bildet somit das Gegenstück zum modernen Republikbegriff). Die Machtbefugnisse der betreffenden Person können je nach Form der Monarchie variieren: Dieses Spektrum reicht von fast keiner (parlamentarische Monarchie) über durch eine Verfassung begrenzte (konstitutionelle Monarchie) bis hin zu alleiniger, uneingeschränkter politischer Macht (absolute Monarchie).

Die heutigen Monarchien in Europa unterscheiden sich kaum von den Pseudo-Republiken: die Wähler wählen ein Parlament, dieses bestimmt nach Mehrheiten eine Regierung. Statt eines Präsidenten gibt es einen König. Der ist etwas teurer im Unterhalt als ein Präsident und erfreut die Klatschpresse. Die Monarchien in Skandinavien sind die schlimmsten Steuerraub- und Umverteilerstaaten.

Die Frage wird sein, welche Macht werden diese Monarchen haben, das politische System nach dem Kollaps umzugestalten: den Wohlfahrtsstaat abzubauen und das Wahlrecht zu ändern? Wahrscheinlich werden wie überall die Geldgeber der Staaten das wirkliche Sagen haben.

In letzter Zeit wurden in Europa zwei Könige gegen die junge Generation ausgetauscht: in den Niederlanden und in Spanien. Offenbar geschah das auf „Empfehlung" des Eliteklubs *Bilderberger*. Der neue niederländische König hat im Herbst 2013 schon öffentlich angekündigt, dass der Wohlfahrtsstaat drastisch abgebaut werden muss. Sind das Vorboten auf eine neue Machtübernahme der Monarchen?

Dort, wo es heute eine formale Republik gibt, kann es gut vorkommen, dass die Finanziers neue Monarchen einsetzten. Die dürften zumindest am Anfang ziemlich absolutistisch regieren, also ohne Parlament, denn die Parlamente werden dann als verschwenderische Quatschbuden verschrien sein.

---

[114] http://de.wikipedia.org/wiki/Monarchie

Diktaturen:
Nach untergegangenen Demokratien kamen oft Diktaturen, so etwa in Lateinamerika in den 1970ern. Sie räumten kräftig unter den Linken auf, nach einigen Jahren wurden sie wieder durch Republiken ersetzt.

Ein gutes Beispiel ist Argentinien, das mehrere Militärdiktatur-Phasen hatte, nachdem die linken Peronisten das Land runterwirtschafteten. Die letzte Diktatur dort wirtschaftete das Land ebenfalls runter und versuchte sich dann mit dem Falklandkrieg an der Macht zu halten. Der verlorene Krieg machte der Diktatur 1983 den Garaus.

Ein erfolgreicheres Beispiel ist Chile, wo das Militär 1973 den linken Präsidenten Allende stürzte, der mit seiner chaotischen Wirtschaftspolitik eine Hyperinflation auslöste. Der Diktator machte den Linken den Garaus, machte Wirtschaftsreformen und führte wieder stabiles Geld ein. 1988 musste er trotzdem abtreten.

Dazu ein Artikel von mir: Wenn die Lebensersparnisse weg sind[115]:

> *In 2001 besuchte ich noch als Angestellter einer Engineering-Firma die Zweigstelle der Firma in Santiago de Chile und einige Kunden in der Umgebung. Im Büro arbeitete eine Frau um ca. 70 als Übersetzerin Deutsch/Spanisch (gab es wenige). Dabei erzählte sie mir eine Sicht der Regierungszeit Allende und des nachfolgenden Pinochet-Putsches von 1973, wie sie wenige, von den linken Medien in Europa indoktrinierten Leute kennen:*

> *Sie wanderte bereits in den 1950er Jahren von Österreich nach Chile aus. Um 1970, also zum Beginn der Regierungszeit von Allende und seinen dilletantischen „Ökonomie-Professoren", verkauften ihr Mann und sie ein Haus in Santiago und legten der Erlös auf ein Sparbuch. Natürlich hatten sie keine Investor-Kenntnisse und vertrauten Staat und Banken. Allende produzierte mit seiner dilletatischen, linken Wirtschaftspolitik eine Hyperinflation.*

---

[115] http://www.hartgeld.com/media/pdf/2010/Art_2010-173_LebensersparnisseWeg.pdf

Kurz gesagt, der vormalige Wert eines Hauses am Sparbuch sank auf real wenige Prozent. Man kann sagen, dass diese Leute (viele andere im Bürgertum auch) ihre Lebensersparnisse durch ihre Gläubigkeit in den Staat verloren hatten. Aber der grösste Teil des Klein- bis Grossbürgertums hatte diese Investment-Kenntnisse einfach nicht.

Der Hass dieser Frau auf Allende & co und ihre Vergötterung von Pinochet und seiner nachfolgenden Diktatur war grenzenlos. Denn Allende hatte die bürgerlichen Schichten verarmt und Pinochet hat ihnen wieder stabiles Geld zurückgebracht. Vermutlich hätte sie, wenn man ihr ein Sturmgewehr in die Hand gedrückt und die Allende-Leute vor ihr aufgestellt hätte, alle niedergemäht. So reagiert das Bürgertum, wenn man ihm die Lebensersparnisse raubt – sogar 30 Jahre später

Genauer gesagt: Pinochet und seine Offiziere haben die Drecksarbeit für das Bürgertum gemacht und dessen Feinde, die Allende-Linken weggeräumt.

Noch ein Detail zu Chile in dieser Zeit. Allende vernichtete nicht nur die Sparvermögen, auch die Aktienkurse sanken auf ein absolutes Minimum, stiegen aber bereits im ersten Jahr der Pinochet-Diktatur um das 10-fache und später noch viel mehr – um insgesamt das Mehrtausendfache[116]. Man sollte als Investor immer die Politik betrachten, wer kommt an die Macht?

Es ist durchaus möglich, dass auch in Europa solche Regime an die Macht kommen und die Drecksarbeit machen: die Beseitigung der heutigen, dekadenten und verschwenderischen, raubsüchtigen, politischen „Demokratten"-Klassen.

Eine Prognose ist schwierig.

---

[116] http://www.zerohedge.com/article/guest-post-hyperinflation-part-ii-what-it-will-look

6.2. Neue Staaten

Es wurde schon beschrieben: Staaten in der heutigen wirtschaftlichen Grösse wird es unter einem neuen Goldstandard nicht mehr geben können. Das erfordert die drastische Reduktion der Staatsausgaben, Beamtenzahlen, staatlichen Aufgaben, der Bürokratie und der Sozialsysteme.

Ganz am Anfang des Buches steht es:
Am Ende eines Zyklus standen immer BÜROKRATIE, VERSCHULDUNG, STAATSBANKROTT.
Am Anfang ist immer Gold die Grundlage eines neuen Finanzsystems.

Wenn neue Strukturen geschaffen sind, kann ein neuer Kondtratieff-Zyklus beginnen. Nicht nur wird Gold die Grundlage eines neuen Finanzsystems sein, auch die Staaten werden viel kleiner sein:

- Weniger Aufgaben
- Weniger Bürokratie
- Weniger Eingriffe in die Wirtschaft und in das persönliche Leben
- Weniger Einnahmen und Ausgaben
- Weniger Beamte und Nutzniesser
- Weniger und einfachere Gesetze
- Weniger Steuern

Kurz gesagt, von all dem etwa 80 bis 90% weniger.

Auch einige Zentralstaaten werden zerfallen.

Ebenso sind beim Untergang des Ostblocks mehrere multiethnische Staaten wie Jugoslawien, die Sowjetunion oder die Tschechoslowakei zerfallen, im Fall von Jugoslawien sogar sehr blutig. Immer steigen die Nettozahler-Regionen in einer Depression aus, weil deren Völker genug davon haben, für andere zu zahlen.

Eine schon öfters zitierte Quelle aus den „verborgenen Eliten" rechnet auch mit dem Zerfall vieler Staaten und der Bildung regionaler Fürstentümer, sowie neuer Köng- und Kaiserreiche.

Es gab bereits ein Abspaltungs-Referendum in Europa, das aber rechtlich nicht bindend ist, in Italien: Venedig läutet das Ende Italiens ein[117]:

> *An der Abstimmung über die Unabhängigkeit Venedigs und seines Hinterlandes haben sich 63,2 Prozent der Stimmberechtigten beteiligt, und davon haben 89,1 Prozent für die Unabhängigkeit ihrer Region gestimmt. Das Plebiszit war zwar eine Privatveranstaltung von Organisationen und Parteien, die seit Jahren die Unabhängigkeit der ehemaligen Venezianischen Republik von Italien betreiben, und es sollen sich auch Wähler an der Abstimmung beteiligt haben, die gar nicht im Veneto gemeldet sind - die bloße Tatsache, dass innerhalb von fünf Tagen mehr als zwei Millionen in einer solchen Abstimmung mit „Ja" antworten, macht deutlich, dass die Italienische Republik da ein Problem hat.*

Das ist mehr als eindeutig: die Venezianer wollen einfach nicht mehr für Rom und das nimmersatte Süditalien zahlen, auch weil sie selbst in einer schweren Rezession stecken. Sie wollen nicht mehr von Rom ausgesaugt und gegängelt werden, oder dessen Steuerterror ertragen. Auch in der Lombardei und in Südtirol gibt es solche Abspaltungsbewegungen. Italien wird in mehrere Königs- und Kaiserreiche zerfallen. Auch Norditaliens Eliten wollen offenbar los von Rom. Norditalien soll zum deutschen Kaiserreich kommen. Was mit Süditalien geplant ist, ist mir nicht bekannt.

Auch bei der Schweiz ist eine Spaltung wahrscheinlich, einfach, weil es ein mehrsprachiger Staat ist. Die Deutsch-Schweizer sind ausserdem noch konservativer als die von Frankreich links beeinflussten Romands. Das zeigt sich auch bei Wahlen und Volksabstimmungen. Das gleiche Problem hat Belgien, ein sicherer Zerfallskandidat.

Laut meinen Quellen sollen die Schweiz und Belgien gespalten werden. Der flämische Teil Belgiens soll zu den Niederlanden und damit zum deutschen Kaiserreich (mein Titel, der endgültige Name ist mir nicht bekannt) kommen, ebenso die deutsche und italienische Schweiz. Die französischsprachigen Teile dieser Staaten sollen zum neuen, französischen

---

[117] http://wirtschaftsblatt.at/home/meinung/kommentare/1579133/Venedig-laeutet-das-Ende-Italiens-ein?_vl_backlink=/home/index.do

Königsreich kommen. Siche auch meinen Artikel von mir von Januar 2015: „Das neue Kaiserreich"[118].

Was laut meinen Quellen wirklich geplant ist, ist die Schaffung von ethnisch möglichst homogenen Kaiser- und Königsreichen, die grosse wirtschaftliche Räume darstellen. Da drinnen gibt es dann Regionalfürsten mit den zugeordneten „Expertenräten", die die Regierung darstellen. Die Kaiser und Könige sind dann für die überregionalen Dinge wie Verteidigung, Aussenpolitik und Geldausgabe zuständig. In Wirklichkeit haben sie viel weniger Macht als die heutigen, übergrossen und zentralisierten Staaten.

In diesem Artikel von mir vom Januar 2015 zeige ich, was geplant ist und was wir davon schon erfahren dürfen: „Grossreiche"[119]:

Er hat endzeitliche Angst vor „westlichem Nihilismus", den er mit „Globalisierung" gleichsetzt, und ruft zu einer „Eurasischen Union" auf, um dem entgegenzutreten. Unter der Überschrift „Ein Reich entsteht gegen den Westen" wird in dem Gespräch offenbar, welche Zukunft ihm unter anderem für Österreich vorschwebt: gar keine.

Er würde das Land auflösen. Nicht nur Österreich, sondern auch Ungarn. Und Rumänien – und Serbien – und die Slowakei. Sie sollen sich vereinigen. In seiner verqueren Logik ist die Antwort auf die Globalisierung, die die Nationalstaaten bedroht, ebenfalls eine Aufhebung der Nationalstaaten. Nur eben zu einem guten Teil unter russischer Vorherrschaft. Er träumt von einer dreipolaren Welt: Russland, Amerika und Deutschland. Er verkündet die Entstehung neuer Großreiche, eines davon die auf Russland zentrierte „Eurasische Union", ein anderes „Europa" unter deutscher Führung.

Dabei hofft er in dem Interview auf die Entstehung einer erweiterten Version des früheren Habsburgerreiches unter dem klangvollen Titel „Mächtiges Osteuropa'" als Pufferzone zwischen der russisch geführten „Eurasischen Union" und dem deutschen Europa". Den Ungarn macht er die Idee mit dem Hinweis schmackhaft, in einem solchen Gebilde wären „alle Ungarn vereint", also neben dem Mut-

---

[118] http://www.hartgeld.com/media/pdf/2014/Art_2015-218_Kaiserreich.pdf
[119] http://www.hartgeld.com/media/pdf/2014/Art_2015-219_Grossreiche.pdf

terland auch die beträchtlichen Minderheiten in Serbien, Rumänien, der Slowakei und nicht zuletzt in Österreich. Die Zeit der Nationalstaaten, sagt er, ist zu Ende. Es kommt die Zeit neuer Großreiche.

Die Welt zitiert hier Alexander Dugin, Putins geostrategischen Denker. Die Journalisten von heute können damit wenig anfangen, aber das was Dugin da sagt, entspricht ungefähr dem, was ich von meinen Quellen höre. Es soll ein russisches Zarenreich geben, ein Kaiserreich rund um Deutschland, als wichtigste Kraft in Europa, sowie ein Kaiserreich zwischen Deutschland und Russland. Beide Kaiserreiche dürften von Habsburgern geführt werden. Die Monarchiewerbung in den Medien hat bereits begonnen und wird noch intensiviert.

6.3. Neue Eliten und Strukturen

Wie bereits früher geschrieben, werden derzeit alle Funktionseliten im Westen diskreditiert, nicht nur die politischen Klassen. Man will sie mit dem Systemcrash beseitigen. Unendliche viele Eliten-Positionen werden alleine durch den Schrumpfungsprozess bei Staaten und Firmen wegfallen. Viele weitere solcher Positionen werden aufgegeben werden müssen, einfach weil sich die bisherigen Inhaber zu stark mit dem heutigen System identifiziert haben. Man kann das mit dem Umbruch im Ostblock betrachten, wo die politische Klasse und alles, was mit Marxismus-Leninismus zu tun hatte, ausgetauscht wurden. Viele dieser Führungsfiguren tauchten aber später wieder auf.

Sehen wir uns einmal die Bereiche an, wo entlassen und getauscht werden muss:

- **Politik:**
  Hier ist der Bedarf wohl am größten. Für die heutigen Umverteilung- und Verschwendungspolitiker haben wir dann keinen Platz mehr. Ausserdem ist zu erwarten, dass alles Linke radikal entfernt wird. In den neuen Monarchien sollen unbezahlte Adelige und neu Geadelte mit eigenem Vermögen wichtige Verwaltungsposi-

tionen übernehmen. Diese werden vom Landesfürsten eingesetzt. Damit verschwindet das „von der Politik leben".

* **Verwaltung:**
Diese wird drastisch abgespeckt werden müssen, einfach weil für Apparate heutiger Grösse kein Geld mehr vorhanden sein wird. Auch wird die heutige Gesetzesflut rückgängig gemacht werden. Es ist zu erwarten, dass viele Beamte auf den übrigbleibenden Positionen bleiben können, sofern sie zu den neuen Machthabern loyal sind und sich in der Vergangenheit (heute) nicht zu sehr an die aktuellen Dekadenzen angelehnt haben, sowie deren Positionen essentiell sind. Für Gleichstellungsbeauftragte und anderen dekadenten Mist von heute wird es keinen Platz mehr geben. So wird etwa auch die ganze Umwelt-Bürokratie wegfallen. Die Beamtengehälter werden im Vergleich zu heute drastisch sinken. Der Karrierismus wird entfernt.

* **Justiz:**
Nach den Informationen von meinen Quellen wird die heutige Justiz komplett entfernt und durch Volksgerichte ersetzt. Ehrenamtliche Richter mit guter Reputation sollen dort urteilen. Das Naturrecht wird starke Bedeutung erlangen. Die meisten der heutigen Juristen werden arbeitslos, bzw. verstehen die neue Welt nicht mehr.

* **Sicherheitsapparat:**
Der Bedarf an Sicherheit wird in der Zeit der Depression und des Chaos grösser den je sein. Der Bedarf an Polizisten wird weiterhin bestehen, der Grossteil soll entlassen werden, besonders die heutigen der Politik willfährigen Polizeichefs. Die Frage wird sein, wie viel Polizei werden sich die neuen Staaten leisten können. Ähnliches gilt für das Militär. Die Loyalität des Sicherheitsapparats zum derzeitigen, politischen System hat man schon massiv unterminiert. Bürgerwehren werden eine wichtige Rolle übernehmen.

* **Sozialbürokratie:**
Vielleicht gibt es vom Kaiser noch ein Almosen für wirklich Bedürftige. Die heutige Sozialbürokratie wird komplett verschwinden, zusammen mit allen Angestellten und Beamten. Auch die vorgelagerten Organisationen des sozial- und asyl-industriellen Komplexes, die heute vom Staat leben, werden verschwinden – oder massiv reduziert. Beispiel: Caritas. Die können dann Spenden sammeln.

* **Bildungssystem:**
Das ist heute einer der grössten Geldfresser im Staat und erbringt immer schlechtere Leistungen. Ausserdem ist es keine Kernaufgabe im Staat. Es ist daher zu erwarten, dass das staatliche Bildungssystem verschwindet. Das gilt besonders für die Universitäten. Ausserdem ist dieses System die heutige Hauptquelle von linker und dekadenter Indoktrination. Die Lehrer können sich dann vermutlich als Hauslehrer bei der Oberschicht verdingen. Das dürfte das Aus für die meisten, heute grünen, Lehrer bedeuten. Was davon wieder aufgebaut wird, wird dann private Träger haben. Höhere Bildung soll teuer werden.

* **Gesundheitssystem:**
Auch dieser Ausgabe-Krake wird massiv schrumpfen müssen und wird entstaatlicht. Es ist zu erwarten, dass die meisten Krankenkassen zusperren werden. Die staatlichen Krankenhäuser dürften privatisiert oder zugesperrt werden, da keine primäre, staatliche Aufgabe. Medizinische Behandlungen werden dann von den Patienten direkt oder von einer privaten Versicherung bezahlt werden müssen. Besonders die Krankenhäuser sind heute zu Bürokratieburgen verkommen, wo mehr aufgezeichnet, als behandelt wird. Das wird massiv zurückgedreht werden.

* **Medien:**
Wenn wirklich irgendwo neben der Politik der Sensenmann dringend notwendig ist, dann bei den heute hypertrophen Medien. Ich erwarte eine Reduktion der Zeitungen, TV-Kanäle, etc. auf weniger als 25 % von heute. Dazu kommt noch das politische

Element: die Medien und die Journalisten sind heute in der Mehrzahl links-grün. Die werden grossteils verschwinden müssen, denn es kommt neben der Schrumpfung auch ein massiver poltischer Kurswechsel. Die öffentlich-rechtlichen Staatssender werden überhaupt verschwinden, da deren Zwangsgebühren nicht mehr eintreibbar sein dürften, auch die Legitimation dafür ist dann weg. Da trifft der Kahlschlag eine ganze Menge von heute gut verdienenden Systemjournalisten und Chefs. Auch die Werbebranche mit ihren kokainschnupfenden „Art Directors" dürfte kräftig schrumpfen.

* **Gewerkschaften, Verbände:**
Die Gewerkschaften sind heute die grössten Behinderer der Wirtschaft und in Wirklichkeit zu „Arbeiterverrätern" geworden. Man wird sie sehr wahrscheinlich verbieten. Wahrscheinlich werden die bisherigen Zwangsmitgliedschaften zu Arbeiterkammer, WKO (Österreich) oder IHK (Deutschland) fallen. Freiwillige Verbände der Wirtschaft wird es sicher weiter geben.

* **Konzerne:**
Es wurde schon früher angesprochen, dass viele Konzerne zerfallen werden, denn sie leben heute von konvertiblen Währungen, unlimitiertem Kredit und Werbemacht. Wenn das alles weg ist, dann können sie etwa Auslandsniederlassungen nicht mehr beliefern. Diese weren dann entweder verkauft oder geschlossen werden. Die Konzerne sind heute zu riesigen Bürokratien geworden, wo mehr verwaltet als produziert wird. Die Managerkaste bereichert sich heute unglaublich, das wird in Zukunft weniger toleriert werden. Massenentlassungen besonders von Managern und Bürokraten sind sicher. Statt eitlen und gehorsamen Würmerfressern werden Sanierungsmanager gefragt sein.

* **Mittelständische Wirtschaft:**
Viele dieser Firmen werden zusammenbrechen, einfach, weil deren Chefs keine Ahnung vom Finanzsystem haben und sich nicht auf einen Crash vorbereitet haben. Diese Unternehmer verlieren damit auch ihr Vermögen, denn dieses steckt heute fast aus-

schliesslich in ihrer Firma, in Immobilien und Wertpapieren. Goldbesitzer werden diese Firmen dann billig von den Banken aufkaufen können und selbst „Chef" werden.

Stark betroffene Branchen:
Zum Abschluss noch eine Übersicht über vom Systemabbruch stark betroffene Branchen. Je stärker eine Branche betroffen ist, umso höher die Wahrscheinlichkeit, dass man auf die Strasse fliegt:

* Der gesamte Staatssektor, vielleicht mit Ausnahme des Sicherheitsbereichs. Aber auch dieser schrumpft massiv.

* Die gesamte Bauwirtschaft, da ohne Kredit kaum mehr gebaut werden wird.

* Die Investitionsgüterbranche; es wird kaum mehr investiert werden.

* Alles, was vom Verkauf auf Kredit lebt; etwa die Autoindustrie.

* Alles, was einen starken Konsum braucht, wie Einkaufszentren, Hotels, Einzelhändler für nicht wirklich notwendige Waren.

* Der grösste Teil des Dienstleistungssektors von Banken über Hundescherer bis zu Fitnessstudios. Geldanlage und Kredite gibt es nicht mehr, Hunde isst man selbst und Fitness holt man sich bei manueller Arbeit

* Wer in diesen Branchen arbeitet, kann sich bereits heute auf den Jobverlust, bzw. den Verlust der eigenen Firma vorbereiten.

Wenig bis mittel betroffene Branchen:
Es gibt auch essentielle Branchen, auf die man auch in einer Krise nicht verzichten kann:

* Landwirtschaft: Hier ist das Problem aber die hohe Verschuldung und die Abhängigkeit von Diesel und Vorprodukten. Man wird wieder auf stärker manuelle Arbeit umstellen müssen, denn Landarbeiter gibt es jetzt genug. Es ist zu erwarten, dass viele Bauern sehr reich werden, denn die Städter werden alles für Lebensmittel geben.

* Lebensmittelindustrie: Basisprodukte werden weiterhin gebraucht werden, aber nicht unbedingt die Spezialsorten. Hier werden wieder regionale Firmen entstehen, weil es mit dem Transport über weite Entfernungen massive Probleme geben wird.

* Reparierendes Handwerk: Ok, Neubauten wird man nicht mehr ausrüsten können, aber es werden Wasserleitungen repariert werden müssen, ebenso Heizungen, usw. Das wird dringend gebraucht, da Neukäufe zu teuer sein werden.

Ja, zumindest für eine Zeitlang werden die neuen „Eliten" nicht mehr die Lehrer oder Konzernmanager sein, sondern die Handwerker, die reparieren können.

Der Bedarf an neuen Eliten:

Wenn man so viel von den heutigen Funktionseliten rauswirft, weil sie die Welt nicht mehr verstehen, oder politisch vorbelastet sind, dann wird es trotz massiver Schrumpfungen überall einen enormen Bedarf an neuen Funktionseliten geben.

Da könnte man etwa viele der pleite gegangenen Unternehmer einsetzen, denn diese denken anders und haben meist Organisationstalent. Dieser Elitenwechsel bietet auch enorme Chancen zum Aufstieg.

Danach soll ein goldenes und friedliches Zeitalter beginnen – so wie ab 1815. Das gilt aber nicht für die Entlassenen, die heute noch oben sitzen und uns drangsalieren.

Danksagungen

Zuerst einmal möchte ich meiner lieben Frau Cornelia für Anregungen und das Korrekturlesen danken.

Zuletzt möchte ich den Leser-Kommentatoren meiner Finanz-Website Hartgeld.com für ihre Kommentare danken, die in diesem Buch verwendet wurden. Wenn diese Kommentare vielleicht etwas „grob" sind, ich wollte sie wegen der Authentizität nicht ändern.

Auf ein Literaturverzeichnis in einem Anhang habe ich verzichtet, dafür gibt es auf jeder Seite Fussnoten mit den Quellennachweisen.

Wenn Sie Fragen, Anregungen oder Kritik haben, dann schreiben Sie uns an walter@eichelburg.com

JUWELEN - der verlag

In Zeiten zunehmender sozialistischer Denk- und Handlungsweisen wurde als notwendiger Gegenpol im Oktober 2014 JUWELEN - der verlag durch Susanne Kablitz gegründet. Der Verlag wird von ihr geführt und zusammen mit ihrem Mann Ulrich, Uwe Schröder und Gerhard Breunig federführend aufgebaut und mit Leben gefüllt. Bücher rund um den Liberalismus, Publikationen, Essays und ein Online-Magazin runden das Angebot ab.

Freiheitsdenker, die sich gern publizistisch betätigen möchten und auf der Suche nach einem Verlag und einer Plattform für ihre Schriften sind, sind herzlich eingeladen, JUWELEN - der verlag mit einer lauten und mächtigen Stimme zu bereichern.

Nähere Informationen hier: www.juwelenderverlag.com und www.freiraum-magazin.com

Bisher erschienen:
„Kluge Geldanlage in der Schuldenkrise - Austrian Investing" von Christoph Braunschweig und Susanne Kablitz, erschienen in 2. Auflage im Januar 2015

„Bis zum letzten Atemzug" - Eine Liebesgeschichte an den Kapitalismus, den Liberalismus und echtes Geld von Susanne Kablitz, erschienen im Februar 2015

„Der Fluch der schwarzen Witwe" von Gerhard Breunig, erschienen im März 2015

„Die Österreichische Schule der Nationalökonomie" von der Hayek Akdademie, Salzburg. Erstausgabe erschienen im Juli 2015

Erscheint im September 2015
„Der staats-lose Bürger - Essays wirtschaftlicher Vergleiche mit Asien" von Thomas Bovet

In Vorbereitung:
freiraum - Das Magazin (Das Onlinemagazin ist bereits unter www.freiraum-magazin.com zu erreichen.)

Eine einzigartige Liebesgeschichte ... in einer ganz neuen Interpretation!

„Bis zum letzten Atemzug" ist die Geschichte um Sophia, die bereits als junges Mädchen den Worten ihres Vaters im Zimmer der großen Geister lauscht, wenn er ihr aus den Schriften der Liberalen vorliest.
Die Geschichte um Sophia, deren Bruder Jonas ein Freigeist durch und durch ist, und um ihren zweiten Bruder, Sander, dessen Ikonen Karl Marx, Ché Guevara und Mao Tsê-tung heißen.

Es ist eine Familiengeschichte über einhundert Jahre, die eine Liebesgeschichte über den Kapitalismus, den Liberalismus und über echtes Geld erzählt. Eine Liebesgeschichte bis zum letzten Atemzug! Meinem letzten Atemzug! - Denn die Freiheit ist kompromisslos! Es gibt sie nur in reiner, in purer Form!

Und es ist eine Familiengeschichte, die davor warnt, die Dinge zu vergessen, die in der Vergangenheit passiert sind und die davor warnt, die gleichen Fehler immer und immer wieder zu machen und dabei zu erwarten, dass sich etwas zum Guten verändert. Sie ist aber auch eine Hommage an die Liebe und eine an die Familie, wie auch immer eine solche gestaltet ist. Und sie ist eine Hommage an die Freundschaft - an die Freundschaft, die den anderen so sein lässt, wie er ist.

Sophias Geschichte ist eine Liebesgeschichte an die Einzigartigkeit des Menschen!

Susanne Kablitz
Bis zum letzten Atemzug
Ein Plädoyer für den Kapitalismus, den Liberalismus und echtes Geld
Copyright © 2015 by Susanne Kablitz
1. Auflage: Februar 2015
ISBN: 978-3-945822-09-8 (auch als e-book erhältlich)

Wir leben heute auf Kosten zukünftiger Generationen.

Das ist keine hohle Phrase, das ist schlicht das Ergebnis dilettantischer Merkelpolitik. Wer selbst so mittelmäßig wie Angela Merkel ist, wird sich niemals Untergebene suchen, die besser sind als sie selbst. Merkel handelte nach diesem Grundsatz von Anfang an äußerst konsequent. Jeder einigermaßen brauchbare Politiker, der ihrem Machtstreben gefährlich werden konnte, verschwand unter irgendwelchen fadenscheinigen Gründen in der politischen Versenkung, ohne jemals wieder aufzutauchen. Und das dumme Volk besticht man mit sozialen Almosen, die es vorher selbst einzahlen musste.

Seit 2008 ist es trotz aller Verzweiflungstaten der Euroretter nicht besser geworden. Die Lage ist schlimmer denn je. Die „Retter" werden von diesem unaufhaltsamen Strudel, hervorgerufen durch den Papiergeldbetrug der Zentral- und Großbanken, genauso verschlungen werden, wie die angeblich Geretteten. Merkel verschweigt, dass es keine Rettung für irgendwen aus diesem Teufelskreis mehr geben wird. Angela Merkel wird im Sinne der Hochfinanz die Enteignung des gesamten Volkes gnadenlos beschließen, wenn der Tag der großen Abrechnung gekommen ist.

Es dauert vermutlich nicht mehr lang. Dann wird die Maske der „schwarzen Witwe" fallen.

Gerhard Breunig
Der Fluch der schwarzen Witwe
Eine Essay-Sammlung
Copyright © 2015 by Gerhard Breunig
1. Auflage: März 2015
ISBN: 978-3-945822-03-6 (auch als e-book erhältlich)

Nicht Globalisierung, entfesselter Kapitalismus oder die „Neoliberalen" haben die Krisis verursacht, sondern der Versuch, Logik und Moral der ökonomischen Gesetzmäßigkeiten außer Kraft zu setzen.

Die systemimmanente Logik der Selbstzerstörung des westlichen Wohlfahrtsstaatsmodells beruht auf vier grundlegenden Konstruktionsfehlern, die für den Teufelskreislauf kollektiver Unvernunft (von Politikerversprechen und Wähleransprüchen) verantwortlich sind: das staatliche Geldmonopol, die staatliche Zwangsfinanzierung der Parteien, das kandidatengebundene Listenwahlsystem und die mangelnde Direktdemokratie auf kommunaler Ebene.

Diese vier grundlegenden Konstruktionsfehler führen im Laufe der Zeit zwangsläufig zu einer völligen Missachtung aller ordnungspolitischen Grundsätze der Marktwirtschaft. Die aktuelle Schulden-, Finanz- und Eurokrise ist letztlich die Konsequenz dieser fatalen Entwicklung in Wirtschaft und Gesellschaft. Die Zerrüttung der Staatsfinanzen geht einher mit dem Verlust von Anstand und Moral in der Gesellschaft. Der Unterschied zwischen Arm und Reich wird immer größer (auch wegen der ökonomisch unsinnigen Umwelt- u. Klimaschutzpolitik). Abgesehen von einer kleinen „Führungsschicht" droht für die meisten Bürger der Verlust ihres Wohlstandes – und damit der Verlust ihrer persönlichen Freiheit.

Hayek Akademie, Salzburg
Die Österreichische Schule der Nationalökonomie
- Anmerkungen zu politischen und wirtschaftlichen Fehlentwicklungen -
Copyright © 2015 by Hayek Akademie, Salzburg
1. Auflage: Juli 2015
ISBN: 978-3-945822-06-7

In Erinnerung an Roland Baader

Selten hat jemand die gefährlichen Irrtümer der Moderne so geistesscharf im Urteil und markant im Stil widerlegt wie Roland Baader. Und es störte ihn nicht, dass man in Deutschland die amerikanische Art, komplizierte Zusammenhänge möglichst einfach darzustellen, für unwissenschaftlich hält.
Niemand hat die Gefährdungen von Freiheit, Wohlstand und Ethik durch den sozialistischen Zeitgeist so aufrüttelnd aufgezeigt wie er. Die politische Klasse, die Intellektuellen, die Mediengurus und natürlich die keynesianisch geprägten „Mainstream-Ökonomen" dürften sich bei der Lektüre von Roland Baader sehr unwohl fühlen – wie auf einen heißen Grill festgebunden. Und nicht wenige Roland-Baader-Leser aus dem bürgerlichen Lager sind erst über ihn an die Werke der großen liberalen Denker wie z. B. John Stuart Mill, John Locke, Lord Acton, Alexis de Tocqueville, Edmund Burke, Ludwig von Mises, Friedrich A. von Hayek und auch Ludwig Erhard gekommen.

Dieses Buch ist Roland Baader gewidmet. Es hat keine andere Aufgabe, als dem Leser einen kleinen Reader an die Hand zu geben, der es ihm ermöglicht, wichtige wirtschaftliche und gesellschaftspolitische Entwicklungen zu verstehen. Die Lektüre vermittelt sozusagen das intellektuelle Rüstzeug für die sich zuspitzenden Probleme und den entsprechenden Auseinandersetzungen auf der ökonomischen und gesellschaftspolitischen Ebene. Das Böse darf nicht deshalb triumphieren, weil gute Menschen nichts unternehmen – so sinngemäß Edmund Burke, den Roland Baader besonders schätzte.

Christoph Braunschweig und Susanne Kablitz
Der Freiheit verpflichtet
- in memoriam Roland Baader -
Copyright © 2015 by Christoph Braunschweig und Susanne Kablitz
2. Auflage: Juli 2015
ISBN: 978-3-945822-19-7 (auch als e-book erhältlich)

Gesetze sind – auch und gerade in der modernen Demokratie – selten Instrumente, die das Recht gegen das Unrecht durchsetzen, sondern meistens politische Werkzeuge, mit denen die politisch Schwachen zugunsten der politisch Starken ausgebeutet, beraubt, unterdrückt und instrumentalisiert werden.

Roland Baader – Freiheitsfunken